감정치유의 6단계
The 6 Steps to Emotional Freedom

데이비드 클락
David E. Clarke

The Six Steps to Emotional Freedom

Copyright © 2008 by David Clarke
Originally published in English under the title
The Six Steps to Emotional Freedom
Barbour Publishing, Inc., 1810 Barbour Drive,
Urichsville OH 44683, USA
All rights reserved.

Korean Edition
©2009 by Precept Ministries Korea
190-220, Sadang 5 dong DongJak-Ku, Seoul, Korea

감정치유의 6단계

데이비드 클락 지음 | 고신석 옮김

프리셉트

서문

우리는 모두 감정적인 문제를 갖고 있습니다. 저도 여러분도 예외일 수 없습니다. 우리가 가진 이 문제를 결코 사소하거나 성가신 것으로 취급해서는 안 됩니다. 치유되지 않은 상처는 우리의 일생을 쥐고 흔들어 주안에서의 참 평안을 맛보지 못하게 하는 암적 요소이기 때문입니다. 만약 당신이 감정적인 문제를 치유하지 않고 살아간다면, 그 문제에 의해 당신의 삶은 왜곡되고 뒤틀리게 될 뿐만 아니라, 당신 주변에 있는 사람들에게 상처를 안겨줄 것입니다.

상처는 치유될 수 있습니다. 그 과정이 힘들고 어렵다고 외면하거나 거부하려 한다면, 하나님이 우리를 위해 예비하신 천국과 같은 새 날들은 바로 당신의 코앞에서 연기처럼 사라져버릴 것입니다. 예수님은 우리에게 새로운 피조물의 약속을 보장하셨습니다. 더 이상 옛 자아와 상처, 죄에 얽매여 고통받지 마십시오. 주님이 주신 자유를 온전히 누리며 기쁨의 삶을 소망하십시오.

"그러므로 우리가 낙심하지 아니하노니 우리의 겉사람은 낡아지나 우리의 속사람은 날로 새로워지도다 우리가 잠시 받는 환난의 경한 것이 지극히 크고 영원한 영광의 중한 것을 우리에게 이루게 함이니 우리가 주목하는 것은 보이는 것이 아니요 보이지 않는 것이니 보이는 것은 잠깐이요 보이지 않는 것은 영원함이라"(고후 4:16-17).

본서를 통해 당신을 끝까지 포기하지 않으시는 하나님을 만나고, 영혼의 상처를 치유받으시기를 간절히 소망합니다.

프리셉트성경연구원 원장
김 경 섭 목사

차례 Contents

서문 • 4

제1장_내 감정의 진실

chapter 1: 우리는 모두 감정적 장애가 있다 • 10
chapter 2: 감정의 문제, 그 해답 찾기 • 24

제2장_감정과 영적 건강을 향한 6단계

1단계: 팀을 구성하라

chapter 3: 믿음과 진실을 가진 팀을 구성하라 • 43
chapter 4: 작은 믿음, 크신 하나님 • 59

2단계: 패턴을 드러내어 약화시키라

chapter 5: 고백은 어둠을 몰아낸다 • 73
chapter 6: 동기부여없이는 변화도 없다 • 89
chapter 7: 나는 자유롭고 싶다 • 106

3단계: 생각을 바꾸라
chapter 8: 잘못된 생각은 잘못된 행동을 부른다 • 123
chapter 9: 당신과 함께 살아가는 거짓말들 • 137
chapter 10: 정확하게, 성경적으로 생각하라 • 152

4단계: 건강한 방법으로 감정을 표출하라
chapter 11: 당신은 로봇이 아니다 • 167
chapter 12: 화를 내는 것은 괜찮을까? • 183
chapter 13: 당신은 슈퍼맨이 아니다 • 202

5단계: 풀리지 않은 고통을 대면하라
chapter 14: 과거와 화해하라 • 223
chapter 15: 고통을 완전히 토해내라 • 233
chapter 16: 당신에게 할 말이 있어요 • 249
chapter 17: 당신이 상처를 준 사람들 • 262
chapter 18: 상실에서 살아남는 법 • 271

6단계: 새로운 삶을 경영하라
chapter 19: 선하며 신실한 삶을 꿈꾸라 • 287

The
Truth About
Emotional Problems

THE **6** STEPS TO EMOTIONAL

1
내 감정의 진실

FREEDOM

Chapter 1
우리는 모두 감정적 장애가 있다

"건강한 감정"이라는 주제로 세미나를 진행할 때면, 나는 사람들의 이목을 집중시키기 위해 이렇게 말문을 열곤 한다.

"간단한 시범을 하나 보이는 것으로 세미나를 시작하겠습니다. 저는 고도로 전문적인 훈련을 받은 심리학자입니다. 제가 받은 훈련은 감정적인 문제를 진단하고 치료하는 것이었습니다. 저는 실무 경험도 아주 많아서, 그냥 한 번 쳐다보는 것만으로도 감정적인 문제가 있는지 없는지 단번에 알아낼 수 있습니다. 그렇다면 이제부터 여러분 가운데 감정적으로 문제가 있는 분들을 지목해 보도록 하겠습니다."

말을 마친 후 나는 강단에서 내려와 곧장 청중석을 향해 걸어간다.

가운데 통로를 따라 청중들을 찬찬히 살펴보며 천천히 걸어가다 보면, 어느새 여기저기서 불안해하는 기운을 느낄 수 있다. 대부분의 사람들은 어색한 웃음을 짓는다. 강당 안에는 양쪽에서 잡아당겨 금방이라도 끊어질 듯한 고무줄처럼 팽팽한 긴장감이 맴돈다. 사람들은 불안한 듯 시선을 어디에다 고정시켜야 할지 몰라 하며 엉덩이를 들썩거린다. 또 죄 없는 입술을 깨물거나 손톱을 물어뜯기도 한다. 다양한 표정들 속에는 아마도 이런 생각이 숨어 있을 것이다.

농담이겠지, 설마?
정말 알아낼 수 있을까?
난 겉보기에 평범한 인상이니까 아마 그냥 지나쳐 갈 거야.
이 보라색 립스틱을 바르는 게 아니었는데… 저 사람은 분명히 나를 지목할 거야.

하지만 곧 이어지는 내 말 한마디에 모든 사람들은 금세 평정을 되찾는다. "사실 이것은 굉장히 쉬운 일입니다. 바로 여러분 모두가 그렇기 때문입니다. 저를 포함해서 이 방에 있는 모든 사람들은 누구나 감정적인 문제를 가지고 있습니다."

모든 긴장감은 안도의 한숨과 함께 씻은 듯이 없어진다.
"우리 모두 그래요." 이 간단한 말 한마디로 청중들과 나는 동병상련을 느끼게 되는 것이다. 사실 감정의 문제에 있어서 우리 모두는 '장애가 있는 환자'다.

1. 우리는 모두 감정적 장애가 있다 *11*

정상인 사람은 없다

지금껏 이 땅에 살면서 감정적인 문제가 없었던 사람은 오직 예수 그리스도뿐이다. 그분은 결코 감정적인 문제를 나타내지 않으셨다. 그러나 당신은 예수님이 아니다. 당신 안에는 감정적 문제가 항상 내재해 있다. 세상 사람들을 포함한 많은 크리스천들이 공통적으로 하고 있는 위험하고 보편적인 생각이 있다. 그것은 과거에 불행을 경험한 소수의 사람들만 이 감정적 문제를 가지고 있다는 편견이다. 물론 불우한 어린 시절을 보냈거나, 유전적인 질병 혹은 한순간의 잘못된 선택으로 인해 고통에 시달리고 있는 사람들의 감정은 결코 정상이 아니다. 그들은 이 문제를 해결하기 위해 열심히 노력해야만 한다. 우리 중 대부분은 자신이 정상이라고 믿는다. 물론 완벽한 사람이라고 생각하지는 않는다. 하지만 스스로 '이 정도면 꽤 괜찮지 않아?'라고 생각한다. 특히, 한눈에도 문제가 있음을 알 수 있을 정도인 불쌍한 사람들과 비교하면서 그렇게 생각하는 것이다.

기독교 심리학자인 나는 1986년부터 개인 상담소를 운영해 오고 있다. 그동안 수천 명의 의뢰인을 만나 왔다. 하지만 아직까지 정상적인 사람은 한 명도 보지 못했다. 여기서 '정상'이라는 말은 특별한 문제가 없는 상태를 뜻한다. 나는 결혼과 양육, 건강한 감정에 대한 세미나를 진행하면서 수천 명의 사람들과 이야기를 나누어 보았다. 그러나 그 중에서도 정상이었던 사람은 단 한 명도 없었다. 뿐만 아니라 가족이나 친구들 중에서도 정상인 사람은 아무도 없다. 지금 이런 말을 하고 있는 나도 정상이 아니다!

자신의 감정이나 상황 때문에 평범한 일상이 힘들 정도로 악화되었는가? 그렇다면 당신은 왜 자신이 이러한 문제를 갖게 되었는지를 알아야 한다. 이것은 간단한 공식으로 설명할 수 있는데, 내 이름을 따서 "감정적 장애에 대한 클락의 공통 공식"(Clarke's Universal Formula for Emotional Disturbance), 줄여서 "CUFFED"라고 부르겠다.

옛 본성+필요+고통 = 감정적 장애

이 공식의 첫 번째 요소는 **옛 본성**(old nature)이다. 성경은 인간이 이기적이고, 거짓되며, 완벽하게 자기 중심적이라고 표현한다. 인간에게 있어 우선되는 것은 첫째도 나, 둘째도 나 그리고 또 다시 '나'이다. 이기적인 성향은 배워서 아는 것이 아니다. 우리는 원래 그렇게 태어났다. 로마서 1장 25절은 이 점에 대해 매우 신랄하게 말씀하고 있다.

> "이는 저희가 하나님의 진리를 거짓 것으로 바꾸어 피조물을 조물주보다 더 경배하고 섬김이라."

여기에서 저희는 곧 우리 인간을 가리킨다. 천성적으로 우리는 자신을 섬기도록 태어났다! 이처럼 놀랍도록 이기적인 성향은 그 자체만으로도 충분히 악하다. 그러나 현실은 이보다 훨씬 더 심각하다. 성경은 많은 부분을 할애하여 우리가 천성적으로 진실을 왜곡하고, 사악한 생각을 하며, 죄스러운 방법으로 행동한다고 증거한다.

> "만물보다 거짓되고 심히 부패한 것은 마음이라 누가 능히 이를 알리요

마는"(렘 17:9).

감정적 문제를 일으키는 두 번째 요소는 **필요**(need)다. 우리는 모두 태어나는 그 순간부터 무엇인가를 끊임없이 필요로 한다. 이것은 하나님께서 우리에게 주신 욕구다. 우리는 모두 필사적으로 사랑을 받고, 그 사실을 확인하려고 한다. 어딘가에 속해야 하고, 가까운 사람과 친밀하고, 그에게 조건없이 받아들여져야 비로소 마음이 편안해진다. 우리는 모두 존중받기 원한다. 즉, 자신이 가치 있으며, 다른 사람의 존경을 받을 만한 충분한 자격이 있다는 것을 확인하고 싶어 한다. 정직하게 말해서 우리는 매일의 삶에서 이러한 욕구들을 느끼며 살아간다. 이 기본적인 필요들을 거절당하지 않고 충족시키기 위해서라면 무엇이든지 한다.

옛 본성에 필요가 더해지면 필연적으로 자기 자신에게 엄청난 집중을 하게 된다. 우리는 태어날 때부터 우주의 중심이 '나'라고 생각하며 자신의 필요를 충족시키기 위해 많은 에너지와 시간을 소비한다. 또한 우리는 어그러진 방식으로 생각하며 본능적으로 죄된 행동에 끌리는 경향이 있다. 이로써 이미 우리 안에는 감정적 문제의 발판이 마련되어 있음을 알 수 있다.

마지막으로, 이 공식의 세 번째 요소인 **고통**(pain)으로 인해 감정적 장애가 나타난다. 고통이란 필요에 대한 어떤 위협이다. 세상에 완벽한 부모는 없다. 따라서 우리의 필요가 온전히 충족될 수는 없다. 이로 인해 감정적인 고통이 생기는데, 이 고통은 비단 부모에게만 국한되지 않는다. 사람들은 모두 자라는 동안 가정에서, 이웃에서, 학교에서, 놀이터에서, 운동장에서, 가게에서, 매스컴을 통해 실망하고 거부당하며 학대의 아픔을 느낀다. 이것은 심각한 심리적 고통을 수반한다. 이 세 가지 요소들의 조합은 누구에게나 있는 공통적인 경험이다. 어느 누구도 이 조합에서 자유로울 수 없다.

당신은 이기적이며, 부정확하게 생각하고, 죄를 짓게 만드는 옛 본성을 갖고 있다. 또한 당신에게는 너무나 간절히 충족하고 싶은 결정적인 욕구가 있을 것이다. 당신만의 세계에 고통이 찾아오면 당신은 그 고통을 극복하고 필요를 충족시키기 위해 계획을 세우기 시작한다. 당신의 옛 본성 때문에 이 계획은 불건전한 것이 될 수도 있다. 그러나 이것만이 당신이 할 수 있는 최선의 선택이었다. 지금까지는 말이다.

당신의 문제는 무엇일까

좀 더 자세히 들어가 보자. 당신의 가족과 과거의 경험들 그리고 당신의 성격에 있어서 당신은 어떻게 고통을 극복하고, 필요를 충족시키려고 노력하는가? 당신에게 있는 특별한 감정적 문제는 무엇인가?

우울한가? 고민이 많은가? 알 수 없는 분노가 치미는가? 술이나 마약 혹은 성행위에 집착하고 있지는 않은가? 일이나 쇼핑, 도박에 중독되어 있는가? 비만이나 거식증 혹은 폭식의 문제로 고민하고 있는가? 완벽주의로 인한 강박증에 시달리고 있는가? 아니면 반대로 자기혐오로 가득 차 있지는 않은가? 언어 폭력이나 성적 학대의 피해자인가? 낙태나 이혼을 경험했는가? 인간관계가 원만하지 않은가? 아직도 용서하지 못한 문제가 있는가?

돈이나 명예를 사랑하는가? 상습적인 거짓말쟁이인가? 금전적으로 무책임한 사람인가? 게으르거나 절제하지 못하는가? 계속적인 불평을 쏟아내는가? 당신에게 의지하고 있는 사람들을 기쁘게 해주는 사람인가? 학대받고도 아무 말 못하는가? 인기가 없는가? 다른 사람 문제를 대신 해결하지 않으면 안 될 것 같다고 생각하는가?

아마도 당신은 지금 뜨끔했을 것이다. 이 질문들 중 한 가지는 당신의 문제이기 때문이다. 그렇지 않은가? 어쩌면 당신은 이것들 중 하나 이상의 상황에서 고군분투하고 있을지도 모르겠다. 물론 나도 이 항목 중에 해당하는 것들이 있다. 솔직히 나는 일 중독자이다. 내가 일하는 습관은 나와 가족들 그리고 주님을 위해 사용할 수 있는 시간에까지 피해를 준다.

당신에게 있는 몇 가지 문제들을 나열해 보라. 깊이 뿌리 내린 잘못된 사고 방식, 불건전한 감정 표출, 당신의 고통을 극복하고 필요를 충족시키도록 도와주는 듯하지만 실제로는 당신의 모든 관계를 망치며 사탄에게 당신 인생을 내어주는 죄악된 행동 등을 살펴보라.

1. 뿌리 깊은 방식

당신이 계속해서 반복하는 어떤 행동을 살펴보라. 지금과 같은 삶의 방식이 형성된 시기는 아주 오래 전으로 거슬러 올라간다. 문제 행동은 어릴 때의 작은 변화와 함께 시작되고, 십대의 고통과 함께 자라며, 청년이 되었을 때 하나의 방식으로 자리잡는다. 이것은 결코 어느 날 갑자기 땅에서 솟아난 것이 아니다. 십대 혹은 성인이 되어서 겪는 충격적인 사건은 이러한 감정적 문제를 악화시키고 더 나아가 풍성한 삶을 방해하는 수준으로까지 진행될 수 있다. 당신이 지금 겪고 있는 문제는 이미 과거에서부터 시작되고 있었다.

2. 잘못된 생각

당신은 천성적으로 진실을 왜곡하는 특기가 있다. 유년기나 청소년기에 고통스러운 사건을 경험했는가? 당신은 그 문제에 대해 정확히 판단하고 처리할 능력이 없으며, 지적으로 성숙하지 못한 상태였다. 그래서 당신은 결국 자신과 다른 사람들 그리고 하나님에 대해 잘못되고 부정적인 결론에 이르게 되었다. 이러한 생각들은 더 나아가 스스로를 대하는 방식과 다른 사람들과 교류하는 방식에도 영향을 끼친다.

3. 감정 표출

지금까지 당신은 자신의 솔직한 감정을 마음 속에 담아두는 것이 미덕인 양 살아왔다. 그동안 은밀히 숨겨왔던 이 감정을 누군가에게 밝힌다는 것은 너무나 고통스럽고 당황스러운 일이다.

당신은 자신의 감정이 노출되어 그로 인해 비난받는 상황을 바라지 않을 것이다. 부정적인 감정을 표출하는 것은 잘못된 일이라고 들었을 수도 있다. 내면의 깊은 감정들을 꾹꾹 눌러 놓거나 아니면 폭발하듯이 뱉어내는 일은 모두 당신의 마음 속에 엄청난 긴장을 유발한다. 어차피 그렇다면, 어떤 식으로든 이 감정들을 표현하는 편이 당신의 감정적 건강에는 훨씬 좋다.

4. 죄악된 행동

잘못된 생각과 감정을 눌러두면 그것은 나중에 죄악된 행동으로 나타난다. 마음 속의 긴장과 고통이 죄의 형태로 뿜어져 나오면, 이로 인해 일시적으로 긴장을 완화시킬 수도 있을 것이다. 하지만 이것은 결국 당신에게 해를 입히고, 다시 잘못된 생각으로 인한 불건강한 감정 표출 그리고 죄악된 행동의 악순환을 불러온다. 죄악된 행동은 언제나 잘못된 생각과 불건강한 감정 표출의 필연적인 결과로 따라온다.

5. 고통의 극복

충분히 성숙하지 못한 유년기나 십대에는 건강하고 생산적인 방식으로 상처를 다루기 힘들다. 그래서 잠시 다른 것으로 눈을 돌려 고통에서 벗어나려고 한다. 아마도 이러한 행동 방식은 분명히 일시적인 위안을 줄 것이다. 그러나 결국 이러한 방법은 새로운 고통을 가중시킬 뿐이다. 당신은 지금껏 고통을 똑바로 직시하는 대신 그것으로부터 도망쳤다. 이 방법은 사실 그다지 효과가 없는데도 당신은 그 방법을 계속해서 사용해 왔다. 왜냐하면 당신이 아는 유일한 방법이기 때문이다.

6. 필요의 충족

인간이라면 누구나 선천적으로 사랑받고자 하는 필요를 느낀다. 안타깝게도 당신이 성장하는 동안 이 중요한 욕구가 온전히 충족되지 않앉을 것이다. 이 때문에 당신은 두려움과 불안, 상처 입은 자아상과 같은 고통을 경험하게 되었다. 다른 사람들이 당신의 필요를 채워주지 않기 때문에 당신은 스스로 문제들을 처리하기 시작했다. 고통에서 벗어남과 동시에 필요를 충족시킬 수 있는 시스템과 전략을 구축한 것이다. 그러나 완벽하지 않은 당신의 전략은 오히려 상황을 더 악화시킬 뿐이다.

7. 관계 무너뜨리기

고통을 극복하고 필요를 충족시키기 위해 지금껏 당신은 소중한 시간을 너무도 많이 낭비했다. 뿐만 아니라, 일을 추진하는데 필요한 능력과 에너지까지도 빼앗기게 되었다. 이 일로 당신은 스스로에게 죄책감과 부담감을 느끼며 자신을 가치없는 사람이라고 규정한다. 그리고 순수한 마음으로 당신의 필요를 채우고 싶어하는 사람들에게서도 멀어지게 되었다. 당신은 인간 관계를 풍성하게 하는 일에 시간을 보내는 대신, 감정적 문제들을 키우는데 대부분의 시간을 낭비한다.

당신의 이러한 행동은 자신뿐만 아니라 당신을 사랑하는 사람들에게까지 상처를 입힌다. 가장 불행한 일은, 당신에게 있는 감정적 문제들로 인해 하나님과의 친밀함을 누리지 못하고, 성장의 기회를 놓치게 된다는 것이다.

8. 사탄의 미끼

당신에게 있는 감정적 문제들은 사탄이 당신의 인생을 망가뜨리는 데 아주 좋은 도구가 될 수 있음을 기억하라. 만일 당신이 인격적으로 그리스도를 만난다면 사탄은 결코 당신을 소유할 수 없다. 그러나 당신을 괴롭히고 상처 입힐 수만 있다면 사탄은 언제든지 당신의 감정적인 문제를 이용하려 할 것이며, 또 실제로 오늘도, 지금 이시간도 그렇게 하고 있다.

잘못된 생각과 불건전한 감정 표현, 그리고 죄악된 행동으로 이어지는 일련의 방식은 당신이 예수 그리스도와 관계를 맺기 훨씬 전부터 이미 존재하고 있었다. 당신이 예수님을 알게 된 이후라 하더라도 당신의 옛 본성, 그리고 그것과 연관된 옛 방식은 여전히 남아 있다. 그러나 당신의 삶에는 예수님이 함께하신다! 이제 당신은 옛 방식을 이겨내고, 건강한 삶을 살 수 있는 능력을 갖게 되었다. 그렇게 하기 위해서는 올바른 회복 과정과 최선의 노력이 필요하다.

Yes, we can!

히브리서 11장은 우리에게 유명한 성경 속 명예의 전당을 보여준다. 본문에서 저자는 구약에 나오는 믿음의 선진들의 위대함을 묘사하고 있는데, 사실 이곳에 언급된 사람들은 모두 감정적인 문제를 갖고 있었다. 그들은 하나같이 '문제아'였다! 모두 죄인이었으며 심각한 실수도 저질렀다. 이들은 우리와 조금도 다를 것이 없었다.

명예의 전당에 오른 사람들의 이름과 그들의 감정적 문제를 살펴보자.

아브라함: 소심함, 겁쟁이, 거짓말쟁이, 자기 방어

사라: 독설가, 빈정거림, 만족할 줄 모름, 질투, 용서하지 못함
야곱: 이기적, 도둑, 증오심, 형에 대한 집착
요셉: 응석받이, 거만함, 남의 기분을 고려하지 않음, 자신을 과대평가
모세: 낮은 자존감, 분노, 폭력적, 참을성 없음, 성급함
라합: 모욕당함, 자기 혐오, 남자에 대한 편견
삼손: 성적 중독, 호색가, 자만
다윗: 자기 중심적, 호색가, 강간을 저지름, 거짓말쟁이, 살인자

오, 세상에 이럴 수가! 어떻게 이처럼 심각한 결함이 있는 사람들이 명예의 전당에 오를 수 있었던 것일까? 그럴 만한 이유가 있다. 그 이유는 바로 하나님께서 그들을 몹시 사랑하셨기 때문이다. 하나님께서 그들을 향한 위대한 계획을 품고 계셨으며, 그들을 참으셨기 때문이다. 나는 그들이 하나님의 능력과 도우심을 받아 그들의 약점을 극복하려고 열심히 노력하였으며, 그 결과 마침내 진정으로 변화되었다고 믿는다. 이들이 자신의 감정적 문제를 극복하고 결국 하나님의 훌륭한 종으로 성장할 수 있었다면, 우리도 그렇게 할 수 있다!

이 믿음의 거장들 모두가 시험과 고난 그리고 인격 형성 과정을 거쳤다. 순식간에 기적적으로 치유되지 않았다. 하나님께서는 그렇게 하실 수도 있었지만 하지 않으셨다. 하나님은 시간과 노력, 인내가 요구되는 회복의 여정으로 각 사람을 인도하셨다. 여정의 끝에서 이들은 감정의 온전함과 살아계신 하나님을 향한 깊은 믿음의 수준에 도달하였다.

건강한 감정에 이르는 길

나는 당신에게 그 길의 끝을 보여주고자 한다. 당신이 도달하고자 하는 목적지 말이다. 나는 감정적 건강에 대해 다음과 같이 정의한다.

"감정적으로 건강한 상태란 올바른 생각을 하고 건강하게 감정을 표현하며, 고통을 이겨내고 필요를 충족시키도록 도와주는 도덕적인 행동을 통해, 관계가 풍성해지고 사탄이 영향력을 미치지 못하는 삶이다."

먼저 기쁜 소식을 전하겠다. 그것은 당신의 감정이 치유받고 온전해질 수 있는 방법이 있다는 것이다. 앞으로 단계별로 그것을 실행하는 방법을 설명하겠다. 나의 치유 접근법은 오늘날 유명한 기독교 전문가들이 추천하는 것과 다를 수도 있다. 아마 당신은 이미 인기 있는 프로그램 중 하나 이상을 시도해 보았을지도 모른다. 그러나 아직도 당신은 감정적인 문제에 사로잡혀 있다.

다음 단계에서 나는 왜 이러한 다른 접근법들이 현실적이고 지속적인 변화를 가져올 수 없는지 설명하려고 한다.

마음 들여다보기

❶ 현재 당신이 갖고 있는 감정적인 문제는 무엇인가요?

❷ 그것은 당신의 삶에 어떤 영향을 미치고 있나요?
 (예: 경력, 결혼생활, 양육, 하나님과의 관계 등)

❸ 명예의 전당에 나오는 사람들 중 당신과 가장 비슷한 인물은 누구인가요?

❹ 3번에서 답한 믿음의 위인은 어떤 감정적 문제가 있었나요? 그것은 그의 인생에 어떤 영향을 미쳤나요?

❺ 히브리서 11장에 나오는 믿음의 위인들의 공통적인 결말은 무엇인가요?

❻ 내면의 문제를 치유하기 위해 당신이 해야 할 일들은 무엇일지 적어보고, 끝까지 잘 실천할 수 있는 용기와 능력을 달라고 기도하십시오.

Chapter 2

감정의 문제, 그 해답 찾기

점심을 먹고 사무실로 돌아가는 차 안에서 기독교 라디오 방송을 듣게 되었다. 이름을 대면 모두가 알 만한 베스트셀러 작가이자 유명한 강사가 초대 손님으로 나왔다. 그날 방송의 주제는 용서에 관한 것이었다. 그는 '용서'가 얼마나 중요한지, 하나님께서 우리에게 어떻게 용서하라고 명령하셨는지를 설명했다. 그러나 이어서 들려온 그의 한 마디 말 때문에 하마터면 나는 운전대를 놓칠 뻔했다.

그는 만일 깊은 상처가 있는 사람이라도 자신과 한 시간만 보내고 나면, 그 사람은 자신에게 상처를 준 사람이 누가 되었든지 그를 완전히 용서할 수 있다고 말했다. 덧붙여 그는 상처의 종류가 어떤 것이든지, 얼마나 오래 전에 상처를 입었는지는 전혀 중요하지 않다고 했다. 그는 상처란 영적인 문제이며, 따라서 영적인 해답이 있다는 것을 깨닫기만 하면 된다고 말했다. 고통을 치유하고 용서할 수 있는 능력을 달라고 전심을 다하여 드리는 한 번의 기도로 모든 것이 다 해결된다는 것이다.

나는 팔을 내저으며 라디오를 향해 말하기 시작했다. "아니에요. 엉터리군요! 정말 그렇게 될 수만 있다면 좋겠지만, 그렇지 않다구요! 어떻게 그런 식으로 용서할 수 있죠? 용서라는 것은 시간과 노력, 올바른 단계를 거쳐야만 된다구요! 그리고 감정의 문제들이 다 영적인 문제라고 할 수도 없어요. 물론 하나님께서 치료하시지만 그 일에는 우리의 노력도 필요하다구요. 한 시간? 어림도 없습니다!"

인기 작가들이 말하는 초간단 치유법

라디오에 나왔던 이 작가는 진정으로 다른 사람들을 돕기 위해 노력하는 사람이다. 그는 선의로 행하며 신실하다. 그러나 신실함이 항상 정확함을 의미하는 것은 아니다. 상처의 종류에 상관없이 단 세 문장의 기도로, 단 한 시간 내에 과거의 심각한 상처로부터 즉각적으로 치유받을 수 있다는 그의 믿음은 잘못된 것이다. 그를 포함한 영향력 있는 대부분의 기독교 전문가들이 감정의 문제가 영적인 문제이며 따라서 영적인 해답만이 필요하다고 강조한다. 이들은 문제를 빠르게 극복하기 위해 필요한 것은 예수 그리스도와의 참된 관계 회복이라고 주장한다. 라디오 방송이나 베스트셀러 저서를 통해 혹은 크리스천 잡지와 세미나에서 그들은 "예수님을 알고 의지하는 것만으로도 치유 과정이 단축되거나, 경우에 따라서는 아예 치유 과정이 필요없게 된다"라고 말한다. 과거에 경험한 학대나 중독 혹은 어떤 감정의 문제로부터 치유를 받으려면, 예수님의 능력을 구하는 간결하면서도 간절한 기도를 하기만 하면 된다는 것이다. 그들의 메시지는 상처입은 자들의 귀를 즐겁게 한다. 정답처럼 들린다. 게다가 신실한 그리스도인 같다. 그러나 현실은 그렇게 호락호락하지 않다. 그들은 진실되고 깊은 치유가 어떻게 일어나는지 정확히 이해하지 못하고 있는 것이다.

더 좋은 방법이 있다

심리학 박사학위를 받은 후 거의 이십 년 동안, 나는 기독교계가 이 사실을 깨닫기만을 기다려 왔다. 나는 언젠가는 아주 저명한 사람들이 감정의 문제들이 어떻게 치료되는지를 알아낼 것이라고 확신했다. 그러나 그들은 아직까지 깨닫지 못하고 있다. 크리스천 전문가들은 아직도 똑같은 주장만을 되풀이하고 있다. 그래서 나는 감정의 문제를 치유하는 일에 대해 하나님께서 나에게 가르쳐 주신 것들을 나누리라 결심했다. 이제 성경이 알려주는 사실과 지난 20년간의 진료 경험 그리고 나의 실제 경험을 바탕으로 감정 문제를 야기하는 원인과 치유 과정에 대한 진실을 말하려 한다.

나는 이 책이 당신을 참된 회복의 길로 인도하여 예수 그리스도와의 친밀한 교제를 이루는 통로가 되기를 기대한다. 무엇보다 나는 실제로 그렇게 될 것을 믿고 기도한다.

진실

사실 치유는 고된 작업이다. 물론 하나님께서 회복의 과정에 아주 밀접하게 연관되어 계시며, 치유할 수 있는 능력을 주시지만 말이다. 당신의 믿음이 약할 때에도 하나님은 당신과 함께하시며, 당신이 끝까지 이겨낼 수 있도록 도우신다. 그러나 당신의 감정 문제를 치유하는 데는 시간과 노력 그리고 특별한 단계들이 반드시 필요하다. 하나님께서는 어느 날 갑자기 당신에게 다가와 순식간에 당신을 치료해 주시지 않는다. 그분은 당신이 해야만 하는 일을 할 수 있도록 도와주실 것이다. 당신이 꼭 기억해야 할 것은, 하나님께서는 지금 당신이 고민하고 아파하는 그 경험들을 기꺼이 바꾸실 수 있었다는 것이다. 하지만 그분은 그렇게 하지 않으셨다.

어떤 감정 문제의 중심을 살펴보면 그 문제들은 감정적으로 생겨난 것이기 때문에 영적인 해법뿐만 아니라 감정적인 해법도 필요하다. 감정적 문제들은 반드시 드러나야만 한다. 물론 사탄이 이것을 놓치지 않고 개입하기 때문에 영적 문제와도 무관하지 않다. 사탄은 내면의 상처를 이용하여 당신의 삶으로 침투해 당신을 넘어뜨리려 할 것이다. 그러나 전혀 염려하지 마라. 하나님께서 당신을 치유하시는 회복의 여정을 통해 당신의 영적인 삶과 성품은 다듬어질 것이다.

하루아침에 이루어지지 않는다

요즘 많은 기독교 심리학자는 육체적인 질병을 가지고도 영적인 문제와 연관시켜 이야기한다. 예를 들어 심장 근육이 손상된 사람에게 이렇게 말하는 것이다. "이건 영적인 문제입니다. 의사한테 진찰받을 필요가 없어요. 기도하면 하나님이 고쳐 주실 거예요."

글쎄…. 물론 기도해야 한다. 하나님께서도 이런 상황에서 우리가 기도하기를 원하신다. 그러나 좀 더 핵심을 들여다보자. 심장이라는 기관은 영이나 혼이 아닌 육체에 속해 있다. 그러므로 마땅히 약물이나 도관 삽입, 수술, 운동과 식이요법 그리고 생활방식의 변화와 같은 신체적인 접근이 선행되어야 한다. 하나님께서 원하시기만 한다면 손상된 심장쯤은 금방 치료하실 것이다. 그러나 하나님께서는 의사의 기술과 특별한 신체적 작용을 이용하여 회복시키는 방법을 즐겨 하신다.

하나님께서는 우리의 모든 질병을 능히 치료하실 수 있음에도 불구하고 즉각적인 치유를 행하시지 않는 것은 이 과정을 통해 우리가 어떤 사실을 깨닫게 되기를 원하시기 때문이다. 하나님께서는 당신이 내면의 상처를 떨쳐버리고 새로운 성품을 얻고, 건강하게 변화되기를 원하신다. 한순간에 당신을 괴롭히는 문제에서 벗어나기를 원하는가? 그렇다면 당신은 이 기적적인 치유로 말미암아 아무것도 배우지 못할 수도 있다.

지난 해, 나는 가까운 사람의 문제로 말미암아 고통스러운 시간을 보내야 했다. 그는 심각한 신체적 질병과 동시에 정신적 장애와 싸우고 있었다. 나와 내 아내가 이 사람의 치유를 위해 기도했을까? 당연히 그렇게 했다. 우리는 몇 번이고 기도하고 또 기도했다. 하나님께서 그를 즉시 치유해 주셨을까? 아니다. 이 악몽은 아직도 진행되고 있다. 그러나 그는 포기하지 않고 의료진과 심리 전문가의 지도에 따라 부단히 노력하고 있다. 나는 그가 깨끗이 치유되길 원한다. 가능하다면 지금 당장 치유되었으면 좋겠다. 사람의 관점에서 바라보면, 하나님의 길은 멀고, 좁으며, 더디다. 그러나 그 길은 우리에게 가장 좋은 길이다.

전문가들이 틀렸다

앞에서 나는 크리스천 심리학 전문가들의 입장에 대해 반대했다. 그 이유를 좀 더 자세히 살펴보자. 그들은 감정의 문제가 근본적으로 영적인 문제라고 주장하는데, 이에 대한 중심 생각은 크게 다섯 가지 형태로 나타난다.

"이건 영적인 문제입니다"

당신의 문제는 전적으로 영적인 것이기 때문에 그 해답은 당신이 영적으로 성장하는 데에 있습니다. 당신은 스스로 그 문제를 이겨낼 수가 없어요. 너무나 믿음이 약하기 때문이지요. 당신은 아직 하나님과 가깝지 않아요. 영적 생활에 더 힘쓰세요. 매일 성경을 읽고, 그 내용을 충분히 묵상하세요. 성경구절을 암송하고. 기도하는 시간을 더 늘리세요. 그러면 당신을 괴롭히는 문제는 흔적도 없이 사라질 것입니다.

이 접근법은 영적으로 들리긴 하지만 옳은 방법이 아니다. 이것은 또한 쓸데없는 '죄책감'을 불러일으킨다. 이런 주장을 펼치는 크리스천은 실제로 치유가 어떻게 일어나는지 잘 모른다. 그들은 하나님에 대한 사랑이 부족하기 때문에 당신이 힘든 것이라고 말한다. 그들의 눈에 당신은 그저 보잘것없는 믿음을 가진 연약한 기독교인이다. 만약 좀 더 영적인 노력을 기울인다면 당신은 건강해질 수 있을 것이다. 이 주장은 벌써 수세기 동안이나 이어져 왔지만 결코 사실이 아니다.

이것을 어떻게 알 수 있을까? 사도 바울의 예를 보면 된다. 그는 초대 교회에서 가장 경건하고 믿음이 충만한 크리스천이었다. 그는 신약성경의 3/4이상을 기록했다. 그는 깊고 심오한 믿음의 소유자였다. 또한 바울은 예수님과 깊이 있는 관계를 가지고 있었고 어느 누구보다 성령의 능력을 나타내는 삶을 살았다고 해도 과언이 아닐 것이다. 그럼에도 불구하고 바울은 자신에 대해 다음과 같이 탄식하고 있다.

"내가 행하는 것을 내가 알지 못하노니 곧 내가 원하는 것은 행하지 아니하고 도리어 미워하는 것을 행함이라… 내가 원하지 아니하는 그것을 행하면 내가 이로써 율법이 선한 것을 시인하노니"(롬 7:15, 19절)

위의 고백이 사실이라면, 바울 또한 보통 사람들처럼 힘들어했다는 말이 된다. 크리스천 전문가의 표현에 의하면, 사도 바울은 너무나 믿음이 약한 사람이었던 것이다. 물론 이것은 전혀 말이 안 된다. 바울의 믿음은 그 누구보다도 강했다. 그러나 그는 자신의 문제를 해결할 수 없었다. 만일 바울의 믿음이 문제 해결에 충분하지 않았다면 당신이나 나 역시 그러할 것이다. 이 치열한 회복의 싸움을 통해 하나님께서는 당신의 믿음이 자라기를 원하신다. 믿음만 가지고서는 문제를 해결할 수 없다. 우리가 해야만 하는 일이 있기 때문이다.

"그리스도 안에 있는 당신의 지위와 능력을 구하세요"

크리스천으로서 당신은 새로운 피조물입니다. 그리스도 안에서 당신은 이미 필요한 모든 것을 가지고 있습니다. 그리스도의 승리로 말미암아 당신은 그저 그분 안에 있는 능력을 달라고 구하기만 하면 되는 것입니다. 짧은 기도를 통해 예수님의 죽으심과 부활 그리고 당신과 늘 함께하시는 그분의 치유의 손길을 이제 받아들이세요.

이 영적 해법을 지지하는 사람들이 말하는 대로 그리스도 안에 있는 당신은 새로운 지위와 능력을 얻었다. 그러나 당신이 건강한 사람이 되는 일에 그 능력을 사용할 수 있다고 한 것은 틀렸다. 단순히 그리스도의 치유의 능력을 구하는 것만으로 치유가 완성될 수는 없다. 제발 그럴 수만 있다면 얼마나 좋겠는가? 그러나 현실은 그렇지 않다. 그리스도의 능력을 받아 사용하려고 해도, 감정적이고 심리적인 방해물이 존재한다.

내가 아는 한 여성은 어렸을 때 아버지로부터 성적, 감정적으로 학대를 당했다. 이 고통은 그녀가 하나님과 가까운 관계를 맺는데 커다란 설림돌로 작용했다. 그녀가 하나님을 진심으로 만나기 위해서는 우선 방해물들을 제거해야만 했다. 빌립보서 4장 13절은 내가 의뢰인들에게 자주 사용하는 구절이다. "내게 능력 주시는 자 안에서 내가 모든 것을 할 수 있느니라."

여기서 '능력 주시는 자'는 예수 그리스도를 일컫는다. 그리고 '모든 것'에는 당신의 감정 문제도 포함된다. '능력 주신다'는 것은 당신이 치유 프로그램을 실천하고, 활기차고 건강하게 주님을 따르는데 필요한 능력을 주신다는 것을 의미한다.

"치유 의식을 치르십시오"

당신은 단 한 번의 영적 의식으로 완전히 치유될 수 있습니다. 두세 명의 신실한 크리스천들과 함께 모여 하나님께서 당신을 치유해 주시도록 기도하세요. 과거의 상처와 현재의 문제들을 모두 십자가로 가져와 예수님께 내어 드리세요. 그러면 예수님께서 당신의 짐을 받아주실 것이며, 당신은 고통과 그 고통이 당신의 삶에 미치는 영향력으로부터 완전히 자유해질 것입니다.

분명히 밝혀둘 것이 있다. 나는 이와 같은 치유 의식이 회복 과정에서 중요한 한 부분이 될 수 있다고 믿는다. 나는 자신의 상처를 예수님께 내어 드리는 모습을 매우 좋아한다. 나 또한 이 방법을 계속 사용해 왔다. 하지만 이와 같은 의식만으로는 충분하지 않다. 나는 이 방식을 추천하는 크리스천 지도자들이 회복 과정에서 수반되는 고통과 긴장, 번민을 두려워하는 것이 아닌가 하는 생각을 한다. 그들은 이렇게 외적인 의식을 통해 힘든 과정을 뭉뚱그리고자 하는 건지도 모르겠다. 예수님께서 이런 영적인 기도모임을 통해 치유해 주신다면 훨씬 쉽지 않겠는가? 당연히 그럴 것이다. 그러나 예수님께서는 그런 방법으로 일하지 않으신다. 치유는 몇 달이 걸린다. 금세 일어나는 것이 아니다.

 예수님께서 당신을 고치시겠지만, 거기 도달하기까지 당신을 힘들고 고통스러운 길로 데려가실 것이다. 주님께서는 당신이 더욱 성숙한 믿음과 성품을 쌓아나가길 원하시며, 여기에는 시간과 노력 그리고 희생이 필요하다.

신약 성경의 여러 곳에서(롬 5장, 약 1장, 벧전 1장) 크리스천의 삶에는 고난이 포함된다는 것을 배웠을 것이다. 다른 길을 통해서는 온전하고 강건한 영성을 이룰 수 없다. 그 과정은 힘들고 또 아플 테지만 충분히 가치가 있다.

하나님께서 당신에게 감정적인 어려움들을 허락하셨는데 무엇 때문에 갑자기, 기적적으로 그 문제를 치유해 주시겠는가? 하나님은 그렇게 하지 않으실 것이다. 하나님은 히브리서 11장 명예의 전당에 나오는 사람들에게 하신 것과 똑같은 방법을 당신에게도 적용하실 것이다. 1장의 내용을 기억하는가? 명예의 전당에 나오는 모든 사람들은 하나같이 고난을 받았다. 모두 성숙과 변화의 과정을 거치며 자신의 감정 문제를 극복하기 위해 반복해서 열심히 노력해야 했다. 그리고는 결국 승리하여 믿음의 영광스러운 삶에 도달하였다. 그 다음 차례는 바로 당신이다.

"당신은 죄를 짓고 있어요. 그것을 멈추세요!"

난 불우한 어린 시절이나 낮은 자존감, 중독 따위의 미신 같은 이야기는 듣고 싶지 않아요. 그건 성경을 믿지 않는 무신론적 심리학자들이 지어낸 이야기일 뿐이죠. 당신에겐 감정적인 문제가 없어요. 죄의 문제가 있을 뿐이에요. 당신은 지금 계속해서 죄악된 행동을 선택하고 있어요. 해답은 바로, 죄 짓는 것을 멈추고 하나님께 순종하는 것입니다.

이러한 이야기는 무례하며, 모욕적이고, 파괴적이다. 감정의 문제는 분명히 존재한다. 물론 이 문제들이 죄악된 행동과 분명히 관련이 있으며, 우리가 죄 짓는 본성을 지닌 타락한 피조물인 것은 사실이다. 그러나 이 문제들은 이처럼 극단적으로 단순화된 주장보다는 훨씬 더 복합적이다. 감정의 문제는 깊이 엉켜 있는 뿌리를 갖고 있으며 엄청난 노력만이 그 뿌리를 제거할 수 있다. 사도 바울은 자신의 죄악된 행동을 멈출 수 없었다. 이미 그의 깊은 탄식을 들어 보지 않았는가? 그 행동이 그를 움켜잡고 있었고, 그는 그것을 인정할 만큼 충분히 남자다웠으며 또한 크리스천다웠다. 만일 우리가 우리의 죄악된 행동들을 멈출 수 있다면, 삶 속에서 성화(聖化)의 과정은 없을 것이다.

스스로 죄 짓는 것을 멈출 수 있었다면 많은 사람들이 그렇게 했을 것이다. 나를 찾아오는 사람들 중 대다수가 자신의 파괴적인 행동을 멈추어 보려고 노력하고 또 노력해 보았으나 실패했기 때문에 나에게 온 것이다. 그런데 그것은 자신만의 방식에 사로잡혀 있음을 보여준다. 하나님의 도우심과 능력으로, 우리는 함께 그들의 패턴을 노출시키고, 그것이 어떻게 작용하는지를 알아내어 깨뜨리는데 필요한 작업을 한다. 이것이 치료이며, 이렇게 하는 것이 "죄 짓는 걸 당장 멈추세요!! 당장!"이라고 말하는 것보다 훨씬 효과적이다.

"이건 영적 전쟁입니다"

당신의 문제는 사탄이 벌이는 전쟁의 결과입니다. 사탄이 그 부하들을 통해서 당신을 공격하며 당신의 삶에 영향력을 행사하고 있는 거예요.

예수님께서는 이 귀신들을 몰아내고 당신을 이 속박으로부터 놓아주실 수 있는 능력이 있어요. 당신에게 필요한 것은, 예수 그리스도와 그 흘리신 피의 권세로 이 귀신들을 나가라고 명하는 의식입니다.

앞서 네 가지 견해와 마찬가지로 이 주장도 진실을 담고 있다. 그러나 역시 나머지 주장들과 마찬가지로, 그 진실은 불완전하며 우리를 현혹시킬 뿐이다. 귀신들린 것이 감정 문제에 연관된 것일 수도 있다. 하지만 주요한 원인이 될 수는 없다. 귀신을 쫓아내는 의식만으로 치유가 이뤄진다는 것은 뭔가 충분치 않다. 귀신들은 당신의 감정적 문제를 통해 당신에게 영향을 행사할 수 있고 또 실제로도 영향을 끼친다. 그들은 당신의 감정 문제를 이용하여 당신의 삶으로 들어온다(고후 2:11, 엡 4:26-27). 그리고는 그것을 이용하여 당신을 괴롭히고, 무능력하게 만들며, 결국 파괴시키려 할 것이다.

당신이 예수 그리스도와 인격적인 관계를 갖고 있다면 귀신은 당신을 소유할 수 없지만, 당신 안에서 감정의 문제가 활발하게 작동하고 있는 한, 그들은 잔인하게 그리고 끈질기게 당신을 괴롭힐 것이다. 그러나 만일 당신의 감정 문제가 해결된다면 그들은 활동 무대를 잃게 되므로 쉽게 물리칠 수 있다.

나는 몇 년 전에 한 젊은 여인을 만났는데, 그녀는 어렸을 때 끔찍한 학대를 당했다. 그 결과 그녀는 심각할 정도로 침체되어 있었으며 다중 인격을 나타냈다. 치료 과정의 초반부에 귀신을 쫓는 의식을 해 보았지만 별 효과가 없었다. 그녀를 괴롭히고 있던 귀신들은, 해결되지 않은 과거의 고통에 딱 달라붙어 있었다. 일단 그녀가 자신이 받았던 학대에 관한 문제를 이겨내고 귀신이 그 요새를 잃었을 때, 우리는 재빨리 예수 그리스도의 권세로 그들을 몰아내었다. 그러나 그 과정은 그녀에게 길고 벅차며 고통스러운 것이었다.

당신의 일을 하라

빌립보서 2장 12-13절 말씀을 보자. "그러므로 나의 사랑하는 자들아 너희가 나 있을 때 뿐 아니라 더욱 지금 나 없을 때에도 항상 복종하여 두렵고 떨림으로 너희 구원을 이루라 너희 안에서 행하시는 이는 하나님이시니 자기의 기쁘신 뜻을 위하여 너희로 소원을 두고 행하게 하시나니."

우리는 구원을 얻기 위해 일하지 않는다. 왜냐하면 구원은 믿음을 통한 값없는 선물이기 때문이다(엡 2:8-9). 그러나 우리 중 대다수는 영적인 성장과 예수 그리스도와의 관계를 위해 분명히 노력한다. 이것이 바로 "성화(聖化)"라 불리는 과정이며, 이것은 생각보다 힘든 작업이다. 감정의 문제로부터 치유받기 위해 이렇듯 어렵고 고통스러운 과정을 밟는 것은 성화에 있어서 빠질 수 없는 부분이다.

하나님은 우리의 감정의 문제와 그 회복 과정을 이용하셔서 우리를 빚으시며, 그의 아들 예수 그리스도와 좀 더 닮은 모습으로 우리를 만들어 가신다. 하나님께서는 회복 과정 중에 우리를 도우시며 책임지고 인도하실 것이다. 우리가 필요로 하는 위로, 용기, 통찰력 그리고 인내력을 주실 것이다. 반면, 우리는 다음에 나오는 〈치료의 6단계〉를 수행함으로써 우리가 해야 하는 부분을 감당해야만 한다.

1단계: 팀을 구성하라

어느 누구도 홀로 변화되고 치유된 사람은 없다. 팀이 당신에게 힘과 책임감 그리고 동기를 부여할 것이다. 당신이 치료의 여정을 성공적으로 수행하는데 필요한 팀을 구성해 보는 것이다.

2단계: 패턴을 드러내어 약화시키라

진정한 치유는, 당신이 생각하며 감정을 표현하고 행동하는 패턴을 자세히 관찰하는 데서 출발한다. 당신의 약점이 어떻게 작동하는지에 대한 상세한 사항들을 말이나 글로 적나라하게 드러나게 될 것이다. 그리하여 그 약점이 어떻게 작동하는지를 정확히 알게 되면, 그 흐름을 끊어서 약화시킬 수 있다.

3단계: 생각을 바꾸라

당신의 부정확하고, 부정적이며, 비성경적인 생각이 당신의 감정 문제의 핵심 요소이다. 당신의 잘못된 생각을 분별하여 제거하고 그것을 건강하고, 긍정적이며, 성경적인 생각으로 바꾸어야 한다.

4단계: 건강한 방법으로 감정을 표출하라

분노를 포함한 당신의 감정을 표현하는 네 가지 방법과 스트레스를 다루는 방법을 배우고 나면 당신의 감정 시스템은 부드럽게 돌아갈 것이며, 타인과의 관계에 있어서 친밀감을 형성할 수 있을 것이다.

5단계: 풀리지 않은 고통을 대면하라

과거로부터 유래한 당신의 고통은 현재까지 이어져 당신의 모든 관계들을 망가뜨려 놓는다. 당신은 당신에게 해를 끼친 사람들(가족, 친구, 다른 사람들)과 당신이 해를 입힌 사람들에 대해 말로써 혹은 글로써 직접적으로 다루게 될 것이다. 이 방법만이 다른 사람을 진정으로 용서하며, 당신의 지난 잘못을 용서받았다고 느낄 수 있는 가장 적절한 방법이다.

6단계: 새로운 삶을 경영하라

드디어 살아날 때가 왔다. 진정으로 사는 것 말이다. 감정 문제의 사슬이 끊어졌기에, 이제 당신은 하나님께서 당신이 누리기를 원하시는 그런 삶을 누릴 수 있다. 당신은 영적으로 성장할 것이며, 하나님께서 주신 재능과 능력을 주님을 섬기는 일에 사용할 것이고, 당신이 사랑하는 사람들과 친밀한 관계를 맺으며 변화된 삶을 살아갈 것이다.

나는 하나님께서 나에게 효과적인 회복 방법을 개발하도록 허락하셨다고 믿는다. 그것은 감정 문제의 핵심을 파악한다. 감정과 영적 차원의 치유를 이야기한다. 그것은 내가 상처받은 사람들과 20년 동안 일해 온 방법이다. 그것은 입증되었고 신뢰할 수 있으며 효과적이다. 이 모든 일에 대하여 하나님께 영광을 돌린다. 만일 당신이 진심으로 건강해지길 원한다면, 이제 시작해 보자.

마음 들여다보기

❶ 이 장을 읽기 전에 당신은, 감정의 문제가 어떻게 작동하며 어떻게 치유받을 수 있다고 생각했나요?

❷ 감정의 문제에 관한 인기 있는 크리스천 전문가들의 가르침 중에서 당신에게 가장 큰 영향을 끼친 것은 어떤 것인가요? 어떻게 이것을 알게 되었나요? 이 가르침대로 해 보았나요? 만일 해 보았다면 어땠나요?

❸ 하나님께서 아직도 당신의 감정의 문제를 치유하지 않으시는 이유는 무엇이라고 생각하나요?

❹ 치유의 6단계를 시작하면서, 당신이 느끼는 두려움은 어떤 것들인가요?

❺ 당신이 열심히 치유받는 것을 중단하게 된 것은 무엇 때문인가요? 올바른 방법을 잘 몰랐나요? 목사, 상담자 혹은 전문 서적의 잘못된 조언 때문인가요? 동기가 부족했나요? 다른 사람들의 도움은 전혀 받지 않고 혼자 해결 하려고 했나요? 혹은 어떤 다른 이유가 있나요?

❻ 〈치료의 6단계〉를 다시 읽은 후, 당신이 감당해야 할 부분들을 잘 해낼 수 있도록 하나님의 도움을 구하십시오.

**Six Steps
to Emotional and
Spiritual Health**

THE 6 STEPS TO EMOTIONAL

2
감정과 영적 건강을 향한 6단계

FREEDOM

1단계: 팀을 구성하라

Build Your Team

Chapter 3

믿음과 진실을 가진 팀을 구성하라:
책임 · 지지 · 사랑

몇 년 전, 어떤 사람이 완벽하게 혼자만의 힘으로 에베레스트 산의 정상에 도달했던 일이 있었다. 그 용맹스러운 탐험가는 이전의 그 누구도 해내지 못했던 일을 이루어냈다.

지구의 가장 높은 산 정상에 올라 찍어온 그의 사진은 사람들의 뇌리에 깊이 각인되었다. 그의 광기 어린 미소, 고드름이 달린 턱수염, 그리고 "누가 도움을 필요로 한단 말인가?"라고 새겨진 티셔츠의 사진이 전 세계 모든 신문의 1면을 장식했다. TV는 온통 그의 이야기로 가득했다. 바바라 월터스(유명한 미국 여성 앵커, 역자 주)가 그에게, 정상으로부터 겨우 90미터 떨어진 곳에서 두 동강 나버린, 그가 가장 아꼈던 지팡이에 대해 물었을 때 그는 눈물을 보이고야 말았다.

혹시 이 이야기가 생소하게 들리는가? 당연히 그럴 것이다. 이런 일은 절대 일어난 적이 없기 때문이다. 아무도 혼자서 에베레스트 산에 오른 사람은 없었다. 앞으로도 절대 없을 것이다. 한 사람이 감당하기에는 너무 어려운 일이기 때문이다. 많은 사람들이 에베레스트 정상에 도달했지만 그것은 언제나 팀의 일원으로 이루어낸 것이었다. 팀을 이룬 등산가들만이 이 거대한 산의 신비로움을 탐험할 수 있었다.

치유는 혼자서 할 수 없다

당신의 문제가 에베레스트 산은 아닐지라도 그만큼 상당히 큰 산임은 분명하다. 어느 누구도 혼자서는 치유하지 못한다. 당신의 감정 문제를 정복하려면 도움이 필요하다. 사람들은 언제나 관계 속에서 치유받기 때문이다.

"서로"라는 말은 신약 성경에 58번 나온다. 하나님께서는 우리가 서로를 필요로 한다는 것을 명확히 밝혀 주셨다. 나는 우리에게 서로를 후원하며, 사랑하고, 용기를 주며, 마주 대하고 책임을 다하라고 가르치시는 성경의 구절로 책 한 권을 다 채울 수도 있다. 전도서 4장 9-12절을 보면, "두 사람이 한 사람보다 나음은 그들이 수고함으로 좋은 상을 얻을 것임이라 혹시 그들이 넘어지면 하나가 그 동무를 붙들어 일으키려니와 홀로 있어 넘어지고 붙들어 일으킬 자가 없는 자에게는 화가 있으리라 또 두 사람이 함께 누우면 따뜻하거니와 한 사람이면 어찌 따뜻하랴 한 사람이면 패하겠거니와 두 사람이면 맞설 수 있나니 세 겹 줄은 쉽게 끊어지지 아니하느니라"라고 말씀한다.

치유를 향한 여정의 첫 단계는 당신을 지지해 줄 팀을 구성하는 것이다. 이것이 하나님께서 당신에게 바라시는 것이다. 이것은 당신 인생의 성공 기초가 된다. 팀의 구성원으로는 반드시 필요한 2명과, 있으면 도움이 될 3명이 있다.

책임 파트너

당신과 함께 험난한 회복의 길을 함께 걸어갈 동성(同性)의 한 사람이 필요하다. 이 사람은 당신의 감정의 문제에 관한 모든 것을 알게 될 것이다. 당신이 했던 일들, 당신이 생각했던 것들, 당신의 몸부림과 당신이 유혹받는 것들, 당신의 문제가 당신의 영적인 삶, 일터에서의 삶 그리고 가정에서의 삶에 어떤 영향을 미치는지를 알게 될 것이다. 당신은 책임 파트너에게 당신의 약한 부분과 과거 당신이 했던 모든 일을 빠짐없이 말하게 될 것이다. 당신이 현재 하고 있고, 생각하며 느끼는 모든 것과 미래에 대한 계획이 무엇인지도 말해야 한다. 당신의 책임 파트너는 당신이 추하게 생각하는 당신의 모든 면을 알게 될 것이다. 그럼에도 불구하고 당신을 조건없이, 여전히 사랑할 것이다. 그는 아무에게도, 그 누구에게도 당신의 비밀을 말하지 않을 것이다. 당신의 친구는 성실하며, 진실을 말하고, 당신을 위로하며 용기를 주고, 필요하다면 당신에게 소리를 지를 것이다. 당신을 받아들이며, 당신과 함께 기도하고, 당신이 믿을 수 있도록 붙잡아 줄 것이다.

이것은 몹시 인격적이며 친밀한 관계이다. 이러한 관계는 감정적이고도 영적인 유대감을 만들어 낸다. 또한 당신의 인생을 바꿀 것이다.

야고보 사도 역시 이러한 관계에 대해서 이야기한다. "그러므로 너희 죄를 서로 고백하며 병이 낫기를 위하여 서로 기도하라 의인의 간구는 역사하는 힘이 큼이니라"(약 5:16). 얼마나 강력한 메시지인가! 간단하고 명료하지만 매우 효과적이다. 당신의 책임 파트너에게 이런 방법으로 의지하는 것은 치유 과정에 있어서 필수적인 부분이 될 것이다. 솔로몬도 최고의 책임 파트너가 될 수 있는 사람이 어떤 사람인지를 알았다. "친구는 사랑이 끊어지지 아니하고 형제는 위급한 때까지 위하여 났느니라"(잠 17:17).

"당신이 어려움을 당할 때, 누가 진정한 친구인지 알게 된다." 이것은 100% 사실이다. 당신이 필요로 하는 것은 좋을 때나 나쁠 때나 당신과 늘 함께 있어줄 친구다. 치열한 전장에서 싸움을 할 때 당신 곁에 함께 있어 줄 전우가 필요한 것이다.

다윗은 그런 친구 요나단을 만났다. 요나단은 어떤 이익이나 이유, 조건없이 다윗을 사랑했다(삼상 18:1-4). 사실 요나단은 그렇게 할 수가 없는 상황이었다. 요나단의 아버지 사울 왕은 다윗을 미워하여 죽이고 싶어 했다. 요나단은 자기 아버지 편에 서서 다윗과 거리를 두어야 하지 않았을까? 아니, 그는 절대 그렇게 하지 않았다. 생명을 건 위험을 감수하면서도 요나단은 다윗에게 신실했다(삼상 19:1-7). 한결같이 말이다.

하나님께서는 신뢰 관계를 지지하신다. 성경은 이런 종류의 독특한 우정이나 친밀함, 깨뜨릴 수 없는 견고한 관계에 대해 많은 예를 제시한다.

모세와 여호수아, 룻과 나오미

사무엘과 다윗, 엘리야와 엘리사

예수님의 어머니 마리아와 사도 요한의 어머니 엘리자베스

바울과 바나바, 바울과 디모데

성경에 나오는 중요하고 영향력 있는 사람들은 거의 모두가 하나같이 오른팔과 같은 핵심적인 동료가 있었다. 이러한 동료가 당신에게도 역시 필요하다.

루도위치(Ludowici)에서 온 사나이

나는 내가 해 보지도 않은 것을 당신에게 시키지 않는다. 나에게도 책임 파트너가 있다. 당신은 "눈 내린 골짜기에서 온 사나이"(the man from Snowy River, 1982년에 만들어진 영화의 제목. 역자 주)라는 말을 들어보았는가? 나의 책임 파트너는 루도위치에서 온 사나이다. 루도위치는 조지아 주에 위치한 작은 마을로, 그는 내 사업의 조력자이자 나의 가장 친한 친구이기도 하다. 그의 이름은 로스코 디 글리슨이다. 난 그를 로키라고 부른다.

로키와 나는 야고보서 5장 16절에 나오는 관계다. 우리는 서로에게 진실을 말한다. 우리는 서로에게 자신의 죄를 고백한다. 우리는 서로를 위해 기도한다. 그래서 정직한 관계가 주는 엄청난 능력을 경험하고 있다. 어떤 비밀도, 장벽도, 속임수도, 가식도 없다.

로키가 죽어가고 있을 때였다. 의사들은 도무지 원인을 찾아내지 못하고 있었다. 누가 그와 함께했을까? 바로 나였다. 나는 그 혹독한 시련들을 그와 함께 헤쳐 나왔다. 아슬아슬한 순간에 의사들이 그의 병을 발견했다. 나는 그에게 "자네는 너무 대단해서 죽을 수 없다"고 말했다. 하나님이 로키를 살려 주셔서 너무 감사하다. 난 그가 필요하다. 내가 아내 샌디와 최악의 시간을 보내고 있을 때 누가 내 옆에 있었을까? 로키였다. 시련의 파도가 계속해서 우리를 덮쳤다. 로키는 이러한 시련 내내, 내게 힘이 되어 주었다.

신뢰의 모습

당신도 로키와 나처럼 그런 관계를 맛볼 수 있다. 우리의 신뢰 관계의 핵심은 매주 한 번, 한 시간씩 얼굴을 맞대고 만나는 것이다. 완벽한 사생활 보호를 위해 내 사무실을 이용한다. 만일 둘 중 한 사람이 모임에 올 수 없다면, 세상에서 가장 그럴 듯한 이유가 있어야만 할 것이다. 먼저, 우리는 한 사람씩 그 주간에 일어난 일을 나눈다. 특별히 각자가 약한 영역에 주의를 기울인다. 죄를 고백하고 진실을 말한다. 이것은 결점투성이인 한 남자의 일주일을 현미경으로 보면서 나누듯, 아주 처참할 정도로 자세하고 구체화된 것이다.

두 번째로, 우리는 상대방의 죄악과 약점을 짚어볼 수 있는 구체적인 질문을 서로에게 한다. 우리는 어떤 것도 놓치거나 꾸며내지 않길 원한다. 내게 있어 가장 큰 문제는 일 중독이므로 로키는 이것을 바로 파고 들어 온다. 여기에 매주, 로키가 나를 꼼짝 못하게 하는 질문들이 있다.

자네, 이번 주에 몇 시간이나 일했는가?

매일 저녁 퇴근은 몇시에 했는가?

매일 점심시간은 얼마나 가졌는가?

매일 아내 샌디와 30분씩 이야기했는가?

이번 주에 적어도 3번 이상 샌디와 함께 기도했는가?

이번 주에 샌디와 밖에서 데이트를 했는가?

이번 주에 아이들 하나하나와 정확히 얼마만큼의 시간을 보냈는가?

매일 샌디에게 자네가 도와줄 일이 있는지 물어 보았나?

적어도 한 번 이상, 샌디에게 자네가 혹시나 너무 과하게 일하고 있지는 않은지에 대해 물었는가?

매일 아침마다 큐티를 했는가?

그는 내게 이 질문들을 하고 진실한 대답을 기대한다. 일 중독을 견제하고, 주님과 샌디 그리고 나의 네 자녀들과 풍성한 삶을 누리기 위해 내겐 이 질문들이 필요하다. 나는 이 질문들에 대한 올바른 답을 알고 있다. 그리고 이 질문들을 통해 로키는 내가 바른 길로 가도록 도와준다.

세 번째로, 우리는 서로를 위해 기도한다. 우리는 기도 목록을 작성한 후, 한 번에 하나씩 하나님께 올려 드린다. 사랑하는 친구가 자세하고 꾸밈없이, 진심이 느껴지도록 당신을 위해 기도하는 소리를 듣는 것이 어떤 것인지 아는가? 그 기도는 나를 겸손하게 하며 친밀감을 느끼게 한다. 내 죄를 깨닫게 한다. 삶의 동기를 부여해 준다.

네 번째로, 만일 필요하다면 주중에 서로에게 전화를 한다. 만일 나의 약한 부분에서 내가 정말로 힘들어하며 스트레스를 받고 유혹을 느낀다면, 난 로키에게 전화를 건다. 우리는 그것을 놓고 함께 기도한다.

당신의 공동체에서 동성(同性)으로서 믿을 만한 헌신적인 책임 파트너를 찾아라. 문제가 있는 부분에 대하여 이 사람에게만큼은 숨김없이 이야기하라. 일주일에 한 번씩 사적인 장소에서 대면하여 만나라. 지난 일주일간 정확하게 무슨 일이 있었는지 나누어 보라. 당신의 약점에 관하여 파트너가 당신에게 질문할 특별한 질문 리스트를 작성하라. 함께 기도함으로써 모임을 마무리하라. 필요하다면 전화로 계속 연락하는 것도 좋다. 그 파트너에게 이 책을 읽고, 당신이 이 책에 나오는 과제를 책임감 있게 수행할 수 있도록 도와 달라고 부탁하라. 각 장의 마지막에 나오는 '마음 들여다보기' 부분을 파트너와 함께 나누라. 만일 치료를 받는다면, 파트너에게 당신의 진료 과정과 진행되고 있는 작업을 이야기하라. 만일 주변에서 책임 파트너를 찾는데 시간이 걸린다면, 먼 곳에 사는 믿을 수 있는 사람과 전화를 통해 만나도 무방하다. 가장 좋은 방법은 아니지만 집에서 가까운 곳에 있는 사람을 찾을 때까지 하나님께서 그 방법을 사용하실 수도 있다.

만약 그런 친구가 없을 때

"나에게는 로키 같은 친구가 없어요"라고 말할지도 모른다. 괜찮다. 걱정하지 마라. 비록 가까운 우정에서 나오는 친밀함과 상호 관계(서로 어려운 질문들을 하고 깊이 있게 나누어야 하므로)가 신뢰 관계에 있어서 이상적이긴 하지만 필수적인 것은 아니다. 당분간 다른 사람을 선택하면 된다.

나는 하나님께서 당신을 위한 최고의 친구를 예비해 놓으셨다고 믿는다. 그러므로 그 친구를 주시도록 기도하면서 찾기 시작하라. 당신이 최고의 친구를 찾을 때까지 당신이 치유 단계를 잘 수행할 수 있도록 붙잡아 줄 다른 누군가를 찾을 필요가 있다. 당신이 고른 그 사람이 최고의 친구로 발전할 수도 있다. 또한 목사님, 장로님, 집사님, 성경공부 인도자, 주일학교 교사 혹은 소그룹 모임의 인도자와 같은 교회의 지도자가 당신의 책임 파트너가 될 수도 있다. 혹은 당신이 존경하고 신뢰하는 사람이라면 당신의 교회에, 이웃에 혹은 직장에 있는 누군가가 당신의 파트너가 될 수 있다. 아빠, 엄마, 자매, 형제, 고모, 삼촌, 사촌과 같은 가족이 파트너가 될 수도 있다.

그러나 당신은 다음의 네 가지 조건을 충족시키는 사람을 골라야만 한다.

① 동성
② 예수 그리스도를 인격적으로 알며 주님과 깊은 사귐이 있는 사람
③ 당신의 비밀을 지켜주며 아무에게도 누설하지 않을 사람
④ 매주 한 시간씩 대면하여 만나며 필요할 때 전화할 수 있는 사람

지역 교회

당신의 팀에 꼭 필요한 두 번째 구성원은 바로 당신의 교회다. 당신은 반드시! 다시 말하지만, 반드시!! 그리스도의 몸된 교회의 활발한 교인이어야 한다. 별로 그럴 필요를 못 느끼겠다고 말하는 사람들에게 난

두 가지 대답을 한다.

첫째, 하나님께서는 그들이 교회의 일원이 되길원하신다. 신약의 상당한 부분이 교회가 어떻게 세워지고 발전해 나가는지에 대해 말씀하고 있다. 교회는 세상과 그 안에 속한 개인들을 바꾸어 나가기 위해 하나님께서 세우시고 택하신 도구이다. 교회에서 떨어져 나와 방황하지 말고 헌신적인 일원이 되라(히 10:25, 행 2:42, 엡 4:14-16).

둘째, 무슨 일 때문에 그들이 교회에서 멀어지게 되었는지를 묻는다. 교회에 나가지 않는 크리스천들의 대부분은 어떤 교회의 동료 크리스천으로부터 깊은 상처를 받은 경험이 있다. 이 정신적인 상처는 철저하게 치료되어야만 한다. 이것은 회복 과정의 한 단계이다. 만일 당신이 아직 크리스천이 아니라고 해도 나는 당신에게 교회를 찾도록 강하게 권하겠다. 교회는 예수님을 믿음으로 영혼의 구원을 받고, 그분의 능력과 인도하심으로 삶을 가치있게 살아가는 방법을 배울 수 있는 훌륭한 장소다. 좋은 교회를 찾으려면, 당신이 존경하는 크리스천 몇 명에게 그들의 교회에 대해 물어보거나, 신앙생활을 잘 이끌어 줄 교회를 추천해 달라고 이야기하라.

그리고 교회의 예배에 참석하도록 자신을 격려해 보라. 너무 서두르지 말고 천천히. 하나님께서는 당신이 교회의 한 일원이 되기를 원하신다. 당신은 치유되어 머잖아 섬김의 관계와 영역으로 가지를 뻗어 나가게 될 것이다.

당신과 한몸을 이룬 파트너

당신이 결혼했다면, 당신의 배우자는 당신의 회복 후원팀의 핵심 구성원이다. 만일 결혼하지 않았다면 다음 파트로 넘어가면 된다. 당신 둘은 한몸, 즉 이 세상에서 가장 친밀하며 개인적인 관계가 되었다(창 2:24, 마 19:5). 당신들은 안팎으로 서로를 알아가기 때문에 함께 회복과 치유의 과정을 헤쳐 나가는 것이 이상적이다. 배우자로부터 얻는 지지, 사랑, 격려는 그 가치를 따질 수 없을 만큼 귀하다. 감정적인 건강에 이르는 길을 따라가는 동안 생겨날 유대감은 지금까지 한 번도 경험해 보지 못한 깊은 수준으로 당신들을 연결시켜 줄 것이다. 하나님께서는 당신이 더 잘 되길 바라신다. 그분은 또한 당신의 결혼생활이 더 나아지길, 그리고 더 가까워지길 원하신다. 회복의 경험을 나눔으로써 이 둘을 다 이룰 수 있다. 하나님께서는 회복 여정의 마지막에 당신이 이렇게 말할 수 있길 바라신다.

"저는 감정적으로 건강한 사람이며, 지금보다 더 제 배우자를 사랑한다고 느껴본 적이 없습니다."

나는 치료과정 중에 항상 의뢰인의 배우자를 끌어들이려고 한다. 이 두 명이 한 팀을 이루길 바란다. 나는 초반에 부부를 불러서 이 작업에 대해 설명한다. 나는 그들에게 한쪽 배우자가 변하면 결혼생활이 변할 것이라고 알려준다. 나는 앞으로 어떤 일이 일어날지에 대해 의뢰인의 배우자가 정확히 알 수 있도록 프로그램을 그들 앞에 쫘악 펼쳐 놓는다. 나는 각 치료 시간이 끝날 때마다, 집에 돌아가서 어떤 것을 했는지 배우자에게 자세하게 말하도록 권고한다. 모든 생각과 과정들, 고통스러운 기억, 편지들을 배우자와 나누게 된다.

만일 당신의 배우자가 회복 과정 중에 당신과 함께 하기를 거부한다고 해도, 당신은 완벽하게 치유받을 수 있다. 하나님께서 맡아주실 것이다. 당신의 후원팀의 다른 구성원들이 더욱 큰 역할을 하게 된다. 안타깝지만, 배우자가 참여하지 않는다면 치유 경험을 나눔으로써 얻게 되는 혜택이 당신의 결혼생활까지는 미치지 않을 것이다. 만일 당신의 배우자가 크리스천은 아니지만 기꺼이 도우려고 한다면, 당신의 회복을 돕게 하는 것이 좋다. 둘은 감정적으로 더욱 가까워질 것이며 어쩌면 하나님께서 당신의 배우자를 주님께로 인도하시려고 당신의 회복 여정을 사용하실 수도 있다.

하나 됨의 모습

당신이 이 책을 읽고 나면 당신의 배우자도 읽게 될 것이다. 두 사람은 기도하는 가운데, 회복 프로그램의 여섯 단계 모두를 함께 해 나가는데 동의하게 될 것이다. 만일 배우자가 자신의 감정 문제에 대해서도 노력할 준비가 되어 있다면, 두 사람이 동시에 치유받을 수 있도록 서로를 돕게 될 것이다. 배우자와 함께 각 장의 마지막에 나오는 '마음 들여다보기' 문항을 토론해 보라. 당신의 감정 문제에 대해서 배우자에게 자세히 이야기하게 될 것이다. 매일 배우자와 나누는 30분 정도의 대화 시간에 회복의 진행 상황을 나누게 될 것이다.

또한 당신의 감정, 당신의 생각, 당신이 배우고 있는 것들, 당신이 어떻게 변해 가는지, 당신의 변화가 결혼생활에 어떤 영향을 미치는지, 당신과 하나님의 관계가 당신의 노력을 통해 어떻게 변화되고 있는지,

다시 말해 치유의 과정들을 통해 드러나는 모든 것을 당신의 배우자와 나누는 것이다. 단, 성적인 죄악과 싸우고 있는 사람들은 예외다. 당신이 성적인 죄를 행동으로 옮겼을 때는 배우자에게 반드시 말해야 한다. 그러나 당신의 마음 속에 떠오르는 유혹이나 환상 등은 나누지 마라. 이런 불쾌한 생각들은 결혼생활의 안정감을 심각하게 좀먹게 할 것이다. 두 사람의 관계에 쓸데없는 해를 끼치는 요소다.

이것은 하나님과 당신의 책임 파트너 그리고 소그룹(만약 당신이 소그룹에 속해 있다면) 혹은 치료사(만약 있다면)와 나누어라. 매일의 대화 시간 중에, 손을 맞잡고 특별히 하나님의 도우심과 치유를 구하는 기도를 하라. 주님께 당신이 해야 하는 것을 잘해 나갈 수 있는 용기와 힘과 의지를 달라고 간구하라. 기도의 능력은 무한하다.

예수님께서 마태복음 18장 19절을 통해 하신 굉장한 약속을 믿음으로 구하는 것이다. "진실로 다시 너희에게 이르노니 너희 중의 두 사람이 땅에서 합심하여 무엇이든지 구하면 하늘에 계신 내 아버지께서 그들을 위하여 이루게 하시리라."

소모임

앞의 두 구성원처럼 필수적인 것은 아니지만, 나는 당신에게 소모임에 들어가라고 강력히 권하고 싶다. 소모임은 당신이 다른 사람들과 진정으로 연결될 수 있는 곳이다. 당신은 소모임을 통해 회복의 과정을 위한 사랑과 격려, 실제적인 지지와 피드백, 우정, 기도와 힘을 얻을 수 있다. 그리고 우리는 모두 회복의 여정 중에 있다. 이 모임은 가정 모임이 될 수도 있고, 성경공부 그룹 혹은 남·여전도회가 될 수도 있다. 우리는 이러한 모임의 능력이 누구에게서 나오는지 알고 있다. 바로 "예수 그리스도"이시다. 소모임의 능력은 놀라움 그 자체다. 나는 이런 모임을 통해 역사하시는 성령님의 능력으로 수천 명의 사람들이 변화되는 것을 보아왔다. 하나님께서는 소모임을 좋아하신다.

사실 처음에 이 소모임을 시작한 것도 하나님의 아이디어였다(모든 좋은 아이디어는 다 하나님께로부터 나온다!). 초대 교회는 거의 대부분 작은 가정 모임으로 구성되어 있었다. 예수님과 그의 제자들도 소모임이었다. 예수님께서는 주님의 이름으로 모이는 모든 소모임에 함께하시겠다고 약속하셨다(마 18:20).

만일 당신이 음식, 섹스, 알코올, 마약, 도박 혹은 그 외의 여러 가지 중독과 싸우고 있다면, 소모임은 선택 사항이 아니라 반드시 필요한 필수 요소가 된다. 이러한 중독자들을 위한 특별한 모임의 지원과 능력 없이 당신의 중독을 이겨내기란 엄청나게 어려운 일이다. 나는 매주 금요일 아침마다 남전도회 모임에 나간다. 우리는 성경을 공부하고 삶을 나누며 필요할 때는 일자리를 찾도록 도와주고 서로를 위해 기도한다.

크리스천 치료사

감정의 문제와 회복 과정을 다루는 데 있어서 전문가인, 잘 훈련 받은 정식 크리스천 치료사가 당신 팀의 핵심 구성원이 될 수도 있다. 그러나 다시 한 번 말하지만, 아닐 수도 있다. 나는 당신이 이 책을 읽고, 당신의 후원팀 구성원들과 함께 나의 치료 전략의 각 단계들을 먼저 수행해 나갈 것을 권한다. 또한 당신 교회의 담임 목사님이나 평신도 상담자에게 당신이 이 책의 단계들을 잘 따라갈 수 있도록 도움을 요청할 것을 강권한다. 그것만으로도 당신은 충분히 나아질 수 있을 것이다. 그러나 만일 아직도 당신이 도움을 필요로 한다면 크리스천 치료사를 찾도록 하라.

믿을 만한 치료사에게 이 책을 읽도록 부탁하고 당신이 이 방법을 따르고 싶다고 이야기하라. 모든 치료사들이 자기만의 독특한 스타일과 성격을 갖고 있지만 회복의 단계들은 기본적으로 똑같다.

자, 이제까지 당신을 지지해줄 팀들을 살펴보았다. 그들을 모으기 시작하라. 다음 장에서는 초자연적인 구성원에 대해 이야기할 것이다. 그분은 모든 구성원 중에 가장 중요하다. 실제로 치료하시는 분이 바로 그분이시기 때문이다.

마음 들여다보기

❶ 누구에게 당신의 책임 파트너가 되어 달라고 부탁할 건가요? 혹시 부탁하기 어렵다면, 그 이유는 무엇인가요? 언제 부탁할 건가요? 당신의 책임 파트너가 당신에게 물어야 하는, 당신의 감정 문제와 직결된 구체적인 질문들을 써 보세요.

❷ 만일 당신이 교회 공동체와 소원해져 있다면, 무엇 때문인가요? 당신의 책임 파트너와 배우자와 함께 이 장애물들에 관해 이야기해 보세요. 만일 당신이 교회에 출석한다면, 교회는 당신에게 어떤 의미인가요? 교회 활동에 적극적인가요?

❸ 만일 결혼했다면, 치유를 위한 여정에서 당신의 팀이 되어 달라고 배우자에게 부탁하세요. 부부가 함께 이 과정을 수행해 나갈 때 하나님께서 함께 하시도록 같이 기도하세요.

❹ 소모임에 속해 있나요? 만일 속해 있지 않다면, 소모임으로부터 얻을 수 있는 유익은 어떤 것이라고 생각하나요? 속해 있다면, 어떤 소모임인가요?

❺ 크리스천 치료사에게 치료를 받는 것에 대해 어떻게 생각하나요? 무엇 때문에 가지 않나요? 당신의 책임 파트너와 배우자에게 당신이 치료사를 만나 볼 필요가 있다고 생각하는지 물어 보십시오.

Chapter 4

작은 믿음, 크신 하나님:
하나님이 멀게만 느껴질 때 치유받는 방법

"당신은 스스로 치유할 수 있어요. 신이나 다른 어떤 초자연적인 힘은 필요치 않아요. 다른 사람의 도움도 필요없답니다. 당신 스스로의 힘으로 해낼 수 있어요. 그저 당신의 내면 깊숙이 파고들어가 당신 자신의 놀라운 힘과 지혜를 발견하기만 하면 돼요. 훨씬 더 강하고 똑똑하고 더 나은 사람이 되기 위해 필요한 모든 것은 이미 당신 안에 존재한답니다."

어디선가 이런 글을 읽어본 적이 있을 것이다. 그렇지 않은가? 일부 유명 인사나 연예인들이 인터뷰를 통해 털어놓는 자신의 치유 경험은 얼핏 듣기엔 그럴싸한 감동적 이야기로 우리에게 다가온다. 그들은 자신이 고통스럽고 충격적인 경험으로부터 빠져나올 수 있었던 것은 감정적, 영적 온전함 때문이었다고 노골적으로 말한다. 그들은 종종 가족이나 친구, 치료사나 영적 지도자, 자녀들 등 다른 사람들로부터 긍정적인 영향을 받았다고 말한다. 그러나 그들이 기적적으로 회복될 수 있었던 것은 궁극적으로 다른 누구도 아닌 자신들의 능력이었다고 말하는 것이다. 정말 신기한 일이지만 어쨌든 그들은 치유의 에너지를 불러내어 재앙을 승리로 바꾸었다.

그런데 이게 정말 사실일까? 정말 그들은 치유받은 것일까? 아니다. 그들은 전혀 치유되지 않았다! 그들은 고통이 찾아오기 전보다 더 나빠졌다. 자신들의 내면에 있는 죄와 이기심을 깨닫기보다는 자기 양심과 평안을 추구해놓고는 그것을 내면의 힘이라고 부르는 것이다. 그들은 아무것도 배우지 못했다. 감정적으로나 영적으로 손톱만큼도 자라지 않았다. 우리는 스스로를 결코 치유할 수 없다. 그리고 다른 어떤 사람도 당신을 치유할 수 없다. 당신을 치유할 수 있는 유일한 분은 하나님 한 분뿐이시다. 하나님은 회복 팀의 가장 중요한 구성원이시다.

치유할 수 있는 유일한 분

구약을 읽다 보면 하나님의 치유에 대한 예가 계속 등장한다. 수치심과 죄책감에 빠져 있던 다윗 왕을 치유한 분이 누구신가? 하나님이셨다. 누가 욥을 치유하셨는가? 하나님이셨다. 시리아 군대 장관 나아만을 치료한 분은 누구신가? 하나님이셨다. 히스기야 왕을 누가 고쳐 주셨는가? 하나님이셨다. 이러한 예는 무궁무진하다. 구약에서 치유받은 모든 사람은 하나님에 의해 고침 받았다. 치유의 하나님께서는 당신도 고쳐 주실 것이다. 신약에서는 아버지의 권능으로 많은 사람을 치유하셨던 예수 그리스도를 만날 수 있다. 육체적인 질병뿐만 아니라 감정적이고 영적인 부분까지도 고쳐주셨다. 예수께서 누군가를 고치실 때는 완벽하게 치유해주셨다. 누가복음 4장 18절과 요한복음 8장 36절에는 예수께서 우리를 속박하고 있는 모든 것들로부터 자유하게 하시기 위해 이 땅에 오셨다는 놀라운 말씀이 있다. 물론 여기에는 우리의 감정적인 문제도 포함된다.

내게 능력 주시는 자 안에서 내가 모든 것을 할 수 있느니라 (빌 4:13).

의인이 부르짖으매 여호와께서 들으시고 그들의 모든 환난에서 건지셨도다 여호와는 마음이 상한 자에게 가까이 하시고 충심으로 통회하는 자를 구원하시는도다(시 34:17-18).

에스겔 36장 26절에는 우리의 심장을 두근거리게 하는 약속도 있다.

또 새 영을 너희 속에 두고 새 마음을 너희에게 주되 너희 육신에서 굳은 마음을 제거하고 부드러운 마음을 줄 것이며."

내가 말하고자 하는 것이 바로 이것이다! 만일 이것이 치유에 관한 이 세상 최고의 정의가 아니라고 한다면, 도대체 어떤 것이 될 수 있을지 모르겠다. 반드시 하나님께서 당신에게 새 마음과 새 영을 주실 것이다. 이를 위해 당신의 노력이 필요하겠지만, 하나님께서 그 과정에 함께하시며 힘을 주실 것이다. 새롭고 건강한 당신 본연의 모습(하나님께서 태초에 창조하신)으로 변화시켜 주실 것이다.

고통의 한 가운데에서 만나주시는 하나님

우리가 감정적인 문제들을 직시하고, 그 고통을 헤쳐 나가야 하는 이유는 무엇일까? 바로 하나님께 더 가까이 나아가며 주님께 더욱 합당한 종이 되기 위해서다. 물론 하나님께서는 당신이 감정적으로 건강하여 풍성한 삶을 누리며, 다른 사람들과 좋은 관계를 맺길 바라신다. 그러나 궁극적으로 하나님께서는 당신이 영적인 군사로 세워져가길 원하신다. 하나님께서는 당신을 영적으로 더욱 성숙케 하고 자신에게로 더 가까이 이끄시기 위해 당신의 삶에 고통을 허락하신다.

"우리가 환난 중에도 즐거워하나니 이는 환난은 인내를, 인내는 연단을, 연단은 소망을 이루는 줄 앎이로다 소망이 우리를 부끄럽게 하지 아니함은 우리에게 주신 성령으로 말미암아 하나님의 사랑이 우리 마음에 부은 바 됨이니"(롬 5:3-5).

이것은 신자의 영적 성장에 필수적으로 일어나는 연쇄 반응이다. 환난, 인내, 연단, 소망 그리고 결국 우리의 마음에 부어주시는 하나님의 사랑. 나는 이 마지막 요소인 하나님의 사랑을 원한다. 그렇지 않은가? 그러나 힘들지만 모진 과정들을 통해 세워지며 인정받은, 하나님께 대한 나의 믿음없이는 하나님의 사랑을 얻을 수 없다.

믿음 제로 상태

"박사님, 그런데 지금 제가 믿음이 하나도 없는데 이 회복 과정을 시작이나 할 수 있을까요? 사실 저는 그분이 정말 존재하고 계신지 조차 의심스러워요." 당신도 이런 생각을 한 적이 있는가, 아니 지금 하고 있는가? 나는 수천 명의 의뢰인들이 회복 과정을 시작할 때 이런 말을 하는 것을 들어왔다. 치유 과정을 밟기 위해 큰 믿음이 필요한 것이 아니다. 당신에게 필요한 것은 그저 아주 작은 믿음 한 조각이다. 버틸 수 있을 만큼이면 충분하다. 비록 하나님이 멀리 계신 것처럼 보이고 당신이 그분에 대해 별로 호의적이 아니라 해도 회복 단계들을 계속 밟아나가라.

믿음이 약했던 사람들은 어느 시대에나 있었다. 히브리서 11장에 나오는 믿음의 조상 아브라함을 살펴보자. 하나님께서는 그에게 전례가 없는 희생의 언약을 맺으셨다. 하나님은 아브라함을 축복하셨으며 자신의 거룩한 임재와 능력을 그에게 여러 번 나타내셨다. 아브라함은 무엇을 했는가? 한 번도 아니고 두 번이나, 그는 자신을 보호하기 위해 자신의 아내를 여동생이라고 거짓말했다. 그는 하나님께 이의를 제기하였으며 하나님을 의심하였다.

하나님께서 그에게 아들을 주시겠다고 말씀하셨음에도 불구하고 아브라함은 하나님을 믿지 않았다. 그는 자신의 몸이 상할까봐 부인을 애굽의 늑대들에게 주었다. 때때로, 사실 여러 번, 하나님께 대한 그의 믿음은 아주 약했다. 많이 들어본 소리 아닌가? 내가 바로 아브라함과 똑같다. 당신이 바로 아브라함과 똑같은 것이다.

하지만 아브라함은 분명히 "믿음"을 갖고 있었다. 그는 중간에 그만두지 않고 계속 해 나갈 만큼의 믿음을 갖고 있었다. 비록 하나님과의 관계는 불안정하고 오르락내리락했지만, 아브라함의 극히 적었던 믿음은 점점 자라고 성숙해졌다. 나는 당신이 아브라함과 같길 바란다. 하나님을 향한 당신의 믿음 그대로를 가지고 치유를 시작하라. 그 믿음이 얼마나 적든지, 얼마나 약하든지 상관없이 말이다. 그저 단계들을 차근차근 밟아 나가라. 그것만으로도 충분하다.

험난한 여정의 시작

회복의 길을 떠나기 전, 혹은 길을 가는 도중에는 겨우 숨쉬는 믿음만으로도 괜찮다. 당신의 감정적인 문제를 놓고 노력하는 가운데 하나님과 싸우는 것도 괜찮다. 다른 모든 사람들처럼 말이다. 힘들어하지 않는 사람들은, 안 그런 척하는 사람들이거나 믿을 수 없을 정도로 영적인 몇몇의 사람들뿐이다. 나는 이 둘 중 어디에도 속하지 않는다. 아마 당신도 아닐 것이다. 따라서 당신은 투쟁을 하게 될 것이다.

하나님은 주권자이시다. 하나님은 우주를 만드셨고 당신을 만드셨다. 하나님은 모든 만물과 모든 사람을 다스리신다(욥 38-41장, 엡 1:11). 그분의 통제 밖에서 일어날 수 있는 일은 아무것도 없다. 하나님은 당신의 감정적 문제가 자라고 있음을 아셨다. 하나님께서 당신의 삶에 고통스러운 일들이 일어나도록 허락하셨다. 그러므로 당신은 하나님과 대면해야만 한다. 내가 투쟁이라는 말을 쓴 것은 하나님께 대해 화가 나며, 말로 표현할 수 없는 분노를 느끼며, 깊이 상처받고 하나님께 실망하며, 그분을 의심한다는 것을 뜻한다. 하나님을, 그분의 약속과 당신에 대한 사랑을, 그분의 선하심을 그리고 어떤 때에는 그분의 존재 자체를 의심하는 것이다.

"왜 이런 일들이 일어나야 하는 건가요? 하필이면 왜 저죠? 하나님은 뭘 바라시는 거예요? 뭐 하고 계세요? 왜 제 기도에 응답하지 않으시는 거죠? 다른 사람은 다 도와주면서 왜 저는 안 도와주시나요? 거기 계시긴 한 거예요?"

하나님과 투쟁한다는 것은 무서운 일이다. 위험해 보인다. 꼭 배신자가 된 것 같은 기분이다. 뭔가 잘못된 것 같다. 그러나 그것은 위험한 일도, 배반이나 잘못된 일도 아니다. 반드시 해야만 하는 일이며 이 과정을 겪지 않는다면 당신은 변하지 않을 것이며, 하나님께 대한 당신의 믿음은 조금도 자라지 않을 것이다.

성경에 나오는 인물들의 예

성경 속 주요 인물들은 거의 다 감정적이며 영적인 온전함에 이르는 과정에서 하나님과 엄청난 투쟁을 벌였다. 예를 들어보면 다음과 같다. 노아, 아브라함, 야곱, 모세, 욥, 사무엘, 다윗, 엘리야, 이사야, 예레미야, 다니엘, 베드로, 바울. 정말 대단한 동지들이 아닌가? 그러나 그들 역시 하나님과 씨름하지 않고서는 거장이 될 수 없었다. 저 이름들 중 둘을 생각해보자. 많은 시편의 시작에서 다윗은 하나님과 싸운다. 그는 화가 나고 상처받았으며, 의심하고 질문하며 화풀이를 하고 하나님께 도와 달라고 소리지른다. 각 시편의 끝 부분에서 그는 하나님과 함께 자신의 문제들을 헤쳐 나가며 그의 하늘 아버지를 찬양한다. 그러나 처음에 그는 투쟁해야만 했다.

하나님께 정당한 불평을 가지고 있는 듯 보였던 사람이 있다면, 바로 욥일 것이다. 그는 세상에 살았던 사람 중에 가장 정직한 사람이었지만(욥 1:8), 하나님께서는 사탄이 그의 삶을 철저하게 파괴하는 것을 허락하셨다. 욥은 하나님과 격렬한 투쟁을 하였다. 하나님께서는 그가 자신의 끔찍한 감정적, 육체적, 영적 고난을 표현하도록 허락하셨다. 그것은 욥을 치유하는 과정에 있어서 필수적인 부분이었다. 그는 하나님께 맞섰지만, 욥기의 마지막에 기록된 대로 하나님께 되돌아 올 수 있었다. 그렇지만 반드시 기억해야 한다. 다윗이나 욥은 하나님께 대항하는 것 자체에 집착하지 않았다. 성경에 나오는 다른 어떤 영적 거장들도 마찬가지다. 그들은 하나님께 대항했지만 또한 치유를 위해 하나님께서 그들이 하길 원하시는 것들을 했다. 그들은 자신에게 반드시 필요한 회복 과제들을 수행했다. 나는 당신도 이것을 하길 원한다.

에델과 에드의 사랑이야기

'에델'은 내게 있어서, 그저 평범한 비서 이상의 사람이다. 그녀는 나의 오른 손과도 같은 사람이며, 신실하고 현명하고 친절하고 변치 않는 멘토이다. 그녀는 내 의뢰인들을 대할 때, 따뜻한 관심을 갖고 대하며 그들을 존중한다. 그녀는 내 사업과 일터의 거의 모든 영역에 아주 소중한 정보들을 제공한다. 나는 그녀에게 절대로 일을 그만두면 안 된다고 몇 주에 한 번씩은 꼭 말한다. 가장 중요한 것은, 에델이 하나님을 사랑하며 깊고 성숙한 믿음을 갖고 있다는 것이다. 그녀는 베드로전서 3장 4절에 나오는 내면적인 아름다움을 갖고 있다. 그녀는 48년 동안 '에드'라는 멋지고 다정한 목사와 결혼생활을 해왔다. 그들은 함께 16년이 넘도록 지역 교회를 섬겼다. 그들의 결혼생활은 정말 멋졌고 서로를 깊이 사랑했으며, 네 명의 훌륭한 딸들을 양육하였다.

몇 년 전, 나는 에델이 그의 소중한 에드를 잃고 힘겨운 싸움을 하는 것을 보아야 했다. 에드에게 갑자기 뇌졸중이 찾아왔고 일주일 후, 에드는 세상을 떠났다. 그녀가 신실함도 그녀에게 덮친 엄청난 슬픔으로부터 그녀를 지켜주지는 못했다. 그녀는 망연자실했으며 깊이 상처받았다. 우울하고 슬퍼하며 너무나 외로워했다.

에드의 죽음은 그가 목사로서 은퇴한 지 겨우 6년 만에 찾아왔다. 그들은 함께 여행을 가려고 계획했었다. 사역을 하는 동안 함께 나누지 못했던 시간들을 가지려 했던 것이다. 손자들과도 자주 만나며 함께 나이 먹어 가길 바랐다. 그러나 에드가 세상을 떠남으로써 이 모든 것은 물거품이 되고 말았다. 에델의 믿음은 호되게 시험받았다. 왜 하나님께서 이런 일을 허락하셨는지 이해하기 어려웠다. 아니, 이해할 수 없었다. 그들은 하나님을 신실하게 섬기지 않았던가? 하나님이 그들에게 관심이 없으셨던 것일까? 어떻게 하나님께서 그녀에게 이런 상처를 주실 수 있단 말인가?

에델은 에드를 잃은 것에 적응하려고 애쓰는 동안 하나님과 투쟁하였다. 그녀는 자신의 감정과 의심, 두려움과 슬픔에 대해 숨김없이 솔직했다. 우리는 그녀가 천천히 회복의 고통스러운 단계들을 밟아 나가는 동안, 마음이 찢어지는 고통을 감내하면서도 깊은 대화를 나누는 것을 늦추지 않았다. 그녀는 지금도 완전히 회복되지 않았다. 그러나 그녀는 힘겹지만 그 과정을 지나가고 있으며, 앞으로 전진하고 있다. 또한 하나님과의 투쟁으로 인해 그녀는 이전의 어느 때보다 더 하나님과 가까워졌다.

다시 세워질 믿음을 위해

나는 모든 신도들이 모인 교회에서 회복 과정의 중간에 있는 사람의 간증을 들어보고 싶다. 바로 지금 하나님과 투쟁 중에 있는 사람, 회복 과정 중에 겪는 어려움, 두려움, 의심들을 솔직하게 나눌 사람, 아직 상한 감정이 건강해졌거나 하나님과 가까운 관계에 이르지 못한 사람의 간증 말이다.

얼마나 귀에 거슬릴까! 얼마나 이상하며 얼마나 불안할까! 하지만 또한 그것이 얼마나 아름다울지도 헤아려 볼 수 있다! 왜 그럴까? 바로 그것이 "현실"이기 때문이다. 그것은 정말 신선한 영적 호흡이다! 교회나 기독교 방송에서 종종 들을 수 있는 깔끔하고 멸균된 듯한 간증들은, 그것이 얼마나 신실하든지 상관없이, 모든 진실을 다 말하지 않고 있다. 믿음이 이미 굳건해진 후에 무슨 일이 있었는지 뒤돌아보면, 고통이나 비참함 등은 떠오르지 않는다. 당신이 투쟁의 한가운데 있을 때, 그것은 보기 흉하고 엉망진창이다. 그러나 원래 그렇게 되도록 되어 있는 것이다. 나의 믿음, 다윗의 믿음, 욥의 믿음, 에델의 믿음 그리고 당신의 믿음은 갈기갈기 찢겨지지만, 회복의 과정 중에 다시 세워질 것이다. 믿음이란 하나님이 하시는 일을 당신이 이해할 수 없을 때에도, 거기에서 버티며 하나님과 투쟁하는 것을 뜻한다.

하나님께로 가는 유일한 길

당신은 하나님없이는 완벽하게 치유될 수 없다. 인간적인 노력만으로는 불충분하다. 당신은 하나님을 알아야만 한다. 하나님께 연결되어 이 땅 위에서 치유받고 멋진 삶을 살다가 죽었을 때 천국에 가는 것은 오직 예수 그리스도를 통해서만이 가능하다.

만일 당신이 하나님을 알고자 하며 순수하게 영적인 사람이 되길 원한다면, 고린도전서 15: 3-4이 예수 그리스도에 대해 증거하는 말씀을 믿어야만 한다. "내가 받은 것을 먼저 너희에게 전하였노니 이는 성경대로 그리스도께서 우리 죄를 위하여 죽으시고 장사 지낸 바 되었다가 성경대로 사흘 만에 다시 살아나사."

예수께서 당신의 모든 죄를 위하여 십자가에 죽으시고 다시 살아나셨다는 것을 믿으면, 그리고 주님께서 당신의 죄를 용서하신다는 것을 믿으면, 당신은 참된 그리스도인이다. 하나님을 아는 것이다. 그리스도 안에서 살도록 만들어진 것이다. 영적으로 살아 있는 것이다.

Are you ready?

하나님은 당신을 사랑하신다. 하나님께서 그의 독생자를 보내어 당신을 대신해 죽도록 하셨다면 거기에서 멈추지 않으실 것이다. 하나님은 당신이 감정적으로 더 건강해져서 자신과 더 가깝게 되길 원하신다. 하나님은 당신을 포기하지 않으실 것이다.

나는 당신이 치유의 여정을 시작하면서 예수님을 통해 하나님을 알게 되길 원한다. 그러나 만일 그렇지 않더라도, 길을 따라 가는 동안 당신이 하나님을 만나도록 기도한다.

자, 이제 당신의 문제에 대한 본격적인 작업을 시작할 때가 되었다.

마음 들여다보기

❶ 하나님을 향한 당신의 믿음은 어떤가요? 하나님에서 치유의 능력을 갖고 계심을 믿나요? 당신의 감정적 고통 때문에 그분과 고군분투하고 있나요? 이 싸움이 주 안에서 안전한 싸움인 것을 알고 있나요?

❷ 당신의 약한 믿음에도 불구하고 견디며 회복의 여정들을 기꺼이 따라갈 것을 약속하나요?

❸ 당신이 아는 사람 중에 엄청난 시련을 통해 하나님과 씨름하고 그것을 토해낸 뒤, 그 과정 중에 하나님과 더 가까운 관계를 갖게 된 사람을 생각해 보세요. 용기를 얻기 위해 그의 이야기를 다시 들어보세요. 만약 가능하다면, 당신이 회복 과정을 밟아 나가는 동안 그에게 당신을 위하여 기도해 달라고 부탁해 보세요.

❹ 당신은 하나님의 아들 예수 그리스도를 통해 하나님을 알고 있나요? 당신의 삶과 영생을 좌우하는 근본적인 선택을 내렸나요? 만일 아니라면 당신의 배우자, 책임 파트너, 목사님, 가족 혹은 소모임 일원 등 크리스천인 사람과 이야기해 보세요. 하나님과 온전한 관계를 맺어갈 수 있도록 도움을 요청하십시오.

2단계: 당신의 패턴을 드러내어 약화시키라

Expose and Weaken your Pattern

Chapter 5

고백은 어둠을 몰아낸다:
당신을 빛으로 이끌어줄 자서전

의뢰인과 처음으로 만나던 날, 그녀는 소파에 앉아서 자신의 이야기를 들려주었다. 그녀는 크리스천인 30대 여성이었다. 착한 남편과 결혼하여 두 자녀를 두고 있는 그녀는 현재 교회 활동을 활발히 하고 있으며, 큐티 외에도 매주 성경공부 모임에 참여하고 있었다. 쉬지 않고 이야기하던 그녀가 잠시 고개를 떨어뜨리고 멈추었다가 다시 이야기를 시작했다.

"문제는 제가 침체되어 있다는 거예요. 정말 그 이유를 모르겠지만, 지난 몇 년 동안 슬픔의 늪으로 점점 더 깊이 빠지고 있다는 게 느껴져요. 분명히 우울증이 더 나빠지고 있어요. 하나님은 제게 언제나 좋으신 분이셨고, 감사할 제목이 너무나 많답니다. 그런데 왜 저는 행복하지 않을까요? 저는 매일 판에 박힌 생활을 하고 있어요. 하나님께서 저를 위해 준비하신 풍성하고 즐거운 삶이라곤 제 주변 어느 곳에서도 찾을 수가 없어요."

그녀의 이야기는 계속되었다.

"전 피곤할 때가 너무 많아요. 많이 먹기만 하고 운동할 의욕을 못 느낍니다. 전 그런 제 자신이 싫어요. 뚱뚱한데다가 매력도 없고, 잘 못하는 일은 또 얼마나 많은지…. 자신감도 없고 모든 것에 대해 부정적으로 생각하게 되는 것 같아요. 다른 사람들에게 제 의견을 말하거나 제가 솔직히 느끼고 생각하는 것을 나누는 것도 어려워요. 제 말을 귀담아 듣지 않을까 봐 두려워요."

"전 가까운 사람들과 별로 잘 지내지 못해요. 제 아이들에게도 예민하고, 몹시 서두르지요. 아이들에게 너무 자주 화를 내고 나중에는 그것 때문에 속상해 하죠. 내 소중한 아이들과 즐겁게 지내고 싶지만 애들이 절 미치게 만들어요."

"전 제 남편을 사랑하고 또 그가 절 사랑한다는 것도 알아요. 하지만 그에게 저를 전적으로, 그러니까 감정적으로나 영적으로 혹은 성적으로 온전히 줄 수가 없어요. 제 개인적인 생각이나 느낌에 대해서는 남편에게 털어놓지 않아요. 제 마음을 다 열어놓고 나눌 수가 없어요. 그가 절 아프게 해도 말할 수가 없어요. 그에게 진실을 말하는 것이 위험해 보여서요. 혹시 남편이 절 거절하고 끝내버릴까 봐 두려워요."

"전 하나님과도 별로 가깝지 않아요. 하나님과 친밀한 관계를 너무나 원하고, 또 몇 년 동안 노력도 해 보았답니다. 기도, 성경공부, 교회에서의 예배, 큐티 시간도 더 늘리고 주말 영성 수련회도 가 보았어요. 그래요, 정말 노력했지요. 하지만 아무 효과가 없었어요. 제가 하나님을 정말로 기쁘시게 하는 것 같지 않아요. 전 하나님께 너무 부족한 걸요. 하나님께 제 인생을 온전히 맡기지 못하는 것 같아요."

그녀의 자세한 인생 이야기와 우울함에 관한 이야기를 듣고, 나는 그녀의 문제가 무엇인지 알 수 있었다. 문제는 바로, 그녀가 그렇지 않다는 것이다. 그녀는 자신이 우울하고 끔찍하다고 생각하고 있었다. 바로 그것이 문제였다. 나는 그녀에게 왜 우울한지 물었다. 우울함의 원인이 될 수 있는 것, 어떤 생각이 그녀의 우울함을 부채질하고 있는지 물었지만 그녀는 대답하지 못했다. 나는 다시 그녀가 우울해짐으로써 얻게 되는 것이 무엇인지 물었다. 우울해짐으로써 얻게 되는 보상이 무엇인가? 그녀는 이 질문에도 역시 대답하지 못했다.

우울함은 그녀의 삶을 망치고 있는 괴물이었다. 그것이 그녀의 모든 에너지와 열정을 모두 소진시켜, 그녀가 맺는 관계들을 무력하게 만들고 있었다. 하지만 그녀는 그것에 대해 아는 것이 하나도 없었다.

그녀가 물었다. "제 우울함에 대해 제가 알고 있는 것보다 더 많이 알고 있어야 하는 건가요?"

난 대답했다. "아니요. 지금 당장은 아닙니다. 제가 만난 모든 의뢰인들이 자신의 문제에 대해 거의 아는 바가 없었답니다. 하지만 그것을 바꿀 것입니다. 문제의 손아귀로부터 벗어나려면 그것을 아주 자세히 알아야 해요. 그것이 어떻게 작동하는지 알아내야 합니다. 문제의 힘이라는 게 대부분 그것의 비밀스러움과 은밀함에서 나오거든요. 당신의 문제를 어두움에서 빛으로 끌어낼 것입니다. 그것을 완전히 노출시켜 버리는 것이죠."

당신의 인생 이야기

그녀에게 주어진 첫 번째 과제는 자신의 인생과 우울에 관한 자서전을 써 오는 것이었다. 어머니, 아버지, 형제들에 관해서, 가정에서의 성장 과정은 어땠는지, 부모님이 그녀를 어떻게 대했는지, 조부모님이나 다른 친척들과의 관계는 어땠는지. 또 학창 시절 친구들이나 이성과의 관계, 하나님과의 관계, 잊지 못할 사건 혹은 다른 사람으로부터 능욕당하거나 학대받았던 일은 없는지, 현재의 결혼생활과 가족 관계까지 그녀의 배경에 관한 모든 정보들을 기록하는 것이었다.

난 그녀에게 자서전을 쓰는 동안 자신의 우울함에 관한 이야기도 함께 쓰도록 했다. 다른 대부분의 문제들처럼 그녀의 우울증도 그녀의 삶을 거슬러 올라가 그 뿌리가 깊이 박혀 있었다. 그녀와 함께 그녀의 우울증도 자라며 발전해 왔다. 나는 그녀가 언제 처음으로 우울함을 느꼈으며, 왜 느꼈는지를 쓰고, 우울하면 어떻게 대처하는지, 또 누가 이것에 대해 알고 있는지 자세히 쓰라고 했다. 특별히 과거에 고통스러웠던 사건들과 그것이 그녀의 우울증과 어떻게 연관되어 있는지에 대해 특별히 주의를 기울이고, 지난 몇 년간 어떻게 우울증이 심해졌는지 기록하라고 했다.

"굉장히 어렵겠는데요." 그녀가 말했다.

나는 대답했다.

"맞아요. 그럴 거예요. 하지만 당신의 회복에 있어서 중요한 과정입니다."

왜 문제를 노출시켜야 하는가?

당신의 인생과 문제들이 어떻게 발전되어 왔는지에 대해 쓰는 것은 당신의 문제가 어떻게 작동하는지를 알아내는 데 도움이 될 것이다. 그것이 당신의 감정 표현을 어떻게 방해해왔는지, 그것을 지탱하고 있는 거짓말들은 무엇인지, 그것이 제공하는 보상과 대가에는 어떤 것들이 있는지에 대해서도 또한 알 수 있다.

1. 자서전을 쓰는 것은 당신이 진실에 도달하는 것을 도와준다. 진실을 말하는 것은 성경의 전반에서 찾을 수 있는 원칙이자 명령이다(엡 4:14-15, 골 3:8-11).

2. 자서전을 씀으로써 당신의 문제를 어둠에서 빛으로 끌어내야 한다. 예수님은 빛이시며, 그분은 우리가 빛 가운데 거하길 원하신다(요일 1:7, 요 8:12).

3. 자서전을 쓰는 것은 당신이 죄를 자백할 수 있는 광장을 제공한다(요일 1:9). 성경은 우리가 서로에게 직접 고백하라고 가르친다(마 5:23-24, 약

5:16). 성경에서는 죄악된 행동을 자세히 기술할 것을 뒷받침한다. 다윗이 밧세바와 범죄한 이야기(삼하 11-12장)와 그 죄에 대한 다윗의 고백(시 51편)은 대단히 자세히 기록되어 있다.

4. 자서전을 쓰는 것은 경건한 슬픔, 즉 자신의 행동이 사람들과 하나님께 파괴적인 영향을 미친다는 것을 아는 사람이 겪는 고통스러운 반응을 유발한다. 이런 종류의 슬픔을 느낀다는 것은 깨어지고 겸손해짐을 의미한다(고후 7:9-11).

5. 자서전을 씀으로써 위기를 만들어낸다. 아무도, 그 어떤 누구도 위기없이 변화될 수 없다.

6. 자서전을 씀으로써 당신의 삶에 일어났던 일들이 당신에게 좀 더 현실감 있게 다가온다. 훨씬 더 깊은 감정적 이해와 영감에 도달하게 된다. 일단 그것에 대해 다 기록을 하고 나면, 이제 당신이 숨을 구석이라곤 없게 된다. 종이 위에 쓰인 냉혹하고 명백한 사실 앞에서 부정이나 정당화, 혹은 무시 같은 방법은 모조리 사라지고 만다.

7. 마지막으로, 자서전을 씀으로써 당신은 자신의 죄악에 대해 슬퍼하게 될 것이다(약 4:6-10). 당신은 자신의 건강하지 못한 행동을 혐오하게 될 것이다. 그것이라면 질색하게 될 것이다. 당신이 그것을 정복하며 새로운 삶을 시작하도록 자극받기 위해서라도 이 일을 시작하는 것은 꼭 필요하다.

한 여자의 이야기

나는 나의 우울한 의뢰인과 함께 몇 분간 기도했다. 그녀가 과제를 하는 동안 하나님께서 인도해 주시고, 주님께서 그녀가 쓰길 원하시는 것을 발견하게 해 주시도록 기도했다. 그녀의 문제를 밝히며, 지금까지 그녀의 삶에서 그 문제들이 어떻게 자라왔는지에 대한 구체적인 사항들을 드러내는 책임을 하나님께 맡겼다. 나는 그녀에게 이와 똑같은 기도를 그녀의 남편과, 책임 파트너와, 목사님과 함께하도록 했다.

그녀는 자신의 이야기를 자세하게 파헤치기 위해 4번이나 고쳐 써야 했다. 다음에 나오는 내용은 그녀의 우울함의 원인과 작동을 확실하게 보여준다.

나는 솔직히 아주 평범한 어린 시절을 보냈다. 아주 훌륭하진 않았지만, 꽤 괜찮았다. 내 말은, 나보다 더 안 좋은 어린 시절을 보낸 아이들도 있다는 말이다. 우리는 중산층이었고 멋진 집에서 살았다. 부모님은 결혼한 상태로 함께 사셨으며 우리는 정기적으로 교회에 출석했다.

어머니는 좋은 분이셨다. 어렸을 때 나는 어머니에게 깊은 친밀감을 느꼈다. 어머니는 나를 사랑하셨고 나를 위해 많은 것들을 하셨다. 아버지는 날 이해하지 못하셨다. 아무리 열심히 노력해도 아버지를 기쁘게 해 드릴 수 없었다. 학교 성적, 외모 어느 것 하나 충분한 것이 없었다. 아버지는 나에 대해 비판적이셨고, 일 년에 두 번 정도 칭찬해 주셨다. 아버지는 나에게 "사랑한다"고 말씀하신 적이 없다. 다정함 같은 건 기대할 수도 없었다.

아버지는 성미가 까다로워서 잘 지내기가 어려운 분이셨다. 어머니는 아버지가 힘든 어린 시절을 보내셨고, 일 때문에 많은 스트레스를 받기 때문에, 또 여자 아이에게 어떻게 대해야 하는지 잘 몰라서 그러시는 거라고 말씀하셨다.

아직도 날 괴롭히는 기억이 한 가지가 있다. 아마도 초등학교를 졸업할 즈음이 아니었나 싶다. 하루는 다락에서 우연히 포르노 책들을 모아둔 아버지의 상자를 보게 되었다. 나는 그 불결한 잡지들을 보고 큰 충격을 받았다. 난 내 방에 들어가 오랫동안 울었다. 하지만 단 한 번도 이 일에 대해 내 진심을 말하지 않았다.

우리 집의 분위기는 자기 감정을 표현하는 것을 어려워했다. 아버지는 화를 낼 수 있었지만 다른 사람은 화를 내면 안 되었다. 어머니도 감정을 풀어놓으시는 법이 없었다. 모든 것이 고정되어 있고, 눌려 있으며, 빈틈없이 제어되었다. 오빠와 나는 화를 내거나, 상처와 실망 등 다른 어떤 격앙된 감정을 표현하면 벌을 받았기 때문에 감정을 억누르는 것을 배웠다.

언젠가 오빠만 아버지에게 특별 대접을 받아 화가 났던 기억이 난다. 식탁에서 난 무슨 말인지를 했고 아버지는 내게 말씀하셨다. "입 다물어! 넌 그렇게 느낄 자격이 없어!" 아버지는 큰 소리로 내가 이 가족에 속해 있다는 것에 감사해야 한다며 내가 받은 복을 세어보라고 말씀하셨다. 내가 무슨 말을 하던지 마찬가지였다. 중학생이 되자, 내 의견을 말하고픈 생각이 꽤 강하게 들었다. 하지만 내 의견들을 나누려고 한 시도는 단번에 막히고 말았다. 아버지는 내게 이런 말씀을 하시곤 했다. "조용히 해. 네가 틀렸어. 네가 그것에 관해서 뭘 알아?" 아버지는 날 움츠러들게 만드셨고 그 후로 나는 내 의견을 말하지 않았다. 아버지는 항상 옳고 난 항상 틀렸다.

내가 아홉 살인가 열 살 즈음 되었을 때, 이웃에 사는 친구의 오빠가 날 좋아했다. 그 오빠는 고등학생이었다. 내가 친구네 집에 놀러 가서 밤에 잠을 자는데 그 오빠가 방으로 왔다. 아마 내가 자고 있다고 생각했던 것 같다. 그 오빠는 내 팬티를 벗기고는 몇 분 동안 날 만졌다. 그러다 방 밖에서 무슨 소리가 나자 재빨리 도망쳤다. 그때 한 번뿐이었지만, 불결하고 수치스러우며 혼란스러웠다. 난 이 일을 아무에게도 말하지 않았다.

이 글을 쓰면서 보니, 내 어린 시절은 고통스러웠다는 사실을 알게 되었다. 아주 끔찍하진 않았지만 고통스러웠다. 지금은 왠지 슬프다. 아버지 때문에 슬프고, 내 감정과 의견들을 표현하지 못했던 것이 슬프고, 능욕당한 것이 슬프다. 슬픔이라는 단어가 내 삶의 대부분을 표현하기에 적당한 말이다.

중학교 시절은 안 좋았다. 정말, 정말, 정말 안 좋았다. 아마도 이때 처음으로 우울함을 느꼈던 듯하다. 내 자신이 너무 바보 같고 어색하게 느껴졌다. 나는 굉장히 수줍음이 많았다. 난 내 코와 긴 목이 너무나 싫었다. 어떤 남자 아이들은 날 기린이라고 불렀다. 정말 마음이 상했지만 안 그런 척 했다. 특별히 잘하는 것도 없었다. 운동도 썩 잘하지 못했다. 외모가 예쁘거나 인기가 많은 것도 아니었다. 어떤 것이든 뛰어난 것이 없었다.

중학생 때 한 사건이 떠오른다. 중학교 2학년 때였는데, 학교에서 가장 인기 많은 '메리'라는 아이가 집에서 큰 파티를 열었다. 모든 사람들이 그 파티에 대해 이야기하고 있었다. 모두가, 심지어 몇 명 안 되는 내 친구들도 모두 거기에 가는 것 같았다. 나만 빼고 말이다. 난 초대받지 못했다. 난 너무 슬프고 마음이 아파서 죽을 것만 같았다.

고등학교 때에도 특별히 더 나아지진 않았다. 대부분의 시간을 우울하고 무관심한 채로 지냈다. 이제와 되돌아보니 우울증이 내 인생을 얼마나 제한해 왔는지 알 것 같다. 난 안으로 움츠러들었다. 난 모든 자신감을 잃고 위험스러운 일은 절대 하지 않았다. 어떤 모임에도 가입하지 않았다. 내 의견이 거절당할까 봐 두려워서 아예 의견을 내지 않았다. 데이트를 신청하는 사람도 없었다. 고등학교 때 성적은 더 좋아졌지만, 그렇다고 해서 내 자신에 대해 자신감이 생기진 않았다.

대학 생활은 좀 나아졌다. 처음에는 말이다. 집에서 떨어져서 새롭게 시작하고 싶었다. 좋은 친구들을 사귀었지만 아직 새로운 활동을 시도할 만큼 대담하진 못했다. 좀 더 즐겼어야 했는데 난 공부만 너무 열심히 했다. 1학년 때는 정말 하나님과 훨씬 가깝게 느껴졌다. 규칙적으로 큐티를 했으며 일상생활에서도 주님과 많은 대화를 했고, 지역 교회에 출석했다. 부모님의 믿음을 그저 따르는 것이 아니라 내 자신의 믿음을 키워나갔다.

그런데 그때 데이빗을 만나고 모든 것이 변했다. 대학교 2학년 초에 그를 만났으며 우린 곧 사랑하는 사이로 발전했다. 2학년 내내 데이트를 했고 서로 떨어질 수 없었다. 난 그를 사랑했으며 그도 나를 사랑한다고 믿었다. 살아오면서 그 어느 때보다 내가 활기차고 자신감 있게 느껴졌다. 정말 멋진 기분이었다.

2학년을 마치기 직전에 우리는 육체적인 관계를 가졌다. 관계를 가지려고 계획했던 것은 아니지만 그렇게 되었다. 내가 너무 어리석었다. 우린 그 후로 세 번 더 관계를 가졌다. 난 내 배 속에 아기가 있음을 나타내는 임신 테스트기를 바라보던 그때를 결코 잊지 못할 것이다. 너무 두렵고 무서워서 제정신이 아니었다. 엄청난 죄책감이 몰려왔다. '어떻게 해야 하지?'

데이빗에게 임신 사실을 알리자 그는 혼란스러워하며 나에게 화를 냈다. 내가 피임을 하지 않았다고 탓하며 반드시 낙태를 해야 한다고 했다. 결국 그는 나를 병원으로 데려가 낙태 수술을시켰다. 그리고 이틀 뒤, 나를 차버렸다.

새롭게 찾은 자신감과 자존감은 하룻밤 사이에 모두 날아가 버렸고, 나는 다시 그 이전처럼 우울해졌다. 여름 방학 때 집에 갔지만 아무에게도 말하지 않았다. 너무 창피했다. 그 후 대학에 2년을 더 다녔지만 그 기억은 흐릿하다.

4학년을 마칠 즈음에 지금의 남편을 만나 사랑에 빠졌다. 나는 남편에게 낙태에 관한 이야기를 했고, 정말 다행스럽게도 그는 화내지 않았다. 그는 단지 내가 그것에 대해 괜찮기만을 바랐다. 우리는 그 일에 대해 더 이야기하지 않았다. 난 그 일로부터 빠져나오게 되었고, 하나님께서 날 축복하셔서 아이들을 주셨다. 하지만 아직도 그 일에 대해서 죄책감을 느낀다.

결혼하고 몇 년 동안은 좋았다. 내 우울증도 나아지는 듯 보였다. 아주 사라지진 않았지만 심하지 않았다. 아이들이 태어났고 난 그 아이들을 돌보느라 너무 바빠서 내 자신과 내 삶에 대해 어떻게 느끼고 있는지를 생각할 겨를이 없었다. 그런데 지난 이 년 동안, 내 우울증이 점점 더 심해지고 있다. 더는 내가 통제할 수 있는 수준이 아닌 것 같다. 점점 더 나빠져 가는 것 같아 두렵다. 어쩌다 가끔씩을 제외하곤 행복이 느껴지지 않는다. 그리고 그 행복조차 오래가지 않는다. 신경이 날카롭고, 항상 피곤하며, 냉소적이다. 아이들에게 갑자기 마구 짜증을 내기도 한다. 남편과도, 친구들과도, 하나님과도 가깝지 않다.

우울해지는 것이 이제 지긋지긋하다. 행복해지고 싶다. 내가 얼마나 오랫동안 우울했는지, 아주 오랫동안 내 자신을 억누르고 살았다는 걸 이제 알겠다. 어쩌면 나는 평생 우울하게 살도록 만들어졌는지도 모르겠다. 아니길 바라지만, 어떻게 멈추어야 하는지 모르겠다. 아버지, 내 친구의 오빠였던 인간 쓰레기, 데이빗 모두 나에게 심한 상처를 주었다. 그들에게 화가 나지만 무엇을 어떻게 할지 모르겠다.

My story…

우리들 중 대부분의 사람들은 짧은 글이나 소설을 읽고 그것을 낱낱이 분석하는 문학 수업시간을 경험했을 것이다. 선생님은 이야기를 자세히 읽으면서 줄거리, 주제, 그리고 저자가 그 안에 숨겨 놓은 상징들을 학생들로 하여금 찾게 한다. 비록 지금이 문학 시간은 아니지만 난 당신이 쓴 자신의 이야기를 주의 깊게 연구하길 바란다. 이 일은 당신에게 의미 있고 이로운 일이 될 것이다. 먼저, 당신의 이야기를 하나님께 큰 소리로 읽어 드리고 당신의 문제에 대한 통찰력을 주시도록 기도하라. 그 다음 그것을 혼자서 세 번 읽고, 아래의 질문들에 답을 기록해 보라.

1. 가정생활은 당신의 문제에 어떤 영향을 주었는가?
2. 당신에게 문제가 생기기 시작한 것은 언제부터인가?
3. 수년에 걸쳐 그 문제가 어떻게 발전되었는가?
4. 당신은 감정을 표현하는 것에 대해 어떻게 배웠는가?
5. 자기 생각과 의견을 표현하는 것에 대해서는 어떻게 배웠는가?
6. 당신의 인생에서 고통스러운 사건들은 무엇이었나?
7. 이 사건들이 당신의 문제를 어떻게 악화시켰는가?
8. 이 사건들에 맞서서 해결하려 노력해 보았는가?
9. 당신에게 특별히 상처를 준 사람은 누구인가?
10. 당신이 특별히 상처를 준 사람은 누구인가?
11. 당신 자신과 당신을 둘러싼 세상에 대한 부정확하고 비이성적이며 건전하지 못한 생각들은 어떤 것들인가?
12. 이 거짓말들을 누가 당신에게 가르쳤는가?

두 번째로, 당신의 이야기와 위의 질문에 대한 대답들을 당신을 후원하는 팀의 구성원들에게 읽어주라. 사적인 장소에서 각 사람에게 큰 소리로 읽어 주고, 다음과 같은 질문을 함으로써 자세한 피드백(feedback)을 부탁하라.

5. 고백은 어둠을 몰아낸다 *85*

1. 내 이야기에 대한 당신의 생각은 어떠한가?
2. 내가 고통스러워하는 큰 사건 중 빠진 것이 있는 것 같은가?
3. 내 문제가 수년에 걸쳐 어떻게 발전되어 왔는지에 대해 어떤 생각이 드는가?
4. 질문들에 대한 나의 대답에 더하거나 고칠 것이 있는가?

팀의 구성원들은 분명 당신을 지지하고 공감할 것이다. 두려워하지 마라.

회복을 향하여

이야기를 쓰고, 읽고, 또 질문들에 답을 함으로써 회복을 위한 기초 작업이 시작되었다. 당신의 이야기는 당신이 치유받기 위해 어디로 가야 하는지, 또 무엇을 해야 하는지를 보여주는 지도와 같다.

의뢰인의 이야기는 그녀의 문제가 어떻게 발전되어 왔는지, 그것을 고치기 위해 앞으로 무엇을 해야 하는지를 보여 준다. 그녀의 우울증은 자신의 감정과 의견을 억눌러야 한다는 부모의 가르침과 아버지의 학대로부터 시작되었다. 부정확하고 부정적인 생각들, 즉 그녀가 자신에게 하는 거짓말들 역시 그녀의 가정에서 시작되었다. '난 가치가 없어, 난 똑똑하지 못해, 난 예쁘지 않아, 난 내 감정을 꾹 눌러야만 해' 등등, 그녀가 친구의 집에서 겪은 성희롱 또한 그녀의 우울증이 심해지는 데 큰 요소로 작용하였다.

그녀는 이미 우울하고 자존감이 낮은 상태로 중학교에 진학하였다. 이 힘든 시기를 지나면서 그녀의 우울함은 굳어져 깊이 뿌리 내리게 된다. 그녀 자신에 대한 거짓말들은 굳어져 버렸다. 대학생 때 남자 친구와의 결별과 낙태는 그녀의 우울증을 더 심하게 만들었다.

결혼과 아이들로 인해 잠시 잊고 있었지만 늘 그 자리에 존재하고 있던 그녀의 우울증은 다시 그녀의 삶을 파고들어왔다. 그녀는 이제 우울함을 통제할 수 없으며 더욱 나빠지고 있다. 해결되지 못한 아버지와의 관계와 우울증이 그녀로 하여금 남편이나 하나님과 가깝고 건강한 관계를 맺지 못하도록 막고 있다. 그녀는 소심하고 제한적이며 점점 더 침체되어 가는 삶을 살고 있다. 그녀는 어떻게 하면 자신이 더 우울해지는지를 알고 있으며, 매일의 삶에서 그 일을 하고 있다.

그녀의 치유를 위한 과정의 구성 요소들은 모두 그녀의 이야기 안에 존재한다. 그녀는 자신의 거짓말을 알아내야만 하며 그것들을 공격하여 하나님의 진리로 바꾸는 법을 배워야 한다. 자신의 감정과 의견을 나타내는 것을 배워야 한다. 그녀는 과거에 자신에게 상처를 주었던 사람들과 직접적으로 대면해야만 한다. 그녀는 다른 사람과 자신을 용서해야 한다. 하나님과 더 깊은 수준의 교제를 나누어야 한다. 그녀는 자신을 위해 하나님께서 예비하신 모험을 해 나갈 수 있는 새로운 삶을 이루어 나가야 한다.

그녀는 회복 과정의 모든 단계들을 하나씩 차근차근 밟아나갈 수 있을 것이다. 그리고 당신도 마찬가지이다.

마음 들여다보기

❶ 당신의 삶과 문제에 대한 자서전을 쓰세요. 당신이 기억해야 하는 고통을 자세하게 기억나게 해달라고 하나님께 기도하세요.

❷ 당신의 이야기를 하나님께 읽어 드리고, 영감을 얻기 위해 기도하세요. 그 다음 3번 더 읽고, 이 장에서 나왔던 12개의 질문에 대한 답을 기록하세요.

❸ 당신의 이야기와 질문에 대한 대답을 당신을 후원하는 팀 구성원들에게 큰 소리로 읽어 주세요. 그리고 각 사람의 의견을 들어보세요.

❹ 당신은 당신의 문제를 얼마나 혐오하나요? 당신의 죄악된 행동에 거룩한 슬픔을 느끼나요? 얼마나 간절하게 나아지기를 원하나요? 이 질문들에 대한 당신의 대답을 후원팀의 구성원들에게 들려주고, 당신이 회복을 시작할 준비가 되었다고 생각하는지 물어보세요. 당신의 삶을 힘들게 하는 구체적인 문제들이 밝히 드러나기를 간절한 마음으로 기도하십시오.

Chapter 6

동기부여없이는 변화도 없다:
얼마나 간절히 나아지길 원하는가?

난 자동차의 경적을 울리는 것을 좋아한다. 나는 내 감정을 표현하고, 나를 보호하며, 다른 사람들을 지키고, 교통의 흐름을 원활하게 하며, 기본적인 운전 기술조차 갖지 않은 다른 운전자들을 가르치기 위해 내 믿음직스러운 경적을 사용한다.

얼마나 많은 운전자들이 내가 경적을 울려준 것에 대해 감사하기 위해 차를 세우고 내게 다가왔는지 모른다. 그들은 대개 이런 이야기를 한다. "당신이 누구신지는 모르겠지만, 뒤에서 나에게 경적을 울려주신 것에 대해 감사드리고 싶네요. 처음엔 너무 화가 났는데 당신께서 저를 위해서 그렇게 하신다는 것을 알게 되었어요. 감사해요. 많이 배웠습니다. 계속해서 좋은 일 하시길 부탁 드려요."

사실, 이런 일은 절대 일어난 적이 없다. 내 경적에 대해 많은 반응을 받아 보았지만, 차마 기독교 서적에 기록할 수는 없다. 그럼에도 불구하고 나는 계속, 자주 경적을 울린다. 수년에 걸쳐 나는 여러 가지 세부적인 '경적'을 개발해 왔다. 분노의 경적, 절망의 경적, 가르침의 경적, 혐오의 경적 등 가상적인 모든 운전 상황에 대한 경적 방법을 갖고 있다.

동기부여의 경적

이 경적들은 모두 도움이 되지만, 모든 경적 중에 가장 중요한 것은 '동기부여'의 경적이다. 왜냐하면 이것은 도로 상에서 좌회전 차선의 겁쟁이에게 나의 초조함을 최대한 나타낼 때 사용되기 때문이다. 그는 자신이 겁쟁이라는 이유로 뒤에 있는 모든 차들을 다 기다리게 만든다. 내가 좌회전 차선의 겁쟁이 바로 뒤에 있을 때에는 그가 교차로에 진입하도록 무언가를 해야만 한다. 만일 내가 아무것도 하지 않는다면, 내 차의 기름이 다 떨어질 때까지 그저 신호등만 바라보며 괴로워해야 할 것이다. 내 뒤에 있는 모든 운전자들도 마찬가지다. 난 이 중대한 책임을 진지하게 받아들인다.

겁쟁이가 움직이도록 동기부여를 하고 위기감을 형성하기 위해 난 동기부여의 경적을 사용한다. 가끔씩 이것은 효력을 발휘해서 그 사람이 정말로 앞으로 나아가 좌회전을 한다. 이런 때는 나도 따라 돌면서 인정의 경적을 울려준다.

하지만 대부분, 이것은 별 효과가 없고 그 사람은 움직이려 하지 않는다. 그는 혐오의 경적을 받을 만하며 그래서 그것을 받게 된다.

교통 체증을 일으키는 이 운전자는, 앞으로 나아가서 회복의 노력을 하려고 하지 않는 사람과 같다. 할 수 있지만 하려고 하지 않는다. 기회가 있지만 그것을 잡으려 하지 않는다. 그냥 자기 자리에 머물러 있는 것이다.

나의 회복 단계를 따를지 말지 결정하는 것이 훨씬 큰 모험일 테지만, 원리는 동일하다. 만일 동기부여가 되어 있지 않다면 치유를 위해 열심히 노력하지 않을 것이다. 이번 장을 당신에게 울리는 동기부여의 경적으로 생각하라.

거룩한 슬픔

앞 장에서 살펴보았듯이, 진정한 변화를 위해서는 거룩한 슬픔이 필요하다. 당신이 거룩한 슬픔을 경험한다면, 자신의 죄에 대해 슬퍼할 것이며 하나님이 죄를 미워하시듯 당신도 죄를 미워하게 될 것이다. 그로 인해 당신은 자신의 행동을 변화시키기 위해서라면 무엇이든 하려는 동기를 부여받는다. 그러나 위기없이는 거룩한 슬픔을 얻을 수 없다. 그 위기란 바로 당신의 감정적 문제로 인해 당신이 가까운 사람들과 치뤄야 하는 끔찍한 대가를 분명하게 보는 것이다.

나의 우울증 의뢰인은 자서전 숙제를 완수하였다. 그녀는 12개의 질문에 모두 답하였고 후원팀의 구성원들로부터 피드백을 받았다. 그녀는 자신의 문제가 수년에 걸쳐 어떻게 발전되어 왔는지에 대한 기본적인 이해를 하게 되었다. 그러나 그녀가 회복의 나머지 단계에 들어가기 전에 필요한 것이 있었다. 바로 순수하고 거룩한 슬픔과, 그 슬픔으로부터 오는 동기부여이다. 나는 그녀에게 충분히 동기부여가 되어 있지 않으면, 결코 나의 회복 프로그램을 해 나갈 수 없을 것이라고 이야기했다. 그녀가 물었다. "제가 충분히 동기부여가 되어 있는지 아닌지 어떻게 알 수 있나요?"

나는 다른 수천 명의 의뢰인들에게 했던 것처럼 똑같은 대답을 들려주었다.

"당신의 문제가 가져오는 끔찍한 대가를 깨달아야만 합니다."

모든 문제는 보상이 따른다

나는 내 의뢰인에게 집에 가서, 아무에게도 이야기하지 말고 그녀의 우울증이 주는 보상 목록을 적어오라고 했다. 그녀는 내가 '보상'이라고 말하는 것이 어떤 의미인지 궁금해했다.

"그것이 당신에게 많은 고통을 준다는 것을 알아요. 하지만 동시에 당신은 그것으로부터 무언가를 얻고 있어요. 그것은 당신이 하기 싫은 행동을 하지 않도록 도와주고 있습니다."

그녀는 내가 알려준 작은 힌트에 불쾌해하며 집으로 돌아갔다. 나는 그녀의 눈을 열어 그 보상들을 보게 하시도록 하나님께 기도했다.

다음 만남에 그녀는 자신의 우울증에 대해 새로운 태도와 인식을 가지고 돌아왔다. 보기 싫었던 진실들을 하나님께서 그녀에게 보여주셨다고 했다. 그녀는 다음의 보상 목록을 나에게 읽어 주었다.

- 나의 우울증은 내가 더 좋은 크리스천, 더 나은 아내, 더 좋은 엄마, 더 좋은 친구가 되지 않는 것에 대한 변명거리이다.

- 그것은 내가 하고 싶지 않거나 혹은 하기를 두려워하는 일로부터 날 지켜준다. 난 그저 "난 너무 우울해서 아무것도 할 수 없어"라고 내 자신에게 말하거나 생각하기만 하면 된다.
- 내가 아이들에게 소리지르는 것에 대한 핑계이다.
- 남편과의 잠자리를 피하려는 핑계이다.
- 교회에서 하는 여성 성경공부에 정기적으로 참석하지 않는 것에 대한 핑계이다.
- 다른 사람이 나를 화나게 하거나 내 감정을 상하게 해도 말하지 않는 것에 대한 핑계이다.
- 내가 먹어야 하는 양보다 더 많이 먹고 운동하지 않는 것에 대한 핑계이다.
- 아버지, 내 친구의 오빠, 대학 시절의 남자친구, 낙태와 대면하여 해결하지 않는 것에 대한 변명이다. 이런 기억들과 연결된 고통을 느끼는 것보다 우울한 상태로 있는 것을 더 좋아했던 것 같다.

그녀는 훌륭한 목록을 작성해 왔다. 그것은 하나님께서 그녀에게 원하시는 삶을 사는 것으로부터 도망치기 위해 자신의 우울증 뒤에 어떻게 숨어왔는지를 보여준다. 그녀는 영원히 이런 식으로 자신의 우울증을 이용하는 것을 선택할 수도, 혹은 이 우울증을 죽이고 새로운 삶을 살기 위해 필요한 힘든 과정을 밟을 수도 있었다. 그것은 전적으로 그녀에게 달려 있었다.

나는 그녀를 집으로 보내며, 그녀의 보상 목록을 남편과 책임 파트너에게 읽어 주고 피드백을 받아 오라고 하였다. 그녀는 이들이 그녀의 목록에 동의하였으며 심지어 몇 가지 보상들을 추가하기도 했다고 보고했다. 그리고는 나에게 지혜로운 깨달음을 나누었다. "이것들은 실제로는 보상이 아니에요. 제 어리석은 우울증이 가져오는 손실의 일부분일 뿐이죠, 그렇지요?"

"빙고! 정확히 맞추셨습니다." 나는 대답했다.

"마치 보상처럼 보이겠지만 그렇지 않습니다. 당신의 우울증은, 당신의 삶을 더 풍성하게 하며 당신을 행복하고 건강한 사람으로 만들 수 있는 경험을 제한하고 있습니다."

이제 더 공격적으로 나아갈 시간이 되었다. 그녀는 자신의 문제가 그녀에게 희생을 치르게 한다는 것을 깨달아야 했다. 나는 그녀가 자신의 우울증에 대해서 염증을 느끼고 넌더리가 나서, 삶을 좀먹고 있는 우울증의 힘으로부터 해방되기 위해서라면 무엇이든 -정말 어떤 것이든지- 하고 싶어 하길 바랐다.

이 목표를 이루기 위해서는 네 통의 편지가 필요했다. 첫 번째 편지는 그녀가 쓰는 것이다. 그녀가 자신에게 편지를 쓰면서 자신의 우울증이 치르는 큰 대가에 대해 쓰도록 했다. 과거에 그녀가 치뤄야 했던 희생들, 현재 그녀가 치르고 있는 대가, 미래에 치르게 될 대가들, 나는 일반적이고 포괄적인 진술이 아닌 구체적이고 상세한 진술을 원했다. 나는 그녀에게 하나님께서 그녀의 우울증이 가져오는 대가의 참모습을 그녀에게 보여 주시도록 기도하라고 했다. 그녀가 이 과제를 훌륭하고 철저하게 해낼 수 있도록 함께 기도해 달라고 그녀의 남편과 책임 파트너에게도 부탁하도록 지도했다.

다른 세 통의 편지는 그녀의 책임 파트너(이번 경우에는 그녀의 가까운 친구이다), 목사님, 그리고 남편이 각각 쓰게 된다. 나는 그녀에게, 이 세 명의 후원자들에게 그녀의 우울증이 그녀와 그들에게 어떤 대가를 요구하는지에 대한 편지를 써 줄 것을 부탁하라고 했다. 그녀의 할 일은 그들에게 조금도 숨김없이 솔직하게 편지를 쓰도록 강조하는 것이었다. 어떤 방법으로든 그녀의 감정을 배려하거나 사탕발림을 해서는 안 된다. 그녀의 감정적, 영적 건강이 달려 있기에 그녀는 절대적인 진실을 알아야만 한다.

나의 계획은 먼저 그녀가 자신에게 쓰는 편지를 완성하고, 그 후에 다른 세 명의 편지를 기다리는 것이었다. 한 번에 한 명씩, 혹은 함께 모일 수 있다면 그룹으로, 후원팀의 구성원들이 모여서 그들의 편지를 그녀에게 큰 소리로 읽어 준다. 마지막으로 그녀가 자신에게 쓴 편지를 그들에게 읽어 준다.

나에게 쓴 편지

내가 할 일은, 나의 우울증이 내게서 가져간 과거, 현재, 미래의 대가에 대해 쓰는 것이다. 전체적인 대가가 얼마나 되는지는 잘 모르겠지만 최선을 다하려고 한다.

자서전을 다시 읽으면서, 내 우울증이 과거에 내게서 얼마나 많은 것을 가져갔는지를 알 수 있었다. 그것은 내 자존감을 앗아갔다. 나는 언제나 내 자신이 못생기고 별 볼일 없는 사람이라고 생각해 왔다. 아버지, 날 성희롱 했던 사람과 데이빗이 내게 주었던 고통과 그것으로 인한 자기 혐오감은 내 우울증의 일부가 되었다. 나는 대학 때까지 줄곧 내 자신을 미워했다. 내 자신과 인생을 혐오했기에 내 방에서 몇 시간씩 너무 많아서 다 셀 수 없을 만큼 울고 또 울었다. 실망스러운 일이 벌어질 때마다 그것들이 나를 짓밟고 나의 어리석음과 가치없음을 더욱 확신시켜 주는 것 같았다.

내 방에서 울고 있는 모습, 이것이 내 어린 시절을 생각할 때 떠오르는 주요 장면이다. 내 우울증은 나를 그 방의 불쌍한 죄수로 만들었다. 난 그 방이 너무 싫다. 집으로 돌아가서 그 방에 불을 질러 버리고 싶다. 불도저를 빌려서 그 방을 납작하게 뭉개 버린다면 더 좋을 것 같다.

내가 우울했기 때문에 놓쳐버린 과거의 많은 기회에 대해 생각해 본다. 슬프고 불안한 느낌으로 인해 난 많은 일들을 하지 못했다. 나를 행복하게 해주고 한 인격체로서 성장하도록 도와주었을 많은 일들 말이다. 난 그저 내 마음 속으로 파고들어 나의 많은 상처와 원망들을 키우고 있었다.

지금도 별로 다를 것이 없다. 우울증은 내게서 힘차고 풍성한 삶을 빼앗아 가고 있다. 이제 난 나의 침실에서 운다. 그저 집이 바뀌었을 뿐! 아직도 난 내 자신과 비참함에 집중하고 있다. 난 누구와도 가깝게 지내지 않는다. 나의 모든 관계들은 더 좋은 사이로 만들 수도 있었다. 훨씬 더. 하지만 나에겐 팔을 뻗고 내 자신을 다른 사람에게 나눠줄 만한 에너지와 동기가 없다. 갑자기 우울증이 날 너무 이기적으로 만들었다는 생각이 든다. 모든 것이 내 자신을 위한 것이거나 내 자신이 상처받지 않도록 하기 위한 것들뿐이다. 그러나 진실은, 내가 나의 우울증 뒤로 숨음으로써 계속하여 내 자신에게 상처를 주고 있다는 것이다. 내가 피해 다니고 있는 활동 목록은 계속 이어진다. 매주 성경공부, 교회 중등부와 관련된 활동, 구역모임, 아이들과의 테니스 운동, 대학원 심리학 수업 등, 난 이제 이런 메마른 존재감에 신물이 난다!

내 우울증이 가져온 최악의 대가는 내가 가장 사랑하는 사람들과의 미지근한 관계이다. 난 내 아이들과 친밀함을 만들기 위해 필요한 에너지나 참을성이 없다. 아이들과 함께 즐거워하며 근사한 추억을 만드는 대신, 아이들에게 화를 내고 거리를 둔다. 난 나와 아이들을 속이고 있다. 바로 어제만 해도 내 딸이 내게 자신과 함께 패션 잡지를 보자고 했다. 난 기분이 별로 좋은 상태가 아니어서 딸에게 다음에 함께 보자고 했다. 딸아이는 점점 자라날 것이고 난 귀중한 순간들을 다 놓쳐 버릴 것이다. 난 항상 힘든 나날을 보낸다. 이제는 나도 좋은 날들을 보내고 싶다.

남편과의 관계는 안정적이다. 하지만 우리 사이에는 친밀감이 없다. 내가 남편의 필요를 충족시키려고 노력하지 않는다는 것이 너무 비참하다. 난 정말로 마음을 열고 내 자신을 남편과 나눌 수가 없는 것 같다. 부부관계는 즐겁고 열정적인 경험이라기 보단 지루한 일에 가깝다. 더 나은 결혼생활을 원하지만 우울증이 길을 막고 있다. 다른 무엇보다도 더 소중한 하나님과의 관계도 그다지 좋지 않다. 난 하나님과도 거리를 유지한다. 영적인 활력이 전혀 느껴지지 않는다.

미래에 관해 내가 알 수 있는 것은 만일 내가 바뀌지 않으면 앞으로도 똑같을 것이라는 것이다. 제한된 인생, 여러가지 기회들, 미지근한 인간관계, 내 방에서 울기, 내 인생이 왜 이 모양인가 푸념하기, 내 자신 혐오하기, 우울과 자기혐오의 비참한 사이클에 갇혀 지내기.
하나님께서 원하시는 모습이 되는 것은 절대 불가능할 것이며, 내가 이루길 바라시는 것들을 절대 이루어 내지 못할 것 같다. 난 이제 이 우울한 인생이 죽도록 싫다. 내 방에서, 나의 감옥에서 나가고 싶다. 난 내 자신을 그 안에 꽁꽁 묶어 두고 있었다. 살고 싶다! 정말 살고 싶다!

책임 파트너의 편지

이 편지를 쓰는 것이 망설여져. 너를 지지해 주고 용기를 주는 사람이 되고 싶으니까. 하지만 이것도 지지와 격려의 한 부분이라고 생각해. 내가 여기에 쓰는 것 때문에 너와 내가 멀어지는 일은 없을 거라고 확신을 주었기에 그 말을 믿어. 난 너를 사랑하고 그래서 네가 더 나아지길 원해. 내 관점에서 보는 이 사실들이 네가 치유되는 데 도움이 되길 바라며 기도한다.

넌 아름답고 똑똑해. 너의 유머 감각은 정말 기발해. 넌 친절하고 관대하단다. 넌 좋은 엄마야. 이 모든 것들은 사실이야. 너의 친한 친구로서 난 잘 알고 있지. 난 네가, 이런 많은 자질 중 어떤 것도 사실이 아니라고 믿는 것이 너무 안타까워. 네가 네 자신을 폄하하는 것을 보고 있으면 난 너무 마음이 아파. 넌 네 자신에 대해 끝없이 비판하지. 난 자주 왜 네가 네 자신에 대해 저렇게 혹독할까 궁금하단다. 칭찬을 해도 네가 그것을 받아들이지 않아.

그리고 넌 너에게 이로울 활동에 참여하지 않아. 항상 변명거리를 늘어놓는 것처럼 보여. 네가 성경공부 모임에 드문드문 참석하니까 다른 사람들과 가까워질 수 없는 거야. 아마도 그래서 네가 더 자주 오지 않는지도 모르지. 내가 보기엔 네가 친밀해지는 것을 두려워하는 것 같아. 마치 다른 사람들이 과거에 너에게 상처를 주었던 것처럼 누군가가 너를 아프게 할까 봐 두려워하는 것처럼 말이야. 주님께서 너에게 재능과 은사를 주셨는데도 불구하고 넌 그것들을 사용하지 않을 변명을 찾지. 아는지 모르겠지만, 난 네게 가르치는 은사가 있다고 믿어. 네가 소모임을 이끌며 성경을 가르칠 수 있다는 걸 알아. 넌 성경을 알고 그 원리들을 분명하게 이야기할 수 있어. 그런데 왜 안 하는 거야? 네가 우울하기 때문이라고 생각해.

넌 너의 능력에 대해 자신감이 없어. 넌 항상 "너무 피곤해", "잘 할 수 없을 거야"라는 변명으로 피하곤 했어. 너무 심하게 이야기했다면 용서해줘. 하지만! 넌 할 수 있어. 네가 언젠가 그렇게 되길 기도한단다. 난 우리의 우정이 너무 소중하고, 또 네가 우울한 상태로 머물든지 아니든지 상관없이 난 널 사랑할 거야. 하지만 너의 우울증이 치료된다면 우린 더 가까워질 거라고 믿어. 우린 더 많은 것들을 함께할 수 있을 거야. 함께 더 많이 웃을 수 있을 테고, 더 깊은 이야기를 나눌 수 있을 거야. 주님과도 더 가까워지겠지.

그리고 나도 더 행복한 사람이 되겠지. 네 우울증은 나에게도 영향을 미친단다. 너에게 상처주기 싫어서 이것에 대해 한 번도 이야기하지 않았지만 이제 때가 된 것 같다. 네가 너무 불행한 걸 보면 나도 불행해져. 너 때문에 자주 슬퍼한단다. 네가 겪고 있는 고통 때문에 내가 얼마나 여러 번 울었는지 말로 다 못해. 난 하나님이 어떻게든 너를 고쳐주시기를 몇 시간씩 기도하고 있어. 네가 나아졌으면 좋겠어. 그럼 내 짐도 덜어질 것이고 우린 훨씬 더 가까워지겠지만, 중요한 건 너야. 난 네가 행복하고 건강하길 바라. 제발 나아지기 위해서라면 당장 무엇이든 해. 너무 많은 시간이 흘러갔잖아.

목사님의 편지

난 당신을 팔 년 동안 알아왔고, 당신과 당신의 남편 그리고 당신의 자녀들을 사랑합니다. 먼저 당신의 고통을 나에게 이야기해 준 것에 대해 감사하게 생각합니다. 그것은 용기가 필요한 일이었습니다. 나는 당신의 과거에 대해 많이 알지 못하지만 현재 당신의 우울증이 당신을 얼마나 비참하게 만들고 있는지에 대해서는 알게 되었습니다. 난 당신을 위해 기도해 왔고 또 앞으로도 계속 기도할 것입니다. 내가 기도한 것들을 종이에 적어 보는 것이 좋은 생각인 듯합니다.

하나님 아버지, 우울증과 싸우고 있는 이 여인을 올려드립니다. 당신의 자녀가 이 문제로 심히 무능해지는 것을 보는 것은 저에게도, 아버지께도 슬픔입니다. 그녀는 당신의 능력을 가졌지만 그것을 이끌어 내지 못하는 것 같습니다. 풍성한 삶을 누릴 기회가 있지만, 그

근처에도 가지 못하였습니다. 아버지여, 주님께서는 그녀에게 특별한 영적 은사를 주셨습니다. 그녀는 중학생들을 향한 사랑을 가졌습니다. 아마도 그녀의 고통스러웠던 중학교 시절 때문이겠지요. 그녀는 교회에서 중등부 사역에 부르심을 받은 것 같다고 말하였습니다. 저 또한 그녀가 가르침의 은사를 받았다는 것을 압니다. 하지만 그녀는 행동하려 하지 않습니다.

우울증이 그녀를 이 중요한 사역에 동참하지 못하도록 붙잡고 있습니다. 아버지, 당신도 그것을 아십니다. 그녀가 그 일을 해야 합니다. 교회는 그녀가 그 일을 하는 것을 필요로 합니다. 길을 막고 있는 장애물을 제하여 주시옵소서.
아버지, 주님께서 이 여인을 우울증으로부터 치유해 주시기를 구하옵니다. 주님도 그녀가 건강하여져서 당신이 그녀에게 원하시는 모든 것을 그녀가 할 수 있게 되길 원하신다고 믿습니다. 그녀는 특별히 가장 중요한 주님과의 관계를 놓치고 있습니다. 그녀가 치유되도록 도와주시옵소서. 아버지, 그리하여 그녀가 주님과 친밀한 교제를 나누며 동행할 수 있게 하여 주시옵소서.

남편의 편지

여보, 난 별로 글 쓰는 재주가 없지만 당신이 이것을 쓰도록 부탁했고 난 당신을 사랑하니까 한번 써 보도록 하겠소. 난 당신에게 상처 주고 싶지 않아요. 당신이 더 나아지도록 돕고 싶소. 당신이 이 글을 읽을 때 이것을 기억해 주길 바라오.

난 당신이 항상 우울증과 싸우고 있다는 것을 알고 있소. 우리 결혼 생활 동안, 좋은 날들도 있었지. 하지만 지난 몇 년 동안 당신은 대개 침체되어 있었소. 난 당신이 불행한 것을 보는 것이 정말 싫다오. 당신이 자신에 대해서 비판하며 할 수 있는 일들을 하지 않는 것을 볼 때, 여러 번 심장이 깨지는 듯 아팠다오.

우리가 결혼했을 때, 난 모든 것이 멋질 것이라고 생각했소. 그리고 실제로 그랬지. 얼마 동안은 말이오. 하지만 당신의 우울증이 되돌아와서는 떠나질 않는 구려. 난 당신이 아버지에게 학대당한 것과, 당신을 성희롱한 몹쓸 녀석과 대학 때 당신에게 심한 상처를 준 데이빗으로부터 당신을 치유해 줄 사람이 되고 싶었소. 하지만 여보, 당신은 내가 당신을 돕도록 허락하지 않았다오. 난 내가 그것을 전부 좋게 만들 수는 없지만, 적어도 지금과 다르게 만들 수 있다는 것을 알고 있소. 당신은 늘 나에게서 한 발짝 떨어져 있소. 당신은 마음을 열고 내게 말하려 하지 않소. 난 당신이 당신의 감정에 억눌려 있을 때를 알지만, 내가 당신에게 말하라고 해도 당신은 하려고 하지 않소. 그것이 내게 얼마나 절망적인지 알고 있소? 그러고 나면 며칠 후에, 난 당신이 조급해하며 서두르고, 때때로 작은 것들에 폭발해 버리는 모습을 보아야만 한다오.

왜 나를 믿고 당신이 생각하고 느끼는 것을 나에게 말해 줄 수 없는 것이오? 내가 믿을 만한 사람이라는 것을 당신이 알아주길 바라오. 난 다른 남자들이 당신에게 했듯이 상처주지 않을 것이오. 때때로 당신이 나를 내치면 화가 난다오. 당신이 나와의 잠자리를 피하면 난 화가 나고 깊이 상처받는다오. 나만을 위한 성관계가 아니지 않소? 그것은 사랑을 만드는 것이오. 당신의 우울증에 대한 나의 진실된 생각과 느낌을 당신에게 말하지 않은 것은 내 잘못이오. 나도 힘들었소. 지금부터는 당신에게 정직해지도록 하겠소.

사실, 우리 결혼생활은 그다지 훌륭한 편은 아니오. 결혼생활에 대해 만족하지도, 행복하지도 않소. 그저 견디어 나가며 당신에게 사랑을 표현하려고 싸우고 있는 중이오. 그러나 쉽진 않구려. 난 어디에도 가지 않을 것이며, 절대 이혼하지 않을 것이오. 하지만 우리가 가깝고 친밀한 결혼생활을 하지 않는다는 것은 참을 수가 없소.

그리고 당신은 아이들을 잃어가고 있다는 사실을 알아야 하오. 당신의 우울증이 아이들을 점점 더 멀리 밀어내고 있소. 아이들이 당신에 대한 존경심을 잃어가고 있소. 당신에 대한 사랑을 잃어가고 있다오. 그들은 신경질적이며 예측할 수 없이 폭발하고, 너무 피곤해서 자기들과 시간을 함께 보낼 수 없는 엄마를 믿고 의지할 수는 없는 것이오. 곧 아이들은 당신에게 함께해 달라고 부탁하지 않을 것이오. 벌써 당신없이도 자신들의 삶을 살아가는 방법을 배우고 있다오.

여보, 난 아직도 당신을 사랑하고 당신과 함께 멋진 결혼생활을 해나가고 싶소. 난 그저 지쳤을 뿐이오. 이 회복 과정을 열심히 하여 좋아지기를 바라오. 치료하는 과정에 날 꼭 포함시켜 주시오. 당신의 우울증을 치료하는데 꼭 도움이 되고 싶다오.

그 다음 진료 시간에 의뢰인은 나에게, 편지를 두 번의 모임에서 읽었다고 했다. 한 번은 남편과 목사님, 그리고 또 한 번은 그녀의 책임 파트너와 함께. 그 모임이 자신에게 미친 영향에 대해 이야기하는 동안, 그녀가 이미 동기를 부여받았다는 것이 명백해졌다. 그녀는 자신의 우울함을 부수고 달라진, 건강한 삶을 살기 시작할 것을 결심했다. "전 정말 그것이 싫어요. 그것은 나에게서 모든 것을 앗아가 버렸어요. 지금도 빼앗아 가고 있는 걸요. 좋아지기 위해서라면 무엇이든지 하겠어요."

"좋아요. 이제 다음 단계로 갈 준비가 되었군요."

마음 들여다보기

❶ 하나님께 당신의 문제가 어떤 보상을 주는지 알려 달라고 기도하세요. 그리고 그것들을 종이에 적어 보세요. 그 목록을 당신의 책임 파트너와 배우자에게 읽어 주고, 피드백을 부탁하세요.

❷ 과거, 현재 그리고 미래에 당신의 문제가 가져오는 비싼 대가에 대한 편지

를 쓰세요. 구체적이고 상세하게 써야 합니다.

❸ 당신의 후원팀 구성원들에게 당신이 잘 할 수 있도록 기도해 달라고 부탁하세요.

❹ 후원팀의 핵심 구성원들에게 당신의 문제가 당신과 그들에게 어떤 대가를 요구하는지에 대한 편지를 써 달라고 부탁하세요.

❺ 당신의 팀 구성원들과 만나서 함께 혹은 한 번에 하나씩, 그들의 편지를 들어 보세요. 그런 후 그들에게 당신의 편지를 읽어 주세요.

❻ 자, 다시 한 번 당신에게 묻겠습니다. 당신은 당신의 문제를 얼마나 혐오하나요? 당신의 건강하지 못한 행동에 대해 거룩한 슬픔을 느끼나요? 얼마나 간절히 나아지기를 원하고 있나요? 지금보다 보다 더 좋아지기 위해서라면 무엇이든 기꺼이 할 수 있나요?

당신의 회복을 누구보다 원하시며 긍휼히 여기시는 하나님께 문제의 숨겨진 참모습들을 볼 수 있게 해달라고 기도하세요. 회복을 위해 주어진 과제들을 잘 해 나갈 수 있도록 함께 기도하며 도우심을 구하십시오.

Chapter 7

나는 자유롭고 싶다:
중독을 이겨내는 방법

"박사님, 전 지난 6개월 동안 2번이나 음주운전을 했습니다. 면허는 정지당했고, 직장에서도 아슬아슬합니다. 아내는 저와 마주치는 것조차 피하고 있어요. 제 인생이 하수구 구멍으로 흘러가 버리기 전에 술을 끊어야 해요."

"카지노에 들어서면 그 쾌감이 얼마나 강렬한지 말로 다 할 수가 없습니다. 내가 살아 있다는 것과 열정, 그리고 에너지로 가득 찬 느낌을 받아요. 하지만 카지노 문을 나설 때의 모습은 거의 탈진한 상태입니다. 얼마나 내 자신이 바보 같고 또 죄책감이 드는지…. 2천만 원이나 빚을 졌지만 아내에게 말도 못 꺼내겠어요."

"전 기분이 나쁠 때면 쇼핑을 해요. 스트레스를 받을 때, 특히 남편이랑 싸우고 나면 쇼핑을 하죠. 지루할 때도 물론 쇼핑이에요. 제가 평생 입어도 다 못 입을 만큼 옷이 많아요. 벌써 두 개의 신용카드를 한도액까지 모두 써버렸어요. 제 남편의 인내심도 이제 한계에 다다랐구요."

"전 중학교 이후로 계속 체중과의 전쟁 중이랍니다. 시중에 나온 모든 다이어트 프로그램 중에 안 해 본 것이 없지만 모두 실패했어요. 제 의지력은 제로예요. 전 뚱뚱하고 못생겼고 완전한 실패자예요."

"전 항상 열심히 일하는 것은 좋은 것이라고 생각해 왔어요. 저희 아버지께서 그러셨거든요. 2주 전, 아내가 저를 떠난 후로 저의 직업윤리에 대해 생각해 보는 시간을 가졌어요. 제 아내는 제가 그녀와 결혼한 것이 아니라 일과 결혼했다고 했어요."

"제가 방문했던 음란 사이트를 아내가 알게 되었어요. 그녀는 격분했고 절 방 밖으로 쫓아냈어요. 제가 포르노를 보는 습관을 멈추지 않는다면 전 분명히 그녀를 잃게 될 거예요."

이상은 중독에 관한 이야기이다. 그들은 자신들의 인생을 파괴하고 있는 행동의 노예이다. 벗어나길 원하지만, 그들을 붙잡고 있는 강력한 습관의 손아귀에서 벗어날 수가 없다. 그들은 기도한다. 하나님과 사랑하는 사람들에게 멈출 것이라고 약속한다. 이를 악물고, 자신의 결단력과 의지력을 믿어 본다. 하지만 조만간(대부분 빨리) 자신의 습관으로 되돌아가고 만다.

교회 안팎의 수백만의 인생과 결혼 그리고 가족들이 중독 때문에 무너진다. 중독은 하나님의 도우심과 엄청난 노력, 그리고 치유의 올바른 단계를 통해 이겨낼 수 있다. 중독으로부터 당신의 인생과 관계들을 되찾아 와야 한다. 당신은 벌써 너무 많은 세월을 잘못된 열정과 중독이 약속하는 거짓된 친밀함을 좇느라 낭비해 버렸다.

나의 회복 프로그램에는 중독자들이 해야만 하는 추가적인 행동이 몇 가지 있다. 이 추가적인 행동에 대해서는 성적(性的) 중독에 빠진 한 남자의 이야기를 소개하면서 알려주도록 하겠다. 내가 성적 중독의 예를 선택한 이유는 이것이 남성들에게 가장 흔한 문제이기 때문이다.

음란물의 추한 대가

부인은 소파에 앉아 조용히 눈물을 흘리고 있었고, 남자는 자신의 이야기를 내게 털어놓았다. 그는 크리스천이며 결혼한 지 20년이 넘었다. 세 자녀를 두었고, 정기적으로 교회에 출석하고 있지만, 그는 음란물에 중독되어 있었다.

바로 지난 주, 그의 부인은 우연히 남편이 집에 있는 컴퓨터로 방문했던 몇 십 개나 되는 음란 사이트를 발견하게 되었다. 그날 저녁, 그가 집에 돌아와서 그녀의 얼굴을 보았을 때 그는 무언가 엄청나게 잘못되었다는 것을 눈치챘다. 그들은 밤새 이야기하며 울었다. 그는 내게, 그의 인생 전체가 엉망진창이 되어 버렸고, 그것은 다 그의 어리석은 잘못 때문이라고 하였다.

"박사님, 음란물은 제가 고등학교 다닐 때부터 제 인생의 일부였습니다. 처음에는 잡지로 시작해서 비디오로 넘어갔고, 그 다음엔 케이블 방송, 지금은 인터넷 음란물에 중독되어 버렸습니다. 음란물은 제 결혼 생활, 자녀들, 직장, 하나님과의 관계 같은 제 삶의 모든 부분에 피해를 주었어요. 음란물 중독에서 벗어나고 싶어요. 도와주시겠어요?"

나는 그에게 말했다. "네. 만일 당신이 여태까지 살면서 해왔던 다른 어떤 일보다 열심히 노력할 의지가 있다면 이 중독을 이겨낼 수 있습니다. 구체적이고 어려운 일련의 회복 단계를 지나는 동안 하나님께서 당신을 도와주실 것입니다. 만일 당신이 이 단계 중 하나라도 거부한다면 저도 즉시 당신의 치료를 멈출 것입니다. 내가 당신에게 말하는 모든 것을 기꺼이 하겠습니까?"

후원팀

우리가 가장 먼저 한 일은 그의 후원팀을 구성하는 것이었다. 나는 그에게 두 명의 남성 책임 파트너를 고르도록 했다. 중독은 놀라울 정도로 호전적인 경향을 갖고 있으므로, 책임 파트너들의 책임은 매우 강해야만 한다. 그는 결국 교회에서 가까운 친구 한 명과, 12단계 성적 중독 치유 모임에서 한 명을 골랐다. 그는 성적 중독 부분에 있어서 자신이 살면서 해왔던 모든 것을 그들에게 모조리 이야기하였다.

가능하다면, 책임 파트너 중에 한 명은 당신과 같은 중독을 가지고 있는 사람이라면 좋다. 같은 중독을 가진 사람이 함께한다면 당신은 속이지 못할 것이다. 당신의 파트너가 중독의 모든 증상을 알고 있기 때문에 어떤 것도 숨길 수 없다. 그는 적절한 질문을 할 것이다. 중독자가 아니라면 놓쳐 버릴 것들을 그는 알아차릴 것이다. 그는 당신이 어떤 것을 경험하고 있는지 이해하며 당신을 꼼짝 못하게 할 것이다. 그것이 바로 당신에게 필요한 것이다.

나는 내 의뢰인에게 각각의 책임 파트너와 일주일에 적어도 한 번씩 개인적으로 만날 것을 지시했다. 중독은 너무나 강력하고 교활해서 전화 통화만으로는 책임있게 잡아줄 수 없다. 적어도 1년 동안 개인적인 만남은 필수적이다.

중독에 있어서 치유 모임은 선택 사항이 아니다. 절대적으로 중요하다. 최소한 1년 동안 매주 중독 모임에 나가지 않고서 중독으로부터 회복되는 경우는 매우 드물다. 그리고 나는 그에게 목사님을 만나서 그의 성적 중독에 관한 모든 것을 말씀드리고 그를 위해 적어도 1년 동안 지속될 수 있는 영적 성장 프로그램을 만들어 줄 것을 부탁하라고 했다. 남성 소모임 성경공부가 될 수도 있고, 목사님 혹은 교회의 다른 신실한 장로님과의 일대일 제자 양육이 될 수도 있다. 이 목사님은 그를 새벽 남성 성경공부반에 넣었다. 나는 그 모임의 구성원들에게 그의 성적 중독 이야기를 하도록 지도했다. 그를 위해 기도하며 잡아줄 세 명의 크리스천이 늘어난 것은 결코 나쁘지 않은 일이었다.

그의 첫 번째 진료 시간에 나는 그의 아내를 후원팀의 구성원으로 등록시켰다. 그들이 함께 치유받는 것이 중요하기 때문이었다. 나는 그녀가 해야 할 두 가지의 역할을 강조하여 설명했다. 첫째, 그녀는 온전히 남편을 지지하며 격려하는 파트너가 되기 전에, 남편의 성적인 범죄로부터 받은 끔찍한 상처로부터 치유되어만 했다. 그녀가 충분히 치유되고, 남편이 회복 과정을 잘 해나가고 있다는 것이 증명되면 그때 그녀는 치유 과정에 실제로 관여할 수 있다. 나는 이 기간을 약 3-4개월 정도로 예상했다.

둘째, 그녀는 남편의 마음 속에서 일어나는 힘겨운 싸움에 대해 아무 것도 들어서는 안 된다. 매일 그가 갖는 환상이나 유혹은 두 명의 책임 파트너, 12단계 치유 모임, 그리고 성경공부 모임에서 나누게 될 것이다. 이런 생각들을 듣게 되면, 그녀는 고통의 무게를 견디지 못할 것이며 그녀의 마음 깊은 곳에 난 상처가 아물지 않을 것이다. 그러나 만일 그가 어떤 성적인 방법으로든지 생각을 행동으로 옮기게 되면, 그때 그는 그녀에게 자신이 한 일에 대해 말해야만 한다.

죄악의 문서

그의 후원팀이 구축되었을 때, 난 그에게 정말 어려운 첫 과제를 주었다. 나는 그에게 성적인 죄에 관한 문서를 작성해 오도록 했다. 그것은 부인에게 쓰는 편지로, 그들의 결혼 기간 동안, 즉 결혼식 때부터 그날 당일까지 최대한 자세히 그의 모든 죄악된 성적 행동들을 기록하는 것이었다. 그는 다음 진료 시간에 아내에게 이것을 큰 소리로 읽어 주어야 했다.

중독자는 자신의 죄를 세상에서 가장 가까운 사람에게 고백해야만 한다. 20년간의 임상 경험으로부터 난 이 접근법이 효과를 나타내는 것을 수천 번이나 보아왔다. 사실 이 과제를 수행하지 않고 중독에서 치료된 사례는 본 적이 없다. 자신의 죄가 사랑하는 사람에게 끼치는 무서운 영향을 눈으로 보고 느낄 때, 중독자는 결국 그것을 깨닫게 된다. 그의 모든 변명과 합리화는 증발해 버린다. 깨어지고 참회하게 된다. 변화되고자 하는 동기가 생긴다. 만일 중독자가 결혼한 상태라면, 이 고백의 편지는 배우자에게 쓰게 될 것이다. 만일 결혼하지 않았다면, 그와 가장 가까운 가족이나 친구가 될 것이다. 이 과정은 배우자의 치유를 위해서도 중요하다. 회복되어야 하는 대상은 중독자뿐만이 아니다. 배우자는 정확히 무슨 일이 있었는지 알기 전까지 용서할 수 없다. 자신이 모르는 것을 용서할 수는 없다. 그가 자신의 모든 죄에 대해 그녀에게 말할 때까지, 그녀는 정말로 무슨 일이 일어났는지 늘 궁금해 할 것이다. 이것이 바로 마음의 상처 치료를 위한 기초이다. 상처에 대해 상세하게 알게 된 후에야 치유될 수 있다.

이 죄악의 문서로부터 결혼생활의 회복이 시작된다. 결혼생활이 치유되면서 배우자는 중독자와 같은 편이 될 수 있고, 회복에 있어서 한몸이 될 수 있는 것이다. 게다가 회복 과정 동안 그들이 만들어 나갈 친밀감은 중독자의 주요한 필요 중 하나를 충족시킬 것이다. 모든 중독은 친밀감을 추구한다. 아내와 함께 회복 과정을 밟아 나가는 동안 그는 그가 그토록 필사적으로 찾아 헤매던 필요를 발견하게 될 것이다. 바로 하나님과 또한 그의 결혼생활 파트너와의 친밀감이다. 다음은 성적 중독에 빠졌던 남자의 자기 고백이다.

"내 모든 성적 죄에 대해 너무나 미안하게 생각하오. 나의 역겨운 행동들이 당신에게 얼마나 상처를 주었는지 정말 깨닫지 못했소. 이젠 내가 당신에게 어떤 짓을 했는지 알게 되었고, 또 그것이 내 속에서 날 죽이고 있소. 여보, 무엇보다도 이 행동들은 전적으로 내 잘못이라는 것을 말하고 싶소. 백 퍼센트 내 잘못이오. 당신은 내 행동과 조금도 연관이 없소. 난 이 성적 중독 문제를 당신을 만나기 이전부터 갖고 있었고 이것을 우리 결혼생활로 끌어들였소. 처음부터 당신에게 사실대로 말하고 도움을 얻었어야 했는데, 난 내 자신과 당신에게 거짓말하는 것을 택했고 지금, 내 어리석음에 대한 막대한 대가를 지불하고 있소.

우리가 결혼하고 처음 2년 동안 난 어떤 음란물도 보지 않았소. 당신과 함께 있는 것이 너무나 행복했으니까. 그러나 우리 첫 아이가 태어난 후, 난 다시 예전의 나로 돌아가고 말았소. 아빠가 된다는 스트레스, 당신의 시간과 관심을 잃었다는 것이 계기로 작용했을 것이오. 하지만 변명의 여지가 없소.
다시 음란물에 손을 댄 것은 내가 결정한 것이었으니 말이오. 우리 아이가 3개월쯤 되었을 때부터 난 추잡한 케이블 방송을 보느라 늦게까지 깨어 있기 시작했소. 밤늦게 TV에서 어떤 것들을 볼 수 있는지 알게 된다면 놀랄 것이오. 영화, 공중파 쇼 프로그램, 다음날 늦게까지 잘 수 있는 금요일이나 토요일 밤에는 당신 몰래 밤늦게까지 보다가 자위를 하고 잠자리에 들었소. 미안하오. 내가 어리석었소.
약 6년 동안, 때때로 아주 작은 비디오 가게에서 음란 비디오를 샀소. 약 두 달에 한 번씩 가서 두 개씩 사왔소. 하나에 만 원 정도면 구입할 수 있소. 이것들을 한밤 중에 보고 자위를 하고 나서 침대로 갔소. 그리고 다음날 회사 가는 길에 이것들을 쓰레기통에 버렸소. 음란물을 보며 자위를 하고 나면 어김없이 엄청난 죄책감을 느꼈소. 난 하나님께 용서를 구하고 그만두겠다고 약속했소. 다시 시작하기 전까지 한 2주일 정도는 참을 수 있었소. 그러나 또 시작하고 말았다오. 이 이야기가 우스꽝스럽다는 것을 알지만 정말이지 중독이 나를 완전히 지배해 버렸다오. 내가 도움을 받아야 한다는 사실을 받아들이지 못한 것은 내 잘못이오.

몇 시간씩, 어떤때는 3-4시간을 연속으로 음란 사이트에서 헤매며 보냈고, 금요일 밤, 토요일 밤 그리고 보통 일요일 낮이 내가 주로 이용하는 시간이었소. 그러다가 난 주중에도 밤에 인터넷 음란물을 보기 시작했소. 내가 내 자신을 통제할 수 없었소. 내가 지난 석달간 방문한 대부분의 사이트는 이미 당신이 프린트했다는 것을 알고 있소. 난 아직 당신이 모르는 것에 대해서도 이야기해야만 할 듯하오.

난 사실 오해 스트립쇼를 하는 클럽에 두 번이나 갔었소. 30분 정도 여자들이 춤추는 것을 보다가 밖으로 나왔소. 아마 실물로 벌것 벗은 여자를 보고 싶었던 것 같소. 어쨌든, 별 큰 영향은 없었소. 그들은 별로 매력적이지 못했고 난 거기 있는 내내 누군가 아는 사람이 날 볼까 봐 두려워서 안절부절 못했으니 말이오. 음, 이것이 전부요. 내가 했던 짓에 대해 글로 표현할 수 없을 만큼 수치스럽소. 미안하오. 이런 짓을 하여 너무나 미안하오. 난 내가 이전의 다른 누구보다 더 당신에게 상처를 주었다는 것을 아오. 당신이 당신의 감정을 토해내야만 하며 당분간 나에게 많은 질문을 하리라는 것도 알고 있소. 시간이 얼마나 걸리든, 난 당신의 모든 질문을 듣고 대답하겠소. 이 문제를 고치고 당신을 다시 되찾기 위해서라면 무엇이든지 하겠소. 제발, 제발, 제발! 내가 회복 과정을 헤쳐 나가는 동안 나와 함께 견뎌주길 바라오."

진료 시간에 그가 이 편지를 아내에게 읽어 주었을 때, 그 시간은 매우 긴장되고 고통스러웠다. 읽기를 다 마치기도 전에 이미 그 둘은 눈물을 흘리고 있었다. 이 과정은 그의 성적인 행동이 아무에게도 상처를 주지 않을 것이라는 사탄의 거짓말을 저 멀리 날려 버렸다. 그들을 위한 치료가 이미 시작된 것이다.

나는 그에게 가능한 한 빨리 두 명의 책임 파트너와 12단계 치유 모임, 그리고 목사님과 성경공부 구성원 3명에게 이 편지를 읽어 주도록 하였다. 그리고 그의 아내에게는 이 편지를 그의 가장 가까운 여성 친구에게 읽어 주라고 하였다. 친구는 그녀가 괴로워했던 상처를 알고 있으며, 신뢰할 수 있는 막역한 친구로부터 위로와 기도 응원을 받을 필요가 있었다.

답장

나는 그의 부인에게 이제 부인이 남편에게 편지를 쓸 차례라고 하였다. 그 편지에는 그가 그녀에게 했던 것들에 대한 그녀의 반응을 담고 있어야 했다. 어떤 제약이나 조건없이 그녀의 감정적인 고통, 분노, 상처, 역겨움, 화, 후회, 좌절, 슬픔 등을 표현하는 편지가 되어야 했다. 감정을 솔직하게, 모조리 쏟아내는 것이 용서 과정에서 필수적이기에 그녀에게 절제하지 말라고 독려했다.

그녀는 마음 깊은 곳으로부터 10장의 편지를 써왔다. 다음은 그녀의 답장 중 주요 부분이다.

"당신이 성적인 죄를 저지름으로써 내게 어떤 짓을 했는지를 말로 표현할 수 있을지 잘 모르겠어요. 당신은 다른 누구보다도 내게 큰 상처를 주었어요. 당신은 내 심장을 산산조각냈고 과연 이것이 치료될 수 있을지 모르겠군요.

난 내가 당신이란 사람을 전혀 몰랐던 것처럼 느껴져요. 사실대로 말하면, 이런 파렴치하고 상처나 주는 행동을 한 사람을 알고 싶지도 않아요. 당신은 이제 날 잃어버렸어요. 만일 당신이 날 되돌리고 싶다면, 내가 원하고 필요로 하는 신실한 남편이 되기 위해 변화해서 지금까지 이 세상의 그 누가 했던 것보다도 열심히 노력하는 것이 좋을 거예요.

처음 내가 느꼈던 충격은 분노로 변했어요. 어떻게 당신은 잘못되었다는 것을 알면서도 계속할 수가 있었던 거죠? 어떻게 그 긴 세월 동안 나에게 거짓말을 하고 속일 수 있죠? 당신에 대해 분노 이상의 것을 느끼게 돼요. 어떻게 그렇게 이기적일 수 있는지 울화가 치밀어요. 왜 도움을 받지 않았어요? 왜 아무에게도 말하지 않은 거죠?

당신이 벌거벗은 여자를 쳐다보고 있는 생각을 하면 당신 면전에 대고 소리를 지르고 싶어요. "뭐 하는 짓이에요? 당신을 사랑하는 내가 있잖아요! 당신은 내 벗은 몸을 보고 나와 관계를 하면 된다고요!" 그런데 당신은 나에게 속한 것을 이름도 모르는 매춘부들에게 줘버렸어요. 이 글을 쓰면서 너무 화가 나서 몸이 다 떨려요. 그리고 그 분노의 근원에는 끔찍한 상처와 슬픔이 자리 잡고 있어요.
난 울고 또 울었어요. 갈기갈기 찢긴 것 같은데, 어떻게 다시 붙여야 하는지 모르겠어요. 난 당신을 믿지 않아요. 당신에 대해 믿음이 생기질 않아요. 내가 당신을 사랑하는지도 잘 모르겠어요. 난 내 마음을, 부서지고 피 흘리는 내 마음을 당신으로부터 가져와 버렸어요. 당신의 할 일을 하세요. 회복 과정을 그대로 따르세요. 그 과정이 어떻게 되어가고 있는지 나에게 알려 주세요. 내가 하는 모든 질문에 대답해야 해요. 주님 안에서 더 성숙하세요. 주님의 도움없이는 당신은 절대로 변화될 수 없어요."

진료 시간 중 그녀가 이 편지를 읽었을 때, 그것은 둘 다에게 고통 그 자체였다. 하지만 그것이 진실이었다. 진실은 치유의 힘의 갖고 있다. 그녀는 그것을 말해야만 했고 그는 들어야만 했다. 보시다시피, 그녀의 답장에는 조금의 동정이나 이해도 없었다. 그의 죄악에 대해 그리고 그가 그녀에게 준 고통에 대해 토로하는 것이었다. 다른 것은 없었다. 치유에 있어서 무엇보다도 감정적인 표현이 선행되어야만 했기 때문이다.
그녀는 용서와 그의 치유 과정의 파트너가 되는 것에 한 걸음 다가섰다.

모드(mode)

중독자와 그의 아내가 하게 될 다음 단계는, 그의 성적 행동에 대해 잔인할 정도로 솔직하고 격렬하며 지극히 개인적인 대화를 나누는 것이다. 나는 이 과정을 '모드'라 부른다. 그의 아내는 언제라도 남편에게 이런 이야기를 하라고 요구할 수 있으며, 이에 대한 남편의 반응은 예외 없이 언제나 "좋아요, 이야기합시다"로 이어져야만 한다.

이 대화를 통해 아내가 할 일은 감정을 가능한 한 자유롭고 완전하게 터뜨리는 것이다. 그녀는 남편의 환상이나 유혹에 관한 질문만 빼고, 머릿속에 떠오르는 모든 질문을 하게 될 것이다.

이러한 공격에 대면하여 남편이 할 일은, 인내하고 다정하게 대하며, 그녀를 더욱 사랑하고 이해하면서 그녀에게 확신을 주는 것이다. 그는 미안하다는 말을 백만 번 하고도 한 번 더 해야 하며 매번 진심으로 해야 한다. 그는 그녀의 질문에 대답하기 위해 최선을 다해야 한다. 그녀가 똑같은 것을 계속해서 물어보더라도 말이다. 왜, 그리고 어떻게 그가 중독에 빠지게 되었는지에 관한 자세한 질문들은 그들이 남은 회복 과정들을 진행해 나가는 동안 대답하게 될 것이다. 앞의 두 편지와 모드의 연이은 시도는 중독자와 아내의 관계 치유를 가속화시킬 것이다.

중독으로 가는 길목을 차단하라

중독자가 중독에 이르는 것을 공격적으로 차단하기 위해서는 후원팀과 함께 작업해야만 한다. 성적 중독자의 경우 이것은, 절대 혼자 집에서 TV를 시청하지 않는 것, 호텔에서 절대 TV를 켜지 않는 것, 그의 컴퓨터에 음란 사이트를 차단하는 프로그램 설치하고, 아내만 아는 암호를 걸어 놓아서 아내가 집에 있을 때에만 컴퓨터를 사용하는 것. 비디오 가게에 절대 혼자 가지 않는 것, 편의점이나 서점에서 잡지 진열대를 피하고, 매일 밤 아내와 같은 시각에 잠자리에 드는 것을 뜻한다.

나머지 이야기

그의 자서전은 그의 성적 중독의 근원이 무엇이며, 수년간 그가 어떻게 성장해왔고 그의 결혼생활에까지 이르게 되었는지를 밝혀 주었다. 그의 부모님들은 두분 다 무의식 중에 그의 중독이 시작되는데 지대한 영향을 끼쳤다. 그는 그의 어머니와 전혀 애착 관계가 형성되어 있지 않았다. 그의 어머니는 차갑고 애정 없는 비판적인 사람이었다. 그녀가 그의 성기 크기를 보고 놀린 것을 그는 절대 잊지 못했다. 그의 아버지는 집을 자주 비웠으며, 어떻게 남자가 되는지에 대한 모델이 되어 주지 못했다. 그리고 차고에 음란물을 숨겨두었다.

중학교 2학년 때 그의 여선생님은 주기적으로 그를 놀림거리로 만들었다. 선생님은 그의 성적을 비판했으며 격려라고는 거의 해 준 적이 없었다. 하루는 그녀가 반 전체 아이들 앞에서 그를 당황스럽게 만들었다. 또 두 명의 여자 친구들이 그를 거절한 사건은 여성들로부터 당하는 거절감을 더 깊이 맛보게 했다.

아버지의 음란 잡지와 영화를 접하게 되었을 때, 그는 자신의 고통과 스트레스를 극복해 나갈 방법을 찾았다. 벌거벗은 여자들을 보는 것은 그가 여태껏 경험해 보지 못했던 흥분을 주었다. 그리고 그는 곧 그것에 빠져들었다.

그는 자서전과 관련된 과정을 완수하였고 중독이 가져오는 높은 대가를 산출해 내었다. 그는 앞서 언급했던 우울증 의뢰인과 마찬가지로, 이제 전진할 준비가 되었다. 나는 그들에게 말하였다.

"이제 당신의 뇌를 고쳐야 합니다."

마음 들여다보기

❶ 두 명의 동성 책임 파트너, 성경적 치유 모임, 목사님, 영적 성장을 위한 제자 훈련이나 소그룹 성경공부, 당신의 배우자로 구성된 당신의 후원팀을 만드세요.

❷ 당신의 죄의 기록을 작성하세요. 그것을 특별한 사람-당신의 배우자, 미혼이라면 당신이 이 세상에서 가장 사랑하고 믿는 사람-에게 읽어 주고, 후원팀의 다른 구성원들에게도 읽어 주세요.

❸ 사랑하는 사람에게 답장을 써서 읽어달라고 부탁하세요.

❹ 사랑하는 사람과 '모드'를 시작하고 치유가 일어날 때까지 계속하기로 동의하세요.

❺ 중독은 당신뿐만 아니라 당신이 사랑하는 사람들에게도 깊은 상처를 주게 된다는 사실을 알게 되었나요? 중독으로부터 회복되기 위해서는 하나님의 도우심과 주변의 도움이 필요합니다. 물론 당신 스스로의 결심도 중요하지요. 하나님을 의지하며, 중독으로 가는 길목을 차단하기 위해 필요한 단계들을 따르세요. 반복되는 죄로부터 자유로워지기를 소망하며 기도하십시오.

3단계: 생각을 바꾸라
Change Your Mind

Chapter 8
잘못된 생각은 잘못된 행동을 부른다

다음은 "사람들이 생각하는 방법"에 대한 뉴스 중에서 제정신이 아닌 이야기들이다.

한 남자가 주유소의 기름 넣는 곳에 차를 대고, 미리 돈을 지불하려고 열쇠를 꽂아둔 채 차에서 내려 주유소 안으로 들어갔다. 이를 보고 있던 도둑은 바로 이 차에 올라타 달아났다. 그런데 차에 기름이 없다는 것을 알아차린 도둑은 기름을 넣으려고 아까 그 주유소로 돌아왔다. 그는 거기서 경찰과 마주쳤다.

한 여자가 3년 동안 같은 패스트푸드 식당에 매일 두 번씩 갔다. 그녀는 매일 점심과 저녁으로 큰 햄버거, 감자튀김, 쉐이크를 주문했다. 그녀는 그곳의 책임자와 직원들 이름까지 다 알고 있었다. 이런 식생활로 인해 그녀에게는 비만, 당뇨, 심장 관상동맥 이상 등 건강상에 심각한 문제들이 생겼다. 그녀는 이렇게 기름진 음식이 건강을 위협한다는 사실을 직원들이 미리 경고해 주었어야 한다면서 그 식당을 고소했다.

이것은 모두 실화다! 이렇게 황당하게 진실을 왜곡하는 사람들이 있다는 사실이 믿겨지는가? 이해하기 힘들겠지만 이것은 그들만의 이야기가 아니다. 사실, 우리는 모두 진실을 왜곡한다. 그리고 그 결과는 하나같이 불행하다.

여기 내 진료실을 찾아온 사람들의 제정신 아닌 생각을 들어보라.

50대 초반인 한 남자와 그의 부인은 30세인 아들에 대해 걱정하고 있었다. 아들은 직업을 구할 생각도 하지 않고 부모님의 집에 얹혀 살며 부모님을 위협했다. 그는 매일 늦게까지 깨어 있다가 밤늦게야 잠을 잤다. 집안 일이라곤 손가락 하나 까딱하지 않으려 했고, 자주 술과 마약을 했다. 때때로 부모님께 저주를 퍼부으며 발작적으로 분노하기도 했다. 그들은 아들이 너무 안쓰러워 예수님이 하셨던 것처럼 그를 사랑하려고 노력한다고 말했다. 나는 그들에게 당신들이 더 안쓰럽고, 만일 예수님이셨더라면 그 아들을 오래 전에 내보냈을 거라고 이야기해 주었다.

나는 한 쌍의 부부와 함께 앉아서, 남편의 4개월간의 외도가 자신의 잘못이라고 이야기하는 부인의 말을 참을성 있게 듣고 있었다. 그녀는 자신이 뚱뚱하고, 교회에 너무 열심이며, 아이들에게 집중하느라 성에 관심이 없다 보니, 이 불쌍한 남자를 다른 여자에게로 몰고 갔다고 했다. 난 말했다. "아니요. 그를 그곳으로 몰고 간 것은 그의 볼보 승용차입니다. 당신이 총을 남편의 머리에 대고 그 여자와 성관계를 맺도록 위협하지 않은 이상, 불륜은 100% 그의 잘못입니다."

여기에 나오는 의뢰인들은 모두 이성적이고 평범한 사람들이다. 당신과 똑같은 사람들이다. 그들은 정신병원에 들어갈 사람들이 아니다. 그들의 생각은 뉴스거리가 되지 않는다. 그들의 잘못된 생각은 앞서 뉴스에 나온 세 명의 사람들처럼 눈에 확연히 드러나거나 과장되어 있지 않다. 그들의 생각은 개인적이고, 그다지 눈에 띄지 않으며, 감추어져 있다. 하지만 이 생각들도 똑같이 현실이며 똑같이 심각하다.

당신의 뇌에 문제가 있다

난 나쁜 소식을 전하는 사람이 되는 것이 너무나 싫지만 그것이 내 직업이다. 나는 사람들이 원하든지 원하지 않든지, 그들에게 진실을 말한다. 당신은 감정적인 문제를 가진데다가 심각한 뇌 문제까지 가지고 있다. 당신은 왜곡되고 꼬인 방식으로 생각한다. 물론 당신만 그런 것은 아니다. 모든 사람이 다 그렇다. 엉망진창이 된 당신의 생각에 대한 나의 주장을 증명하기 위해 세 가지 증거를 제시하도록 하겠다.

첫째, 나는 내 마음 속에서 진실을 왜곡한다. 아마 이것은 그리 충격적으로 다가오지 않을 것이다. 바로 며칠 전 있었던 가족회의에서 내 아내 샌디는 내가 너무 많은 시간 일을 하며, 그녀와 아이들에게 소홀

한 것 같다고 말하였다. 나는 그녀가 잘못 생각하고 있다고 확신했기에, 10분 동안 내가 어떻게 일과 가정생활 사이에 균형을 잡고 있는지 설명하였다. 그러자 샌디는 아이들에게 그들의 생각을 나에게 말하라고 하였다. 아이들은 둘 다 내가 너무 일에만 빠져 있다고 했다. 몇 분 동안 더 방어전을 펴긴 했지만 결국 난 내가 진실을 왜곡해왔다는 것을 인정해야만 했다.

둘째, 나는 사실을 왜곡하지 않는 사람을 한 번도 만나본 적이 없다. 이건 전 세계적인 문제이다. 의뢰인들에게 자신의 생각을 진단하도록 했을 때 "와, 정말 다행이네요. 모든 것이 괜찮군요. 내 생각들은 마치 바람에 날려 쌓인 눈처럼 깨끗하네요"라고 말할 사람은 없다. 그들은 생각의 문제가 감정적 문제를 불러온다는 것을 발견하게 된다.

셋째, 이 중에 가장 확실한 증거는 성경에 있다. 성경은 우리 마음이 악하며 진실을 왜곡한다고 말씀한다. 예레미야 17:9을 읽고, 성경에서 당신의 생각에 대해 무엇이라고 말씀하고 있는지 알기 바란다. "만물보다 거짓되고 심히 부패한 것은 마음(정신)이라 누가 능히 이를 알리요마는."

이것이 모든 것을 요약하고 있다. 우리의 정신은 거짓되고 부패하며 거짓으로 가득 차 있다. 예레미야 17:9에 이르는 동안, 우린 성경에서 많은 동지들을 만나게 된다. 성경 인물들과 그들이 믿었던 거짓말들에 관한 짧은 목록을 살펴보자.

아담과 이브: 우린 하나님과 같이 될 거야. 우린 지혜롭게 될 수 있고, 죄를 지어도 그것으로부터 벗어날 수 있어.

아브라함과 사라: 하나님은 믿을 수 없어. 우린 아이를 갖지 못할 거야.

모세: 난 가치가 없어. 똑똑하지도 않아. 말도 잘 못해. 난 하나님의 백성을 이끌 수 없어.

다윗: 밧세바와 간음해도 괜찮을 거야. 별 일없을 걸.

요나: 하나님으로부터 도망하고 불순종하면서 내 맘대로 살 수 있어. 모든 게 다 괜찮을 거야.

바울(구원 받기 전): 난 이 기독교인들을 박해함으로써 하나님을 기쁘게 하고 있어.

죄악된 본성은 우리의 정신을 포함한 모든 영역에 영향을 끼친다. 만일 인간의 부패한 정신 상태와 그 결과로 나타나는 죄악된 행동에 대해 자세한 묘사가 필요하다면, 로마서 1:18-3:20을 읽어 보기 바란다. 그리스도를 믿은 이후에도 죄악된 본성이 남아 있기 때문에 우리는 계속해서 생각의 문제를 갖는다. 예수 그리스도께 가까이 자라가는 성화(聖化)의 과정 중 필수적인 부분이 우리의 정신을 바꾸는 것이다. 새로워진 정신은 감정적, 영적, 관계적 건강을 가져올 것이다.

생각에 대한 3가지 사실

1. 생각은 당신이 사는 방식을 결정한다

당신이 어떻게 생각하는가가 곧 당신이 누구인가를 나타낸다. "대저 그 마음의 생각이 어떠하면 그 위인도 그러한즉"(잠 23:7). 당신의 생각이 당신의 감정적 반응, 당신의 행동, 생활 방식, 당신이 맺고 있는 관계의 질을 결정한다.

2. 생각은 변화의 열쇠이다

건강해지려면, 당신이 사는 방식을 변화시키려면, 감정적으로 영적으로 성장하려면, 그리고 더욱 예수 그리스도와 같아지려면 당신의 생각을 바꿔야만 한다. 로마서 12:1-2에서 하나님은 우리 마음에 어떤 일이 일어나야 하는지를 분명히 밝혀 주신다. "그러므로 형제들아 내가 하나님의 모든 자비하심으로 너희를 권하노니 너희 몸을 하나님이 기뻐하시는 거룩한 산 제물로 드리라 이는 너희가 드릴 영적 예배니라 너희는 이 세대를 본받지 말고 오직 마음을 새롭게 함으로 변화를 받아 하나님의 선하시고 기뻐하시고 온전하신 뜻이 무엇인지 분별하도록 하라."

3. 사람은 각각 독특한 방식으로 진실을 왜곡한다

당신의 마음을 새롭게 하는 비결은 당신이 진실을 왜곡하는 방식을 찾아내는 것이다. 당신이 믿는 거짓말들, 난 이것을 '마음 속 거짓말들'이라 부른다. 이것이 감정 문제의 뿌리가 된다. 이 거짓말들을 밝혀내고 정정하는 것은 감정적, 영적 온전함에 이르는 큰 발걸음이 될 것이다. 당신이 갖고 있는 모든 생각이 왜곡된 것은 아니다. 뿌리를 뽑아내고 바꾸어야 하는 것은 바로 아주 깊이 박혀 있는 마음 속 거짓말들이다. 사탄은 당신을 무능력하게 만들고 파멸시키기 위해 당신의 거짓말들을 사용한다. 하나님께서는 당신이 이 거짓말들을 믿는 것을 멈추고 진실을 믿는 것을 시작하길 원하신다. 진리를 아는 것이 당신을 자유케

할 것이다(요 8:32).

마음 속 거짓말

'마음 속 거짓말'이란 무엇일까? 그것은 어린 시절에 생겨나 굳어져 버린 부정확한 생각들을 말하는 것으로서, 이것은 고통을 이겨내며 개인적인 필요를 충족시키기 위해 사용되는 생활 방식을 결정한다.

1. 굳어져버린 부정확한 생각

굳어져버린 부정확한 생각은 그리스도와의 관계가 시작되기 훨씬 이전에 형성되었다. 이 생각들은 사실이 아니다. 거짓말이다. 대부분이 무의식적이며, 당신의 인지 영역 밖에서 작동한다. 그것들은 덩어리나 집단으로 존재하며, 당신 속에 있는 옛 본성에 고착되어 있다.

2. 어린 시절에 생겨난 거짓말

당신의 거짓말은 충족되지 않은 욕구(예를 들면, 사랑받고 존중받고자 하는 욕구)와 부모님의 훈육에서 기인한 결과로부터 생겼다. 예를 들어, 당신의 아버지가 당신에게 "넌 가치가 없다"는 메시지를 전달해 왔다면 당신은 선택의 여지가 없었기 때문에(당신은 그저 어린아이였을 뿐이다) 그 거짓말을 믿었을 것이다. 이에 동반되는 감정적인 상처가 그 거짓말에 엄청난 힘과 지속성을 부여한다. 당신이 성인이 된 후의 삶에도 말이다. 거짓말을 마음 속 거짓말로 만드는 것은 바로 감정적인 고통이다.

3. '마음 속 거짓말'의 방식

이제 4가지 일반적인 방식을 제시함으로써 이 모든 것이 어떻게 일어나는지 보여주도록 하겠다. 다음 중 당신에게 익숙하게 느껴지는 것이 있는지 살펴보길 바란다.

"난 가치가 없어"

- 부모의 훈육으로 인해 생긴 충족되지 않은 욕구
  부모가 엄격하며, 거절을 잘하고, 비판적이다.
  부모와 감정적으로 통하지 않는다.
  부모의 메시지 - "넌 가치가 없고, 사랑스럽지 않아."

- 마음 속 거짓말
  난 가치가 없고, 앞으로도 항상 그럴 거야.
  난 아무것도 해낼 수 없을 거야.
  난 누구에게도 사랑받지 못할 거야.
  화난 것을 표현해선 안 돼.

- 생활 방식
  우울하다.
  가치 없음을 확인하기 위해 부정적인 것들에 집중한다.
  관심을 끌기 위해 실패를 이용한다.
  자존감이 낮다.

"난 아무리 해도 부족해"
- 부모의 훈육으로 인해 생긴 충족되지 않은 욕구
  부모가 요구가 많고 완벽주의자이다.
  부모가 엄격하게 통제하며 자유를 거의 주지 않는다.
  부모의 메시지- "넌 절대 그럴 만한 자격이 없어."

- 마음 속 거짓말
  난 삶의 모든 영역에서 완벽해야만 해.
  만약 내가 완벽하다면, 사랑받게 될 거야.
  난 반드시, 언제나, 모든 것에 있어서 정확해야만 하고, 성실해야 하며, 정돈되고 신뢰를 줄 수 있어야 해.
  모든 것, 특히 내 감정을 통제해야만 해.

- 생활 방식
  완벽주의자, 집착 혹은 강박감에 사로잡혀 있고 고민이 많다.
  스트레스, 고민, 긴장, 걱정
  긴장을 풀고 쉴 수가 없다.
  일 중독자
  스트레스성 질병(피부병, 만성 피로, 편두통 등)이 있다.

'내 잘못이야'
- 부모의 훈육으로 인해 생긴 충족되지 않은 욕구
  가정이 혼란스럽고 복잡하다.

부모가 예측 불가능하며 계속해서 다툰다.
부모가 중독자이다.
부모가 정신적으로 불안정하다.
부모의 메시지-"우리 문제는 다 너 때문이야."

• 마음 속 거짓말
난 모든 사람을 그들의 고통으로부터 구해야만 해.
인간관계에서 일어나는 문제는 다 나 때문이야.
내가 정말 열심히 노력하면 다른 사람을 변화시킬 수 있을 거야.
내 감정이나 생각을 표현했다간 내가 구하려는 사람들을 소외시킬 수도 있으니까 표현해선 안 돼.

• 생활 방식
난 나에게 의지하고 있는 사람들의 구조자이다.
난 다른 사람들을 구하기 위한 노력으로 그들의 필요에 초점을 맞춘다.
잘못된 대접을 받아도 참는다.
인간관계에 있어서 친밀감을 형성하지 못한다.
난 '과제'와 결혼했다.

"난 스스로 생각할 수가 없어"
• 부모의 훈육으로 인해 생긴 충족되지 않은 욕구
부모가 지배적이고 통제를 많이 한다.

부모가 아이들에 대한 모든 결정을 한다.
부모가 사랑을 거의 주지 않으며, 감정을 잘 표현하지 않는다.
부모의 메시지– "넌 네 스스로 생각할 수 없어."

- 마음 속 거짓말

난 모든 사람에게 사랑받고 존중받아야만 해.
거절당하거나 싸우는 건 참을 수가 없어.
혼자서 결정을 내릴 수가 없어.
내 감정과 생각을 솔직하게 표현했다가 다른 사람들이 찬성하지 않을지도 모르니까 표현해선 안 돼.

- 생활 방식

나는 날 돌봐주는 사람을 기쁘게 해주는 사람이다.
다른 사람들이 표현하는 생각이나 의견에 항상 동의한다.
수동적이거나 내 주장이 없다.
거절당하는 것이 두렵다.
나만의 중독증이 있다.

어떻게 작동하는 것인지 알겠는가? 어린 시절의 고통(부모님의 훈육으로 인해 생긴 충족되지 않은 욕구)이 생활 방식에 영향을 주는 마음 속 거짓말에 이르게 한다. 아마 눈치챘겠지만, 각 방식에 있는 마음 속 거짓말 중 하나는 '감정을 표현하지 않는 것'과 연관되어 있다. 당신의 마음 속 거짓말의 힘을 완전히 빼앗아 버리기 위해서는 건강한 방법으로 감정을 표현하는 것이 필요하다. 이것에 대해서는 앞으로 더 자세히 생각해보도록 하겠다.

이것은 왜곡된 생각의 네 가지 방식에 불과하다. 수백 개, 수천 개의 방식이 더 있다. 한 사람, 한 사람이 자신만의 독특하고 특이한 마음 속 거짓말 덩어리를 갖고 있는 것이다.

뇌의 재구성

당신의 부정적이고 부정확하며 비이성적인 마음 속 거짓말들은 당신의 뇌 깊숙이 새겨져 있다. 그것들은 당신이 살아오는 내내 그 자리에 존재해 왔으며 가동되고 있었다. 그렇기 때문에 그것들을 몰아내려면 많은 시간과 노력, 올바른 전략이 필요하다.

소위 전문가라고 하는 몇몇 사람들은 습관을 바꾸려면 30일이 걸린다고 말한다. 헛소리다! 도대체 이런 농담을 하는 사람들은 누구인가? 완전히 동화 속 나라에서나 있는 이야기다. 당신의 뇌를 재정비하기 위해서는 적어도 3-6개월이 걸릴 것이다. 그러나 당신은 하나님의 도우심으로 그것을 해낼 수 있다.

당신은 당신의 마음 속 거짓말들을 분별해내고 그것들을 마음 속 진실로 바꾸어야 한다. 마음 속 진실이란, 정확한 자아상에 기초하여 굳어진 올바른 생각들로서, 이것은 하나님을 섬기며 영광스럽게 하는데 쓰일 생활 방식을 결정하게 된다.

에베소서 4:17-24은 이 과정에 대한 아름답고 힘 있는 묘사를 하고 있다. 첫째, 우리에게 거짓과 사기와 어두워진 총명과 파괴적인 행동으로 가득 찬 옛 사람을 벗어버리라고 말씀한다. 둘째, 심령으로 새롭게 되어 의와 진리와 건강한 행동을 가진 새 사람을 입으라고 말씀하신다.

그렇다! 내가 말하고 있는 것이 바로 이것이다! 다음의 몇 장에 걸쳐 우리가 배울 것이 바로 이것이다. 우리는 마음 속 거짓말을 제하여 버림으로써 우리의 옛 자아를 벗어 버릴 것이다. 하나님의 마음 속 진실을 받아들임으로써 새로운 자아를 만들어 나갈 것이다.

마음 들여다보기

❶ 살면서, 잘못된 생각으로 인해 잘못된 행동을 했던 때를 회상해 보세요. 이 이야기를 당신의 후원팀 구성원 중 적어도 한 명에게 이야기하세요.

❷ 4가지 마음 속 거짓말의 방식 중, 어느 것이 당신에게 해당되나요? 당신의 마음 속 거짓말은 무엇인가요?

❸ 후원팀 구성원들에게 당신의 마음 속 거짓말이 어떤 것이라고 생각하는지 물어보세요. 당신의 마음 속 거짓말들과 생활 방식, 어린 시절의 고통을 자세히 기록하세요.

❹ 에베소서 4:17-24을 세 번 읽고, 몇 분간 묵상하세요. 당신은 이제 당신을 속이고 있는 마음 속 거짓말들을 분별해내고 그것들을 진실로 바꾸는 작업을 해야 합니다. 분별해내는 작업이 쉽지 않을 것입니다. 마음 속 거짓말에 속고 살던 옛 사람을 벗어 버리고, 진실로 새롭게 만들어져가는 당신이 될 수 있도록 도와달라고 하나님께 기도하십시오.

"이제 나는 주님의 이름으로 여러분에게 강하게 권고합니다 믿지 않는 사람들이 생각하고 행동하는 것처럼 살지 마십시오 그들은 깨닫지 못하고 듣기도 거부하니, 알 수도 없습니다 그들에게는 하나님의 생명이 없습니다 그들은 부끄러워할 줄도 몰라서, 악한 일을 일삼고 점점 더 방탕한 생활 속으로 빠져들고 있습니다 그러나 여러분은 그리스도에 관해 그렇게 배우지 않았습니다 나는 여러분이 진정 그분의 말씀을 들었고, 또 배웠으므로 진리되신 그분 안에 살고 있다고 확신합니다 옛 모습을 벗어 버리십시오 옛 사람은 한없는 욕망으로 점점 더 눈이 어두워져 더 악하고 더러운 모습이 될 뿐입니다 여러분은 마음을 새롭게 하라는 가르침을 들었습니다 이제는 새 사람이 되어 하나님의 모습처럼 선하고 거룩하게 살아가십시오"

_에베소서 4:17-24, 쉬운 성경

Chapter 9

당신과 함께 살아가는 거짓말들

나의 우울증 의뢰인은 그녀의 자서전을 완성하였으며 그것과 관련된 12가지 질문에 답변하였다. 자신에게 쓴 편지와 그녀의 팀 구성원이 쓴 편지를 통해 그녀는 우울증이 가져오는 비싼 대가를 완전히 깨달았다.

이제 그녀의 부정적이고 비이성적인 생각들-마음 속 거짓말-이 그녀의 삶을 어떻게 통제하고 파멸시키는지를 보여줄 시간이 되었다. 나는 그녀에게 어린 시절에 배운 거짓말들이 아직도 완전 가동 상태로 작동하고 있다고 말했다. 그리고 그녀가 그것들을 분별해내어 반박하고, 하나님의 진실로 대체하는 법을 배울 때까지, 그것들은 계속 작동할 것이라고 알려주었다.

마음 속 거짓말 찾기

나는 그녀와 함께 그녀의 자서전을 다시 한 번 자세히 살펴보았다. 그녀는 자신의 마음 속 거짓말이 "난 가치가 없어"라는 것을 쉽게 찾아내었다. 그녀는 그 엄청난 거짓말을 완전히 믿고 있었다. 그것은 그녀의 머릿속에 몇 십 년 동안이나 자리잡고 있었다. 그것을 흔들어 느슨하게 풀어내는 작업은 쉽지 않았다. 나는 그녀에게 과제를 주었다. 집에 가서 주의 깊게 자신의 자서전을 탐독하고 그 속에 있는 마음 속 거짓말들을 찾아오라고 하였다. 또한 이 과제를 위하여 하나님(하나님의 지혜와 명철을 구하는 기도를 통해), 그녀의 남편과 책임 파트너에게 도움을 요청하도록 권유하였다.

비록 2주나 걸리긴 했지만, 그녀는 충실하게 마음 속 거짓말 목록을 작성해 왔다. 대부분의 거짓말들은 그녀의 자서전에서 바로 찾을 수 있었다. 어떤 것들은 하나님께서 그녀에게 은밀히 밝혀 주셨고, 또 어떤 것들은 그녀의 남편과 책임 파트너에 의해 찾은 것들이었다. 그녀의 마음 속 거짓말은 크게 다섯 개의 항목으로 나뉘었다.

"자아에 대하여"
- 난 절대 잘 할 수 없을 거야.
- 난 예쁘지 않아.
- 난 멍청해.
- 난 뭐 하나 잘하는 것이 없어.

"타인에 대하여"
- 난 절대 사랑받지 못해.
- 난 절대 남자를 믿을 수 없을 거야.
- 성관계는 더럽고 수치스러워.
- 난 좋은, 친밀한 친구 관계를 만들 수 없어.
- 다른 사람들은 나에 대해 부정적으로 생각해.
- 만약 남들이 나에 대한 진실을 안다면, 모두 날 거부할 거야.
- 난 남편이나 아이들 혹은 다른 누구와도 가까워질 수 없어.

"감정과 의견에 대하여"
- 다른 사람들에게 내 불편한 감정, 특히 화난 것을 숨겨야만 해.
- 내 의견을 나누어서는 절대 안 돼.
- 내 의견은 틀렸어.
- 항상 다른 사람들(성인)과의 다툼을 피하고 평화를 유지해야만 해.
- 아버지, 날 희롱했던 사람, 예전 남자 친구에 대해 화가 나고 상처 받았지만, 이런 감정을 표현해서는 안 돼.

"삶에 대하여"
- 위험을 무릅쓸 순 없어.
- 난 어떤 것도 성공할 수 없을 거야. 그러니 새로운 것을 시도해 보는 것은 의미가 없어.
- 난 평범한 것에 안주해야만 해.
- 인생에선 그저 안전이 제일이야!

"하나님께 대하여"
- 하나님은 내가 혼전 성관계를 갖고 낙태한 것 때문에 나에게 벌을 주고 계셔.
- 하나님은 날 사랑하시지 않아.
- 하나님은 날 그저 참아주고 계신 거야.
- 하나님은 나와 가까워지는 것을 원치 않으셔.
- 하나님은 그분을 섬기는데 날 사용하실 수 없고, 하려고 하시지도 않아.

그녀는 자신의 목록에 있는 마음 속 거짓말의 수에 놀랐다. 완벽한 목록은 아니었지만, 그녀의 거짓말들을 파악할 수 있는 훌륭한 작업이었다. "난 가치가 없어"라는 그녀의 큰 거짓말은 수년에 걸쳐 다른 많은 거짓말들로 가지를 쳐 나갔다. 우리는 그녀의 목록을 함께 연구하면서, 그녀가 아직도 이 거짓말을 모두 믿고 있다는 사실을 깨닫게 되었다. 각 거짓말들은 그녀의 우울증을 더욱 강화시키는 역할을 하고 있었다.

어린아이 같은 생각

나는 그녀에게 "당신은 아직도 어린아이처럼 생각하는군요"라고 말하였다. 그녀는 모욕감을 느꼈고 내가 무슨 소리를 하는 것인지 알고 싶어 했다.

예를 들어, 다섯 살 때 그녀의 아버지가 그녀에게 절대 잘 할 수 없다고 가르쳤다고 하자. 그녀가 성인이 되어서도 이 거짓말을 믿고 있다면, 그녀는 마치 다섯 살 어린아이처럼 생각하고 있는 것이다. 다섯 살아이는 "아빠의 말씀이 맞을 거야"라고 생각할 수 있지만, 30대나 40대(혹은 50, 60, 70대)의 성인이라면 그것을 부인할 수 있을 것이다. 하지만 너무 늦었다. 다섯 살 때 배운 거짓말은 이미 당신 안에 단단하게 자리를 잡았고, 영원히 혹은 그 거짓말을 분별해내고 극복할 때까지 당신을 따라다닐 것이다.

거짓의 아비는 지금 활동 중!

영적 전쟁은 실제이다. 엄연한 현실이다. 에베소서 6:11-12을 보면, 사탄과 악한 세력들이 우리 삶의 적이라는 것을 확실하게 알 수 있다. "마귀의 간계를 능히 대적하기 위하여 하나님의 전신갑주를 입으라 우리의 씨름은 혈과 육을 상대하는 것이 아니요 통치자들과 권세들과 이 어두움의 세상 주관자들과 하늘에 있는 악의 영들을 상대함이라."

베드로전서 5:8을 보자. "근신하라 깨어라 너희 대적 마귀가 우는 사자 같이 두루 다니며 삼킬 자를 찾나니."

사탄이 누구를 삼키고 싶어 할지 맞춰 보라. 그렇다. 바로 당신이다. 당신의 사진과 신상 명세가 지옥의 게시판에 붙어 있다. 사탄은 당신을 파멸시키기 위해 모든 계략을 쓰며(고후 2:11), 불화살을 던질 것이다(엡 6:16). 장난치려는 것이 아니다. 정말로 사탄은 당신과 당신이 소중하게 생각하는 모든 것을 산산조각내어 찢어버리려 한다.

그녀가 나에게 물었다. "사탄이 어떤 방법으로 절 삼킬 거라고 생각하세요?"

나는 그녀에게 말했다. "사탄은 이미 당신의 우울증을 가지고 당신을 집어삼키는데 딱 적당한 일을 하고 있어요. 그의 주요 병기는 당신이 믿고 있는 거짓말들입니다. 당신이 그 거짓말을 사실이라고 믿는 것을 보니 사탄의 계략이 아주 성공적이었다고 보여지네요."

남자와 여자의 창조(창 3:1-13) 이래로 사탄은 계속 거짓말을 해 왔다. 사탄의 일은 세상을 속이는 것이다(계 12:9). 예수님께서는 사탄을 "거짓말쟁이요, 거짓의 아비"라고 부르셨다(요 8:44).

나는 내 의뢰인에게 사탄은 그녀의 생각 속에 있는 거짓말을 알고 있으며, 이 거짓말들을 부추기고 지원하기 위해서 하루도 빼놓지 않고 매일 초과근무를 한다고 말해 주었다. 아담과 하와에게 그랬듯이, 사탄은 자신의 거짓말을 꾸며서 그것을 우리에게 속삭이는데 능수능란하다. 거짓말에 대항하는 싸움은 감정적인 전쟁이자 영적인 전쟁이다. 나는 그녀에게 거짓말과 싸우면서 동시에 감정적이고 영적인 건강에 있어서 앞으로 나아가기 위해, 먼저 그녀의 거짓말들을 어떻게 분별해내는지를 알아야 한다고 말했다.

거짓말에 맞서기

분별의 첫 번째 방법은 '말'로 맞서는 것이다. 나는 그녀에게 현재의 고통스러운 사건들에 대해 말해 달라고 했다. 나의 할 일은 그녀가 믿고 있는 거짓말과 그것의 부정적인 영향을 짚어내는 것이었다. 이 일은 그녀의 남편과 책임 파트너에게도 똑같이 부탁하도록 하였다. 이제 그녀는 자신의 거짓말을 분별해낼 수 있게 될 것이며, 그 거짓말들이 어떻게 자신의 삶을 망치고 있는지를 분명히 알게 될 것이다.

다음은 내가 그녀와 나눈 대화의 몇 가지 예이다.

"난 예쁘지 않아"

의뢰인: 이틀 전에 학부모 면담을 하러 학교에 갔었어요. 세상에나! 안으로 들어갔는데, 정말 거기에 있는 모든 여자들이 하나같이 너무나 멋진 거예요. 날씬하고, 매력적인데다가 화장도 끝내 주고, 멋들어진 옷에다가, 헤어스타일까지 완벽했지요. 순간 제가 너무 초라하게 느껴졌어요. 머리는 엉망진창에, 배와 허벅지에 붙은 살들, 구겨진 블라우스와 치마를 입은 늙고 피곤해 보이는 아줌마…. 제가 그들의 반만큼이라도 매력적이라면 얼마나 좋을까요.

나: 당신은 지금 막 두 가지 거짓말을 했어요. 하나는, 정말 모든 여자들이 한 사람도 빠짐없이 그처럼 매력적인 여자였을까요? 뭐, 미스 아메리카라도 뽑는 자리였나요? 그렇지만 두 번째 거짓말이 더 커요. "난 예쁘지 않다"는 것이지요. 그리고 그냥 예쁘지 않은 것이 아니에요. 당신은 자신이 너무 못생겼다고 믿고 있어요. 자, 이 두 번째 거짓말이 당신의 자아상과 생각의 틀에 어떤 영향을 미치나요?

의뢰인: 글쎄요. 그날 저녁과 그 다음날까지 내가 너무 못생기고 열등한 것 같았어요. 물론 우울하기도 했고요.

나: 못생기고 우울하다. 그것이 "난 예쁘지 않아"라는 거짓말이 당신에게 하는 일입니다.

"난 멍청해"

의뢰인: 일전에 직장에서 일어난 일을 아마 믿을 수 없으실 거예요. 제 상사가 저에게 세 가지 업무를 지시했어요. 그 중 두 가지는 했는데 세 번째 것을 잊어버렸지요. 직원 회의 중에 그가 세 번째 것에 대해 물어보았어요. 그때 전 책상 밑으로 기어들어가고 싶었지요. 너무 굴욕스럽고 창피했어요. 전 너무 멍청해요. 어떻게 그걸 잊어버릴 수가 있죠?

나: 휴우, 거기서 좀 멈추는 게 좋겠군요. 당신의 거짓말들을 다 따라잡느라 좀 힘이 드네요. 중심적인 거짓말은 "난 멍청해"라는 생각이에요. 그리고 다른 거짓말들도 있어요.
✓ 당신의 상사가 화나고 실망했다.
✓ 당신의 상사는 당신을 도무지 믿을 수가 없는 바보라고 생각한다.
✓ 당신은 무능하다.

이 거짓말들이 당신에게 어떤 영향을 끼쳤죠?

의뢰인: 이틀 동안 정말 우울했었어요. 보통 때보다 더 심했지요. 게다가 그런 제 모습이 사무실 직원들 앞에서 안 좋게 보여서 직장을 잃게 될까 걱정했어요.

나: 그것 참 흥미롭군요, 그렇지 않나요? 당신은 스스로를 우울하게 만들고 당신의 업무에 대해 겁먹는 일에 아주 선수시네요. 그리고 이

모든 것은 한 묶음의 거짓말에 근거한 것이고요. 당신의 생각이 모든 위기 상황들을 꾸며낸 거예요. 사탄의 도움을 받아서 말이지요.

"난 친한 친구를 사귈 수 없어"

의뢰인: 교회의 구역 모임에 참석했는데, 별로 좋지 않았어요. 늦게 도착해서는 간식 테이블 옆을 서성이고 있었지요. 몇몇 분이 와서 나에게 이야기를 건넸지만, 내게서 별 재미를 느끼지 못했던 것 같아요. 난 그들이 했던 게임에도 참가하지 않았고 소모임에서도 별 말을 하지 않았어요. 성경공부 모임에 등록하지도 않았고요. 사람들이 별로 절 좋아하지 않는 것 같아요. 노력하고 또 노력했지만 전 가까운 친구를 사귈 수가 없나 봐요.

나: 이 이야기에도 역시 거짓말이 가득하군요.

- ✓ 당신은 별로 재미있는 사람이 아니다.
- ✓ 당신은 별로 호감이 가지 않는다.
- ✓ 당신은 노력하고 또 노력한다.
- ✓ 당신은 이 앞의 3가지 거짓말을 토대로, 친한 친구를 사귈 수 없다고 결론지었다.

이 파티에서의 나쁜 경험 때문에 당신이 어떤 기분을 느꼈는지 궁금하군요.

의뢰인: 별로 가치없고 존재감없는 사람 같았어요. 친구를 만들 수도 없을 것 같고…, 우울했어요. 당분간 어떤 모임에도 가고 싶지 않아요.

나: 참 잘했어요. 당신은 완벽한 실패를 계획했고, 그것을 잘 이루어 내셨네요. 당신의 거짓말은 당신이 실제로 친구를 만들 수 없도록 확실히 못 박았군요.

'내 불편한 감정, 특히 화난 것을 속여야만 해'

의뢰인: 제 남편은 중요한 집안일이 있을 때 절 도와주려 하지 않았어요. 더 나쁜 건, 저에게 비판을 했다는 것이죠. 전 정말 상처를 받았어요. 하지만 말해봤자 좋을 게 없기 때문에 남편에게 말하지 않았어요. 말하면, 상황만 더 나빠질 뿐이에요. 전 제가 평화를 지키는 사람이라고 생각해요. 게다가 제 남편은 착한 사람이고, 아마 의도적으로 그렇게 말한 것은 절대 아닐 거예요.

나: 상처받았다고요? 그건 진실의 일부분일 뿐인데요. 당신은 화가 났지만 그것을 받아들이거나 표현하지 않았던 거예요. 당신은 남편한테 교묘한 방법으로 정직하게 말하지 않았어요. 이 꼬리를 무는 거짓말을 들어 보세요.

✓ 난 그저 상처받았을 뿐이다.
✓ 내 감정을 말하는 것은 도움이 되지 않을 것이다.

✓ 마찰을 다룰 수가 없다.
✓ 정직한 것이 상황을 더 나쁘게 만들 것이다.
✓ 난 평화를 지키는 사람이다.

이 거짓말들이 당신과 남편의 관계에 어떤 영향을 끼쳤지요?

의뢰인: 그날 내내 끔찍한 기분이었어요. 축 처지고, 우울하고, 슬펐죠. 아이들에게 집을 어질렀다고 소리질렀어요. 그날 밤, 남편이 부부관계를 갖자고 했지만 피했어요. 두통이 있다고 했지요. 그건 또 하나의 거짓말이었어요.

나: 당신이 화난 것을 속이는 행위는 당신과 당신이 사랑하는 사람과 직접적으로 연결이 돼요. 당신은 침체에 빠져 그것을 자녀와 남편에게 쏟아 부었어요. 당신은 화날 때 그것을 표현하면 끔찍한 일이 일어날 거라고 생각하고 있지만, 사실은 당신이 그것을 표현하지 않아서 끔찍한 일들이 일어나는 거랍니다.

이 거짓말은 대부분 쉽게 발견해낼 수 있다. 이것들을 종이에 적어 놓으면 명백히 보인다. 하지만 그녀에게는 그것이 그리 쉽지 않았다. 그녀는 이 거짓말들이 진실이라고 믿고 있었으며 그녀의 일생을 이 거짓말들과 함께 살아왔던 것이다. 그녀의 거짓말들은 30년 이상 계속해서 인생의 동반자로 그녀와 함께해왔다. 이 거짓말들을 나와 그녀의 남편, 책임 파트너에게 큰 소리로 말하게 하는 것은 그 거짓말들을 죽이는데 있어서 필수적인 첫 번째 단계이다. 그녀의 거짓말들이 그녀의 머릿속에만 들어 있고, 그녀(와 사탄) 외에 아무도 모를 때에는 막강한 힘을 갖는다. 하지만 그녀가 자신의 거짓말들을 큰 소리로 말해 버리면 그것들은 노출되어 약해지고 만다.

3단표

자신의 거짓말들에 말로써 대항한 지 몇 주 후, 그녀는 그것을 글로 써 내려갈 준비가 되었다. 나는 그녀에게 그녀의 거짓말을 종이에 적는 것은 그 거짓말들을 더욱 노출시키고 약하게 만들 것이라 말해 주었다. 기록함으로써 자신의 거짓말들을 분별해내고, 그것이 자신의 삶에 끼치는 파괴적인 영향을 알아내는 것이 자신에게 달려 있음을 느끼게 되는 것이다. 그녀는 거짓말을 기록함으로써 자신의 감정 치유에 있어서 주도적인 역할을 담당하게 되었다.

나는 다음과 같이 기록하는 방법을 "3단표"라고 부른다. 스프링 노트를 한 권 사서, 각 장을 3단으로 나누고, 각 단의 맨 윗줄에 다음과 같은 제목을 붙인다.

- **어떤 일이 있었나?** 사건의 개요를 간략하게 적는다.
- **어떤 생각과 기분이 들었나?** 일어났던 일에 대한 당신의 생각들을 적는다. 그것이 당신에게 어떤 의미가 있는가? 여기에서 당신의 거짓말들이 드러날 것이다. 그 사건에 대한 당신의 감정적 반응을 적어라.
- **어떤 결과가 나타났는가?** 당신은 무엇을 했는가? 무슨 말을 했나?

그 사건이 당신에게 끼친 영향은 무엇인가?

당신이 어느 곳을 가던지 그 노트를 가지고 다니도록 하라. 고통스럽거나 곤란한 사건이 생기면 가능한 한 빨리 노트를 꺼내어 기록하라. 사건에 대한 기억이 생생할 때 확실하게 기록하는 것이 중요하다. 그 후에 당신의 후원팀 구성원 중 한 사람과 함께 앉아서 그 사건에 대해 당신이 기록한 것을 읽어보라. 되도록이면 일이 일어난 당일에 나누도록 하고 적어도 이틀 안에 하는 것이 좋다. 만일 개인적으로 함께 마주 앉아서 읽을 형편이 되지 않는다면 전화를 이용해도 좋다.

3단표를 이용하여 기록하고 말하는 접근법을 통해, 당신의 거짓말을 발견하고 그 거짓말이 당신의 인생을 얼마나 망치고 있는지를 분명하게 발견할 수 있는 능력이 키워질 것이다. 기록함으로써 치유의 주도권을 당신이 갖게 된다. 이야기를 함으로써 당신은 당신을 사랑하며 당신에 대해 진실을 말해 주는 사람으로부터 피드백을 얻을 수 있다. 만일 당신이 당신의 거짓말과 그 영향을 잘 분별해냈다면, 그들은 당신에게 잘했다고 말할 것이다. 만일 당신이 거짓말을 놓치거나 그 효과를 과소평가했다면, 그들은 잘못된 부분을 당신에게 말해 줄 것이다. *3단표는 뒤에 부록으로 예시되어 있습니다.(편집자 주)

이제 감이 좀 잡히는가? 나의 우울증 의뢰인은 진료 시간 중에 먼저 그녀의 거짓말들을 대했기 때문에 3단표 기록 방법을 사용할 때 그녀의 거짓말을 더 잘 잡아낼 수가 있었다. 그녀는 이 두 사건을 나와 남편,

책임 파트너에게 읽어 주었으며, 이 시간들을 통해 자신의 거짓말과 감정을 더욱 충분하게 표현하게 되었다. 그녀는 자신의 거짓말을 스스로 알아내는 단계에 접어들고 있었다. 그녀는 이 거짓말들의 엄청난 영향력을 점점 더 깨달아 가고 있었다.

이제 그녀는 그녀의 거짓말과 사탄에 대한 전쟁의 다음 단계로 넘어갈 준비가 되었다. 이제 그녀가 어떻게 공격적으로 그녀의 거짓말들에 도전하며 그것을 진실, 즉 하나님의 진실로 바꿔나갈 수 있는지를 배울 시간이 된 것이다.

마음 들여다보기

❶ 당신의 자서전을 주의 깊게 연구하고, 그 안에 들어 있는 마음 속 거짓말들을 모두 찾아 적어 보세요. 하나님과 후원팀 구성원들에게 도움을 청하세요.

❷ 사탄이 당신의 최고의 적이라는 것을 믿나요? 그가 당신을 파멸시키기 위해 당신의 거짓말들을 어떻게 이용하고 있는지 깨달았나요? 하나님께 사탄을 이기기 위한 능력과 통찰력을 주시도록 기도하세요.

❸ 일주일 동안, 당신의 배우자나 책임 파트너와 함께 당신의 거짓말에 대항하는 전략을 시도해 보세요. 후원팀과 함께 고통스러운 사건에 대해 이야기하고, 당신의 거짓말을 분별해내는 것을 도와달라고 부탁하세요.

❹ 일주일 혹은 이주일 동안, 3단표 방법을 이용하여 당신의 거짓말과 그것들이 당신의 삶에 끼치는 파괴적인 힘을 노출시켜보세요. 어두움은 노출될수록 힘을 잃게 마련입니다. 각 사건에 대해 3단표를 작성하고 당신의 생각을 후원팀 구성원들과 나누세요. 어둠 속에 감춰졌던 거짓들이 밝히 드러날 수 있도록, 빛 되시는 하나님께 기도하며 나아가십시오.

Chapter 10

정확하게, 성경적으로 생각하라!

나는 손재주가 좋은 사람이 아니다. 특히 물건을 고치는 데는 도무지 소질이 없다. 집의 개량 공사 중 내가 할 수 있는 일이라고는 전구를 갈아 끼우는 것뿐이다. 그에 반해 내 아내 샌디는 손으로 하는 일은 무엇이든지 잘한다. 내가 무언가 일을 좀 해보려다가도 결국엔 연장을 집어던지며 언제나 그렇듯 큰 소리로 샌디를 부르면 그녀가 나타나 일을 마무리한다. 이것이 얼마나 창피한 일인지 아는가?

얼마 전, 아들 윌리엄이 뒤뜰에서 친구들인 헌터, 데일린과 함께 놀고 있었다. 아들이 안으로 들어오더니, "아빠, 데일린 자전거 체인이 빠졌어요. 고쳐 주실 수 있나요?"라고 묻는 것이었다. 자전거 체인을 고쳐달라고 도움을 요청받은 충격으로부터 회복되자마자 부정적이며 부정확한 생각들이 내 머릿속에서 꼬리를 물고 떠오르기 시작했다. '난 그 자전거를 고칠 수 없어. 괜히 시도해 봤자 시간 낭비일 뿐이야. 아들 친구들 앞에서 망신만 당할 거야. 체인을 망가뜨리고 결국 그것을 물어 주어야 할 걸.'

난 윌리엄을 밖으로 내보내고 샌디에게 말했다. "세상에, 우리 아들이 제정신일까? 난 살면서 자전거 체인을 고쳐본 적이 단 한 번도 없어요. 살면서 뭘 고쳐본 적이 없다고."

아내는 조용히 날 바라보더니 이렇게 말했다. "한 번 해본다고 무슨 일이야 생기겠어요? 안 그래요?" 그 말에 정신이 번쩍 들었다. 난 내 생각이 거짓말이라는 것을 알아차렸다. 비열하고 어리석으며, 자신감을 무너뜨리는 거짓말. 난 연장을 몇 가지 꺼내면서 내 거짓말들에 반격했다.

- ✓ 어쩌면 내가 자전거를 고칠 수 있을지도 몰라. 빌립보서 4:13에 보면 예수 그리스도의 능력으로 난 무엇이든지 할 수 있다고 했잖아.
- ✓ 아니, 시간 낭비가 아니야. 윌리엄과 데일린은 결과에 상관없이 내 노력에 대해 감사할 거야. 난 그들에게 친절을 베푸는 거야.
- ✓ 당황하지 않을 거야. 내 가치는 자전거를 고치는 것과 상관없어. 게다가 애들은 크게 신경 쓰지 않을 거야. 애들의 주의력이란 고작 2분 밖에 안 되니깐.
- ✓ 체인을 망가뜨리진 않을 거야. 만약에 망가뜨린다 해도, 뭐 어때? 새

거 하나 사 준다고 해서 파산하는 것도 아니잖아.

이처럼 새롭고, 정확하며, 진실된 생각은 나에게 자신감과 의욕을 불어넣어 주었다. 난 밖으로 나가서는 아이들이 지켜보는 가운데, 문제점을 진단하였다. 체인이 동그란 무언가와 바퀴 덮개 사이에 꽉 끼어 있었다. 난 먼저 드라이버를 사용하여 그것을 빼내었다. 그리고 나서 조심스럽게 체인을 톱니바퀴 같은 곳에다가 차례로 끼워 넣었다. 내가 자전거를 고친 것이다!

존경! 성공! 승리!
아내가 감탄하며 전해준 쿠키 한 접시! 자전거 체인을 고칠 줄 아는 옆집 아저씨로의 지위 획득! 이 모든 것은 내가 자기 패배적인 거짓말들을 제하여 버리고, 긍정적이며 정확한 진실을 주입했기에 가능했던 것이다.

이 경험담은, 다음 단계인 "정확하고 건강하게 생각하기"에 도달하기 위해 당신이 해야만 하는 일의 작은 예가 될 수 있다. 첫 번째 단계에서는 당신의 거짓말을 분별해내고 그것이 당신의 삶에 끼치는 영향을 깨달았다. 이번 장의 초점이 되는 두 번째 단계에서는 당신의 거짓말을 과감하게 공격하며 그것들을 하나님의 진실로 교체해 나가게 될 것이다.

고린도후서 10:5에는 하나님께서 당신이 무엇을 하길 원하시는지에 대해 나와 있다. "모든 생각을 사로잡아 그리스도에게 복종하게 하니."

이 구절이 나와 있는 부분에서 바울은, 크리스천은 전쟁 중이라고 말한다. 전면적이면서도 맹렬한 살기 아니면 죽기의 영적 전쟁. 이 전쟁은 단지 거짓 선지자와 이단적인 신앙에 대한 것뿐만이 아니라, 사탄이 우리 마음에 던지는 모든 거짓말에 대한 것이기도 하다. 이 전쟁에서 승리하는 비결은 사탄의 거짓말을 거부하고 하나님의 진리를 믿는 것이다.

당신의 거짓말에 맞서 싸워라

나는 나의 의뢰인에게 이제 그녀가 거짓말들과 전쟁을 할 시간이라고 말하였다. 그녀의 거짓말들은 그녀의 마음 깊숙이 오랫동안 자리잡고 있었다. 그것들은 콘크리트처럼 단단해서 부수려면 공사용 해머와 같은 큰 망치가 필요했다.

그녀가 물었다. "어떻게 전쟁에 나아갈 수 있지요?" 나는 그녀에게 거짓말에 대해 전면적인 공격을 해야만 한다고 했다. 고상하거나 미지근한 방법으로는 그것들을 건드리지도 못할 것이다. 그녀는 자신의 거짓말들에 진저리나고 역겨우며 화가 나야만 한다. 나는 그녀에게 강하고 무례하며 비열하게, 신랄한 유머와 빈정거림과 비웃음을 통해 거짓말을 다루는 법을 알려 주고자 하였다.

"이 방법이 성경적인가요?" 그녀가 물었다.
"물론입니다." 내가 대답했다.

성경과의 게릴라 전투

성경의 중요한 주제 중 하나는 모든 형태의 죄악에 맞서서 그것을 하나님의 진리로 교체하는 것이다. 이 과정은 영적이고 감정적인 건강에 있어서 필수적이다. 내가 추천하는 것도 바로 이것이다. 당신의 거짓말은 죄이다. 따라서 당신은 하나님의 도우심을 받아 그것들과 맞서서 갈가리 찢어 버린 후에 하나님의 진리로 굳게 서기 위해 열심히 노력해야 한다.

예수님은 열정 그리고 분노를 가지고 거짓말에 맞서셨다. 마태복음 4:1-11은 예수님께서 광야에서 사탄의 거짓말과 책략을 쳐부수기 위해 성경 말씀을 어떻게 사용하셨는지를 보여준다. 마태복음 4:10에서 예수님은 "사단아 물러가라!"고 하셨다. 정말 화나고 공격적으로 들리지 않는가? 예수님은 사탄에게 떠나줄 것을 정중히 부탁하지 않으셨다. 주님은 "단호하며 격렬하게 물러가라"고 말씀하셨다.

마태복음 23:1-36에서, 예수님은 바리새인과 그들의 거짓말을 갈기갈기 찢어 놓으셨다. 이 부분의 성경 구절들은 성경 전체 중에서 가장 강하고 가장 잔인하며 냉소적인 단어들을 포함하고 있다. 주님은 당대에 존경받던 종교 지도자들을 공개적으로 꾸짖으셨다. 그들은 거짓말쟁이, 위선자였으며 주님은 그들에게 이 죄에 대해 말씀하셨다.

사도 바울 또한 거짓말에 대해 맹렬하게 성내며 반응하였다. 갈라디아서 2:11-21에서 바울은 베드로가 복음의 진리대로 살지 않는 것과 그의 위선에 대하여 정면으로 맞서고 있다. 바울의 대항은 직접적이며 솔직하고 효과적이었다.

전쟁 준비

나는 의뢰인의 거짓말들에 대해 강경하게 대했다. 나는 그녀가 자신의 거짓말들을 뼛속까지 물리치고 하나님의 진리를 뇌 속에 깊이 심게 되길 바랐다. 나는 그녀에게 남편과 책임 파트너를 그녀의 거짓말 소탕 작전에 참여시키도록 했다. 그들의 임무는, 그녀가 그들에게 사건을 보고하며 거짓말들을 표현할 때 이 거짓말들에 대해 접전을 치르는 것이었다. 궁극적인 목표는 그녀 스스로 '거짓말 제거'와 '진리 교체' 작업을 하도록 가르치는 데 있었다.

이런 종류의 전쟁이 성공하려면 세 가지 준비 단계가 필요하다.

첫째, 당신의 거짓말에 맞설 사람을 신중하게 선택해야 한다. 이들은 신중하며 믿을 수 있는 관계에 있는 사람들이어야 한다. 그 과정이 다소 어지러울 수 있기 때문에, 당신은 당신의 거짓말 소탕대원들이 당신을 사랑하며 당신의 유익을 위해서 이 일을 하고 있다는 것을 잊지 말아야 한다. 배우자와 책임 파트너가 좋은 후보이다.

둘째, 규칙적으로 하나님의 도우심을 구해야 한다. 기도하는 것을 멈추지 않도록 하라. 하나님은 당신의 기도를 들으실 것이다. 하나님의 도우심을 구하는 기도를 하면, 하나님이 그것을 당신에게 주실 것이다(마 18:19). 사탄에 대항해 싸우는 이 영적 전쟁에서 당신의 주요 무기 중 하나가 바로 기도이다. "모든 기도와 간구를 하되 항상 성령 안에서 기도하고"(엡 6:18).

혼자서 기도하라. 당신의 배우자와 함께 기도하라. 당신의 책임 파트너와 같이 기도하라. 하나님께서 사탄의 거짓말을 당신의 마음으로부터 몰아내고, 하늘 아버지의 진리로 채워주시는 일에 이 과정을 사용해 달라고 기도하라.

셋째, 규칙적으로 성경을 읽으라. 성경은 하나님의 진리의 주요 공급원이다. 성령의 검은 이 영적전쟁에 있어서 또 하나의 주요 무기이다 (엡 6:17). 하나님께서는 당신을 진리로 인도해 주실 것이다.

공격과 교체 과정

나의 의뢰인에게 어떤 방법으로 그녀의 거짓말들을 공격하며, 어떻게 하나님의 진실로 교체해 나가는지 보여줄 시간이 되었다. 9장에 나온 예를 사용하여 우리가 이것을 어떻게 했는지 보여주도록 하겠다.

✓ **의뢰인의 마음 속 거짓말: "난 예쁘지 않아."**

나: 만약 당신이 그 정도로 못생겼다면, 얼굴을 가리고 다녀야지요. 그래야 사람들을 놀라게 하지 않을 테니까 말이에요. 당신이 예쁘지 않다고 누가 가르쳤나요? 당신의 아버지였죠. 그렇죠? 당신이 매력적이라고 느끼도록 하는 것이 아버지의 할 일인데, 그는 그 역할을 날려버렸어요. 그는 어리석었고, 틀렸어요! 진실은, 당신이 매력적

이라는 것입니다. 당신의 남편은 당신이 아름답다고 생각해요, 그렇죠? 그가 거짓말쟁이인가요? 그게 아니면 당신이 아름다운 게 사실이겠지요. 하나님이 당신을 만드셨어요. 그리고 그분은 당신이 아름답다고 생각하세요. 시편 139:13-16을 읽고 묵상해 보세요.

✓ 의뢰인의 마음 속 거짓말: "난 멍청해."

나: 뭔가를 잊어버린다고 해서 당신이 멍청한 것은 아닙니다. 그것은 그저 당신이 뭔가를 잊었다는 것뿐이에요. 그게 다예요. 모든 사람은, 심지어 로켓 과학자나 노벨상을 탄 사람이라고 해도 때때로 잊어버려요. 고등학교를 졸업하셨나요? 그러셨군요. 그럼 대학은요? 그렇군요. 이 직업을 5년째 갖고 계신다고요? 그렇죠? 자녀들을 돌보고, 아이들 숙제를 도와주고, 식사 준비를 하고, 살림을 꾸려나가시나요? 맞지요? 당신처럼 멍청한 사람이 이 모든 일들을 어떻게 해낼 수 있는지 놀라울 따름이군요!

만약 내가 잘 몰랐다면, 당신이 똑똑하다고 말할 뻔했네요. 당신이 독심술이 있다니 참 인상적이군요. 당신의 상사가 생각하고 있는 것을 알 수 있잖아요! 아니요. 당신은 몰라요! 당신은 그저 추측하는 것이죠. 물론 당신의 추측은 모두가 부정적이고 비논리적이에요. 정말 놀라워요! 꼭 당신의 상사가 당신 면전에 대고 "당신은 너무 멍청해! 자격도 없고! 당신, 바보 아니오? 도대체가 당신을 믿을 수가 없소! 한 번만 더 실수하면 그땐 해고야!"라고 말한 것 같아요. 그는 입도 뻥긋하지 않는데 말이죠.

진실은, 당신은 가끔 실수를 하지만 영리하며 자격을 갖춘 사람이라는 것입니다. 하나님은 당신에게 영적인 은사를 주셨으며, 따라서 그분은 당신이 그것을 주님의 나라를 위해 사용할 만큼 똑똑하다고 생각하시는 것이 명백합니다.

✓ 의뢰인의 마음 속 거짓말: "난 가까운 친구를 사귈 수 없어."
나: 자, 봅시다. 왜 당신이 모임에서 다른 사람들과 어울리지 않았는지 궁금하군요. 당신은 모임에 늦었어요. 게임도 하지 않았고요. 당신은 당신이 재미있는 사람이 아니라고 결정해 버렸어요. 성경공부 모임에도 등록하지 않았죠. 어떻게 된 것인지 알겠나요? 당신은 스스로를 고립시켜 버린 거예요. 거절당할까 봐 두려웠던 거죠. 거절당하는 것보다 친구를 사귈 수 없다는 거짓말 뒤에 숨어버리는 것이 더 안전하고 쉬우니까요.

물론 외롭고 비참하기도 하지만 어쨌든 그것이 당신의 선택입니다. 아마 당신 남편은 재미없는 여자들에게 끌리나 보네요. 하지만 다행이군요. 왜냐하면 사실 당신은 가까운 친구를 만들 수 있는 재미있는 사람이니까요. 당신 남편은 당신의 가까운 친구입니다. 당신의 책임 파트너 역시 가까운 친구이지요. 그들이 당신을 어떻게 생각하는지 물어보세요. 그리고 그것을 믿으세요.

하나님은 당신이 친구를 갖길 원하십니다. 하나님은 당신이 교회에서 다른 사람들과 함께하며 어려운 시간들을 통해 다른 사람들을 돕길 원하세요. 가까운 친구없이 어떻게 이런 일들을 할 수 있겠어요?

이제 그녀가 스스로 공격과 교체 과정을 연습할 차례가 되었다. 나는 그녀에게 그녀의 마음 속 거짓말 중 하나를 연구하고, 새로운 기술을 사용하여 그것을 분쇄하며 그것을 하나님의 진실로 교체하라고 하였다.

✓ **그녀의 마음 속 거짓말:** "나는 모든 불편한 감정들, 특히 화가 난 것을 숨겨야만 한다."

그녀의 반응: 전 그냥 상처받았을 뿐이라는 믿음 뒤에 숨어왔어요. 그러나 사실은 남편이 한 말 때문에 화가 났었어요. 그가 그것을 의도했던 것인지 아닌지는 중요하지 않아요. 난 화가 났었어요! 저는 제 자신을 평화 유지군이라 불러요. 참 고상하게 들리지요. 이게 거짓말이라니 참 안타깝네요. 난 겁쟁이에요. 다른 사람들이, 심지어 사랑하는 남편이 나를 짓밟고 지나가도 아무 말도 하지 않습니다! 난 내 감정들을 꾹 눌러놓고 우울한 상태로 지내요.

남편에게 아무 말도 하지 않음으로써 나는 그에게 거짓말을 하고 있는 거예요. 결국 난 남편과 아이들에게 분노와 우울함을 폭발함으로써 상처를 주고 말지요. 진실은, 내가 화가 났다는 것이며, 화를 내는 것은 괜찮다는 것입니다. 에베소서 말씀은 내가 다른 사람들에게 진실을 말할 필요가 있다고 알려줘요. "분을 내어도 죄를 짓지 말며 해가 지도록 분을 품지 말고 마귀에게 틈을 주지 말라"(엡 4:26-27).

그녀가 이처럼 공격과 교체 과정을 잘하게 되기까지는 약 한 달이 걸렸다. 그녀의 남편과 책임 파트너, 그리고 나는 몇 번이고 반복해서 그녀의 거짓말들에 이의를 제기하며 하나님의 진실을 반복해서 말해 주었다. 그리고 결국 그녀는 그것을 스스로 해낼 수 있게 되었다.

공격과 교체 과정의 기술을 더욱 굳건히 하기 위해서 나는 의뢰인에게 수정된 3단표를 사용하도록 하였는데, 이것은 3단표에다 한 단을 추가한 것이다. 추가된 단에는 "어떤 것이 사실이었나?" 하는 질문에 대한 답을 쓰는 것이다. 이것은 진실이 당사자의 새로운 마음에 더욱 확실하게 새겨지도록 도와준다. * 4단표는 뒤에 부록으로 예시되어 있습니다.(편집자 주)

4단표를 사용한 치유 과정을 통해 그녀는 자신의 거짓말을 거부하고 하나님의 진실로 바꿔 생각하기 시작하면서 더 건강해지고 더 강해졌다. 자신을 속이는 거짓말들이 그녀의 삶을 갉아먹는 것을 멈출 수 있게 되었다.

카드 일람표 만들기

목사님의 설교와 자신의 낙태에 대해서 그녀가 쓴, "어떤 것이 사실이었나?" 칸을 보면 그녀는 거기에 나오는 각 성경 구절을 카드에 하나씩 기록하였다. 구절 수가 많았기 때문에 카드를 앞뒤로 사용하였다.

사탄이 그녀의 낙태에 대한 거짓말을 가지고 그녀를 공격할 때면, 그녀는 바로 이 카드를 꺼내 읽으며 묵상함으로써 그 공격에 반격하였다. 그녀는 마태복음 4장에서 예수님이 사탄과 그의 거짓말에 대항해 싸우시기 위해 하셨던 것을 하고 있었다. 사탄은 그녀의 낙태에 관한 거짓말을 이용하여 수년 동안이나 그녀에게 죄책감과 우울함을 주었다. 아직도 계속 시도하지만 그녀는 하나님의 말씀으로 사탄과 그가 속삭이는 거짓말을 없애버릴 준비가 되었다.

그녀는 자신의 마음 속 모든 거짓말에 대해 성경 구절 카드를 만들었다. 지금은 필요한 구절들을 카드를 보지 않고도 머릿속에 떠올릴 수 있는 경지에 다다랐다. 공격과 교체 기술을 사용한 지 몇 달이 지나자, 그녀는 더욱 정확하게 성경적으로 생각하고 있었다. 시간이 흐를수록 그녀는 사건이 발생하는 순간에 그녀의 거짓말들을 물리치고 하나님의 진실을 주입할 수 있게 되었다. 항상 그런 것은 아니었지만 점점 그렇게 해 나갔다.

진실 교체 과정을 돕기 위해 당신의 특정한 마음 속 거짓말에 대응하는 "특정 성경 구절 목록"을 만들라. 이 구절들을 카드에 적어 늘 지니고 다니도록 하라. 자, 이제 마음 속 거짓말이 떠오르면, 카드 일람표를 찾아서 그 거짓말에 대한 성경 구절 카드를 꺼내라. 이것은 성령의 검을 유용하며 능력있게 사용하는 것이다(엡 6:17).

마음 들여다보기

❶ 먼저 고린도후서 10:5을 읽고 묵상하도록 합니다. 하나님께 "모든 생각을 사로잡아 그리스도에게 복종케" 할 수 있도록 도와달라고 기도하세요.

❷ 규칙적으로 기도하며 성경을 읽겠다고 약속하십시오. 아직 믿음이 작으면 작은 대로, 크면 큰 대로, 하나님과 당신의 관계가 어떻든지에 상관없이 지금 당장 시작하세요. 당신과 가까운 사람에게 이 두 가지 약속을 잘 지켜 행할 수 있도록 붙잡아 달라고 도움을 청하세요.

❸ 이 장을 거듭 읽으며, 거짓말들을 공격하는 법과 하나님의 진실로 교체하는 기술을 연습하세요.

❹ 2주일 동안 각 사건에 대해 4단표 작성하기를 연습하세요. 그런 후, 기록한 것을 당신의 후원팀 구성원들에게 들려주세요. 빠진 부분이나 추가해야 할 부분이 없는지 함께 이야기를 나눠보세요.

❺ 예수님께서 사탄을 말씀으로 물리치셨던 것처럼, 당신의 마음 속 거짓말을 부추기는 사탄의 속삭임을 물리칠 수 있는 말씀의 검(성경 구절 카드)을 준비하십시오.

순간 순간 '진실'과 '거짓'을 잘 분별해낼 수 있도록 늘 성경 말씀을 보고 기도하는 당신이 되기를 소원하세요. 그리고 하나님께서 원하시는 풍성하고 아름다운 삶을 누릴 수 있도록 혼자서도, 또 사랑하는 사람들과 함께 하나님의 위로와 평안을 구하는 기도를 멈추지 마십시오.

4단계: 건강한 방법으로 감정을 표출하라

Express Your Emotions
in a Healthy Way

Chapter 11

당신은 로봇이 아니다:
감정을 표현하라

생각을 바로잡음으로써 당신은 감정적 문제에서 많은 부분을 해결할 수 있게 될 것이다. 그러나 아직 해야 할 일이 더 있다. 그것은 당신의 감정을 건강한 방법으로 표출해내는 방법을 배우는 것이다.

생각하는 것과 감정은 서로 밀접하게 연관되어 있다. 따라서 치유 과정에 있어서 이 두 가지는 반드시 언급되어야 한다. 자라오면서 당신은 고통스럽고 충격적인 일들을 경험했을 것이다. 이 사건들을 경험하면서 왜곡된 사고와 상처입은 감정이 함께 뒤섞이게 되었다. 정서적으로 건강하기 위해서는 다음의 두 가지를 반드시 배워야만 한다.

· 정확하게, 성경적으로 생각하기
· 당신의 감정을 분별하여 건강한 방법으로 표현하기

심리 테스트

이제 간단한 '자기 인지 테스트'를 해보도록 하겠다. 심리학자들이 테스트를 좋아하는 이유는 그것을 통해 그 사람에 관한 중요한 정보를 알 수 있기 때문이다. 내가 하는 테스트는 단어 연상 테스트의 한 종류로 내가 한 단어나 문장을 말하면 당신의 머릿속에 처음으로 떠오르는 단어를 말하는 것이다.

- ✓ 나: 소년, 당신: 소녀
- ✓ 나: 과일, 당신: 바나나
- ✓ 나: 숨결, 당신: 입 냄새

이 테스트는 다음에 나오는 여섯 가지 문장에 기초하고 있다. 각 문장을 읽은 후, 10초 내지 15초 동안 눈을 감고 그 문장에 대한 당신 내부의 반응을 살핀다. 상상력을 동원하라. 마음이 가는 대로 내버려 두어라. 당신을 그 상황에 몰입시켜라. 그런 뒤에 눈을 뜨고 다음 문장으로 넘어가도록 하라.

- · 당신은 등교 첫 날 일학년 교실로 걸어 들어가고 있다.
- · 조금 전, 당신이 정말 좋아하는 사람이 자기는 당신을 좋아하지 않는다고 말했다.
- · 당신은 지금 막 결혼해서 신혼여행을 떠나려 하고 있다.
- · 조금 전, 당신이 사랑하는 사람이 불치병이라고 진단받았다.
- · 뉴멕시코의 갤럽에서 동쪽으로 50마일 떨어진 사막 한 가운데서

차가 고장 났다.
· 당신이 이 세상에서 가장 사랑하는 사람과 아무도 없는 바닷가에서 노을을 보고 있다.

우리는 감정적인 피조물이다

위의 여섯 가지 사건들은 감정을 유발한다. 이 간단한 테스트의 목적은, 우리가 감정적인 피조물이라는 것을 보여주는 것이다.

· 두려움
· 거절
· 분노
· 우울함
· 흥분
· 기쁨
· 사랑
· 평온함

물론 이것은 내가 지어낸 목록이다. 만일 내가 당신을 안다면, 다시 말해 지난 달 혹은 지난주에 당신에게 어떤 일이 일어났는지를 알 수 있다면, 나는 분명히 당신의 감정을 유발시키는 여섯 개의 구체적인 사건들을 찾아낼 수 있다.

· 업무 스트레스

- 멋진 휴가
- 자녀 양육 문제
- 자녀 출산
- 육체적인 질병
- 당신의 삶에 나타난 하나님의 섭리

하나님께서는 우리가 우리의 삶에 일어나는 사건들에 대해 감정적으로 반응하도록 만드셨다.

성경에 나타난 감정들

성경에는 하나님께서 우리를 감정적인 피조물로 만드셨다는 증거들로 가득 차 있다. 창세기의 아담과 하와로부터 요한계시록의 저자 요한에 이르기까지 성경에 나오는 수많은 인물들이 다양한 강도로 온갖 감정들을 표현한다. 당신이나 나처럼 말이다.

그렇다면 한 사람, 예수 그리스도의 감정적인 삶을 간략히 조명해 보자. 완전한 하나님이시면서 동시에 완전한 사람이신 예수 그리스도는 이 땅에 계시는 동안 감정적으로 풍부한 삶을 사셨다. 성경을 대충 한 번만 슬쩍 읽어 보아도 그분이 모든 영역의 감정을 경험하고 표현하셨다는 것을 알 수 있다. 주님은 이 감정들을 공공연히, 자유롭게 표현하셨다.

여기 주님의 공생애 3년 동안 예수님이 느끼고 표현하셨던 감정의 몇 가지를 간추려 보았다.

- 근심: 누가복음 22:41-44
- 슬픔: 누가복음 19:41-44, 요한복음 11:32-44, 히브리서 5:7
- 분노: 마가복음 3:5, 10:14, 11:15-17
- 기쁨: 누가복음 10:21-24
- 좌절: 마가복음 9:19
- 실망: 마가복음 8:12
- 동정: 마가복음 1:41

예수님은 하나님이시다. 성육신 동안(예수님이 사람으로서 이 땅에 사셨을 때) 주님은 감정적인 면과 영적인 면에 있어서 이 땅을 밟았던 그 누구보다도 건강하셨다. 주님은 우리 삶의 핵심적인 본이 되신다(엡 5:1-2, 빌 2:5-8). 그러므로 우리는 주님이 감정을 나누셨던 것처럼 우리의 감정을 나누려고 노력해야 한다.

우리의 뇌는 감정으로 둘러싸여 있다

수년 전, 두 명의 뇌 전문의는 하나의 실험을 하기로 결정하였다. 전극을 사용하여 환자의 뇌의 일부분을 자극하는 이 실험을 통해 그들이 발견한 사실은 놀라웠다. 뇌의 어떤 부분을 자극하자 환자들은 자발적으로 자신들의 기억과 감정을 이야기하였다. 아주 작은 것 하나까지 모두. 모든 감정들이 다시 살아나 마치 그 일을 완벽하게 다시 경험하고 있는 듯했다. 어떤 것은 30년 전에 일어난 일이었고, 또 어떤 것은 수술하는 그 주간에 일어난 일이었다.

이것이 의미하는 바가 무엇인가? 첫째, 우리는 감정으로 둘러싸여 있다는 것이다. 하나님께서 우리를 그렇게 만드셨다. 둘째, 감정을 표현하는 방법을 배우는 것을 시작하기에 너무 늦은 시기란 없다는 것이다. 감정과 그 감정에 연결된 사건들은 이미 뇌에 다 저장되어 있다.

감정의 정의

감정이란, 개인적인 중요성을 갖는 어떤 일에 대해 일시적이고 자동적이며 내부적으로 일어나는 반응이다.

- **일시적**: 개인적으로 중요성을 갖는 무슨 일이 발생했다는 경고음이다. 언제나 짧게 끝난다고는 할 수 없으며, 당신에게 그 일이 일어난 것을 일깨우며 그것에 대처하는 과정을 시작하도록 설계되었다.

- **자동적**: 반사. 어떤 선택이 연관된 것이 아니다. 생각이나 행동은 잘못될 수 있지만, 감정은 옳거나 그른 것이 아니다. 감정은 그저 '반응'일 뿐이다.

- **내부적**: 감정은 사람의 내부에서 일어난다.

- **개인적인 중요성을 갖는 어떤 일**: 일어나는 일이 좋을 수도, 나쁠 수도 있지만 어쨌든 당신에게 의미 있는 일이다. 만약 당신이 그 일을 개인적으로 중요하게 받아들인다면, 당신은 감정적으로

반응하게 된다. 사건에 따라서 감정이 격렬해질 수도, 거의 눈치 채지 못할 수도 있다. 감정의 지속성과 강도를 증가시키는 요인으로는 당신의 스트레스 정도 또는 당신의 욕구가 충족되었는지, 이 사건이 과거의 해결되지 못한 고통을 불러일으키는지 등이 있다.

감정의 목적

감정은 3차원적 목적을 갖고 있다.

- ✓ 자신을 드러내기 위해: 감정은 당신의 속사람으로 통하는 창문이다. 감정은 당신의 생각, 가치, 욕구, 인생관과 관계를 드러낸다.

- ✓ 당신의 감정 시스템을 원활하게 작동시키기 위해: 올바른 방법으로 당신의 감정을 표현함으로써 건강한 생각의 틀을 형성하며 우울증, 고민, 중독 및 다른 감정적 문제를 방지한다.

- ✓ 관계에 있어서 순수한 친밀감을 형성하기 위해: 감정적인 표현은 당신이 하나님이나 다른 사람들과 관계를 맺는데 있어서 큰 부분을 차지한다. 감정이 없는 사랑을 상상할 수 있는가? 감정이 없는 열정? 감정이 없는 쾌활함? 감정이 없는 대화? 감정이 없는 분쟁 해결? 감정이 없는 예배는 어떤가?

4가지 감정 표현법

감정적으로 건강하며 친밀한 관계들을 형성하고 싶다면, 당신의 중요한 감정들을 4가지 방법으로 표현하는 법을 배워야 한다.

당신이 느끼는 모든 감정들을 다 표현할 수는 없다. 하루에도 수천 가지 감정을 느끼기 때문이다. 느끼는 감정들을 다 표현하려면, 하는 일을 모두 제쳐두고 그저 앉아서 감정 표현만 하고 있어야 할 것이다. 만약 당신이 느끼는 감정이 강렬하다면 —몇 시간씩 지속되거나 중요한 관계에 영향을 끼친다면— 그 감정은 중요한 것이다. 이럴 경우 그것은 반드시 표현되어야 한다. 만약 중요한지 아닌지 헷갈린다면 표현하라. 나중에 후회하는 것보다는 확실히 해 두는 것이 낫다.

나는 지금 좋은 감정과 불편한 감정 모두에 대해 이야기하고 있다. 화를 내는 것만큼이나 사랑을 표현하는 것도 어려울 수 있다. 에베소서 4:15은 감정을 표현하는 것에 대한 안내 수칙을 담고 있다. "사랑 안에서 참된 것을 하라." 당신은 감정을 밖으로 끄집어내어야 하며 가능한 한 사랑의 방법으로 해야 한다.

여기 감정을 표현하기 위해 필요한 4가지 방법이 있다.

"즉시"

일이 발생한 후 가능하면 빨리 감정을 표현하라.

최선의 방법은 일이 발생하여 당신이 감정을 느낄 때 즉시 표현하는 것이다. 단, 당신이 극도로 화가 났을 때에는 예외이다. 마음이 진정될 때까지 시간을 좀 갖도록 하라. 격분했을 때에는 당신이 화난 것에 대해 잘 전달할 수 없다. 어느 누구도 할 수 없다. 그때는 하지 않는 것이 좋다. 잠시 기다려라. 여전히 화가 나 있겠지만 훨씬 통제가 가능할 것이다.

위의 경우가 아니라면, 할 수 있는 한 빨리 감정을 표현하는 것이 좋다. 감정을 빨리 표현할수록 당신은 그 감정으로부터 빨리 벗어날 수 있으며, 당신을 파괴시키는 영향력을 피할 수 있다.

좋은 감정이든 불편한 감정이든 중요한 감정이 표현되지 않는 것은 당신의 관계에 영향을 끼친다. 표현되지 않은 사랑과 열정은 관계를 약화시킬 뿐만 아니라 해를 끼친다. 앞에서 언급했던 우울증 의뢰인의 이야기에서 살펴본 것처럼, 화 같은 부정적인 감정들에 갇혀 있는 것은 우울함과 비참함에 연료를 공급하는 셈이다.

에베소서 4:26은 우리에게 "해가 지도록 분을 품지 말라"고 명하신다. 이것은 모든 감정에 있어서 좋은 원칙이다. 하루가 끝나기 전에 감정들을 밖으로 표현하라. 하나님께서는 우리가 감정을 붙잡고 있도록 설계하지 않으셨다. 우린 그것을 방출하도록 설계되었다.

만일 당신이 하루가 지나도록 지체한다면 이러지도 저러지도 못하게 되고 있는 것이다. 어쩌면 영원히 표현하지 못할 수도 있다. 게다가 당신의 막혀 버린 감정은 시간이 흐를수록 강도가 세어져서 당신과 당신의 관계를 손상시키는 정도가 점점 심해질 것이다. 일주일이 지난 후에 화를 내는 것은 당장 화를 내는 것보다 훨씬 더 나쁘다.

"꾸밈없이"

구속받지 않은 형태로 꾸밈없이 감정을 표현하라. 그것을 본능적인 반응이라고 생각하라. 강요받은 것도, 계획된 것도 아니다. 감정이 생기면 당신의 말로써 그것을 표출하는 것이다. 아내에 대한 사랑을 느끼면, 그녀에게 말하라! 당신이 그것을 느끼는 그때에 바로 말하라. 그런 식으로라면 그것은 신선한 위력을 갖는다. 만일 직장에 있는 상태라면 아내에게 전화를 하거나 이메일을 보내라. 만일 아내와 함께 있다면 얼굴을 보며 말하라. 만일 당신이 아내에게 꾸밈없이 말하지 않는다면, 분명 감동과 설렘을 잃고 말 것이다. 중요한 무언가를 잃어버릴 가능성이 많다.

"직접적으로"

당신의 감정이 연관된 사람에게 직접적으로 감정을 표현하라. 당신의 감정이 직접적으로 표현되지 않으면 그것은 관계에 손상을 입히게 된다. 단, 분노의 대상, 즉 불편한 감정의 대상이 당신에게 신체적 손상을 입힐 정도의 폭력적인 반응을 나타내거나 당신을 죽이려 할 때는 예외이다.

내 딸 낸시는 자신의 감정을 직접적으로 표현하는 능력을 가진 것으로 유명하다. 그 아이는 말하고자 하는 바를 즉시 말하며, 겉치레를 하느라 시간 낭비하는 일이 없다. 딸아이가 유치원에 가던 첫날, 한 운 없는 남자 아이가 낸시의 얼굴에 모래를 던졌다. 낸시는 즉시 그 남자 아이의 얼굴에 모래를 던지며 말했다. "내 얼굴에 모래를 던지면 화가 나." 그 남자 아이는 엉엉 울었고 낸시는 우리에게 말했다. "그 녀석은 그래도 싸다고요." 그 후로 다시는 낸시를 괴롭히지 않았다.

비록 낸시는 에베소서 4:15의 "사랑 안에서" 부분을 더 연습해야 하지만, 감정을 직접적으로 표현하는 부분에서는 좋은 예가 된다. 직접적으로 감정을 표현함으로써 낸시는 자신의 의견에 있어서 무시당하거나 잘못 대접받는 것으로부터 벗어날 수 있었다.

성경 말씀은 우리에게 직접적으로 대하라고 가르치신다. 우리가 10장에서 보았듯이 예수님께서는 제자들과 종교 지도자들, 그리고 만나신 모든 사람들에게 직접적으로 말씀하셨다. 바울 역시 직설적인 사람이었다. 그는 친구들, 후원자, 종교지도자 그리고 그가 편지를 쓴 교회들에 대해 분명히 말했다. 에베소서 4:15-32과 골로새서 3:8-17은 서로에게 진실을 말할 것을 가르쳐 준다. 마태복음 5:23-24은 만일 제단 앞에서 형제와 자신 사이에 무언가 풀 일이 있다는 것을 깨달으면 먼저 화해하고 와서 예물을 드리라고 가르치신다. 어디로 가라는 것일까? 형제와 화해하기 위해 가야 하는 것이다. 직접 대면하고 이야기하라.

"온전히"

당신의 모든 감정을 모조리 밖으로 내뱉어라. 과정을 경시하거나 누락시키지 말라. 만일 사건이 정신적 충격(사랑하는 사람의 죽음, 배우자의 외도, 이혼, 실직, 학대 등)이라면 온전히 표현하는 과정은 시간이 걸릴 것이다. 심각한 정신적 충격과 관계된 감정을 온전히 다 표현하는 데에는 몇 달씩 걸릴 것이다.

부부 관계나 혹은 가까운 친구 사이에도 당신의 감정을 모두 표출하는 데는 시간이 걸린다. 이것은 긍정적인 감정뿐만 아니라 불편한 감정도 해당된다. 모든 훌륭한 대화들은 감정과 연관되며 단계별로 일어난다. 몇 시간 혹은 며칠에 걸친 과정을 통해, 두 사람은 같은 주제에 대해 반복적으로 그들의 감정을 표현한다.

나는 불편한 감정들에 더 초점을 맞춰 왔다. 왜냐하면 이 감정을 표현하는 것이 훨씬 더 어렵기 때문이다. 그러나 당신의 모든 중요한 감정을 표현함에 있어서 위의 4가지 지침들을 따를 필요가 있다.

감정을 분별하고 표현하기

나의 의뢰인은 그녀의 왜곡된 생각, 즉 그녀의 거짓말들을 공격하고 그것들을 하나님의 진실로 교체하는 일에 있어서 많은 성장이 있었다. 이제 그녀는, 내가 조금 전에 설명한 4가지 방법으로 어떻게 자신의 감정을 표현해야 하는지에 대해 배워야 한다. 그녀의 소극적인 감정 표현 때문에 우울증이 커지며 중요한 관계들이 무력해지고 있었다.

첫 번째 단계는, 사건들과 그것에 관련된 감정들을 나와 남편 그리고 책임 파트너에게 서술하는 것이다. 그녀의 할 일은 각 사건들에 관한 다음 3가지 질문에 답하는 것이다.

- 내 감정은 어떠했는가?
- 난 내 감정들을 어떻게 했는가?
- 나에게 그리고 다른 사람들과의 관계에 어떤 영향을 끼쳤는가?

그녀는 자신이 자신의 감정을 불충분하게 다루었다는 것을 발견하였다. 그녀는 감정들을 꾹 눌러 놓고 아무에게도 표현하지 않았다. 그 결과 더욱 우울해졌다. 다른 사람들과의 관계에 있어서도 친밀함이라고는 찾아볼 수가 없게 되었다.

그녀의 상사와 관련된 한 사건이 있었는데, 그 상사가 그녀의 업무에 대해 비꼬는 말을 했다. 그녀는 화가 나고 상처받았지만 이런 감정들을 마음 속에 담아두고 표현하지 못했다. 그녀의 기분은 계속해서 침체되었고, 괴로운 마음은 그녀의 화를 계속 돋우었다.

일주일 후, 그녀는 상사에게 그의 발언에 대해 그녀가 어떻게 느꼈는지를 말할 수 있었다. 비록 그의 반응이 그녀를 배려하거나 전부 이해한다는 것은 아니었지만, 그와 직접적으로 대면한 것은 그녀에게 있어서 장족의 발전이었다. 그녀는 자신의 감정을 상대방에게 표출하며 자신감이 용솟음치는 것을 느꼈다. 이런 감정들을 남편과 책임 파트너에게 표현함으로써 어느 정도의 해방과 위안을 얻을 수 있었다.

감정 일기

나의 의뢰인은 9장에서 설명한 대로 3단, 4단표를 사용해 오고 있었으므로 이미 자신의 감정을 분별해내기 시작하였다. 그녀의 감정과 그것이 삶에 끼치는 영향에 집중하기 위해 나는 그녀에게 4단표를 사용하여 다음의 질문에 답하도록 했다. 이 질문들은 4단표 질문에 서술되었던 것을 살짝 변경한 것이다.

1. 무슨 일이 있었나?
2. 어떤 기분이 들었나?
3. 당신의 감정들을 어떻게 처리했나?
4. 결과는 어떠한가?

여기 2주 동안 그녀가 겪은 사건 중 몇 가지가 있다.

- 그녀의 남편이 친구들 앞에서 그녀에게 노골적인 발언을 하였다.
- 그녀의 딸이 가게에서 한바탕 소란을 피웠다.
- 영화를 한 편 보았는데, 그것을 보고 중학교 시절 캠프에서 보냈던 한 주일에 대한 좋은 감정이 되살아났다.
- 교회에서의 성경공부를 통해 하나님께서 그녀에게 말씀하시고 감동시키셨다.
- 친구의 어머니가 돌아가셨다.

각각의 사건들에 대해 4단표를 작성하는 것은 자신의 감정이 어떠했는지, 그것들을 어떻게 억눌렀는지, 감정을 억누름으로써 그녀의 생활과 관계들에 끼친 부정적인 영향은 무엇이었는지에 대한 좋은 그림을 제공하였다. 그녀는 자신의 감정들을 더 건강한 방법으로 표현하기 시작하는 도구로써 이것을 사용하였다.

결국 그녀는 4단표 접근법을 사용하여 자신의 감정을 정확하게 표현하며 성경적인 방법으로 생각하는 것을 배우게 되었다.

그 누구도 태어나면서부터 감정을 즉시, 꾸밈없이, 직접적으로, 온전하게 표현하는 능력을 갖고 있지는 않다. 고통을 경험할 때, 당신의 죄악된 본성은 당신의 감정을 다루는 불건전하고 파괴시키는 방법을 발전시킨다. 그러나 하나님의 능력과 도우심, 훈련을 통해 당신은 그리스도 안에서 얻은 새로운 본성과 일치하는 방법으로 감정을 표현하는 법을 배우게 될 것이다.

마음 들여다보기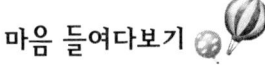

❶ 가정에서 당신은 어떤 방법으로 감정을 표현해왔나요? 당신의 아버지는 어떻게 감정을 표현하셨나요? 당신의 어머니는 어떻게 표현하셨나요? 부모님께서는 감정 표현에 대해 어떻게 가르치셨나요? 그분들은 당신에게 어떤 모델이 되셨나요?

❷ 좋은 감정이든 불편한 감정이든, 격렬한 감정을 느꼈던 세 가지 사건을 떠올려 보십시오. 무슨 일이 일어났는지, 그때 당신은 어떤 감정을 느꼈는지, 그리고 그 감정들을 어떻게 했는지, 그 후 당신의 삶에 어떤 영향을 끼쳤는지를 적어보세요.

❸ 감정 표현의 4가지 건강한 방법(즉시, 꾸밈없이, 직접적으로, 온전히)을 기준으로 당신을 평가한다면, 당신의 감정 표현 점수는 몇 점인가요? 이 중 실천하기 가장 힘든 것은 어떤 것인가요? 이 방법으로 표현하는데 있어서 어떤 감정이 가장 어려운가요?

❹ 후원팀 구성원들에게 이 장을 읽도록 부탁하세요. 그런 후, 다음의 세 가지 질문을 사용하여 일상적인 사건들을 그들에게 이야기하세요.(무슨 감정을 느꼈나? 내 감정을 어떻게 처리했나? 나와 나의 관계에 끼친 영향은 무엇인가?)

❺ 감정 일기(4단표)를 2주 동안 매일 쓰세요. 당신의 일기를 후원팀 구성원과 만나 나누세요. 이 훈련은 당신으로 하여금 건강하게 감정을 표현하게

하고, 더는 감정적인 문제로 인해 당신의 삶이 힘들어지지 않도록 도울 것입니다. 죄악된 옛 본성이 아닌 그리스도 안에서 얻은 새로운 방법으로 감정을 표현하는 법을 배울 수 있도록 하나님께 기도하며 노력하십시오.

Chapter 12

화를 내는 것은 괜찮을까?
어떻게 화를 낼 것인지 대한 문제

나의 사무실에 큰 창문이 있는데, 그 창문으로 보면 뒷마당이 훤히 보인다. 내가 창문으로 보는 오후의 그림은 키가 큰 떡갈나무가 평화롭게 보이는 목가적인 풍경이다.

그런데 몇 년 전 어느 날, 사무실에 앉아서 의뢰인과 오전 상담을 하고 있는데 갑자기 닭 한 마리가 건물의 모퉁이를 돌아 나타나더니 나의 화단을 마구 쪼아 대며 뿌리를 뽑는 것이 아닌가! 갑자기 나타난 닭 한 마리가 나의 화단을 엉망으로 만들고 있었다.

참 이상하고 신경 쓰이는 일이었다. 의뢰인과 나는 창문을 통해 이 광경을 보고 웃으며 상담을 마쳤다. 나는 밖으로 나가 닭을 부드럽게 쫓았다. 그리고 그것으로 끝이라고 생각하였다. 그러나 내 생각은 틀렸다.

다음 진료 시간에, 그 닭이 또 나타나 화단을 엉망으로 만드는 것이었다. 그 모습을 보는 순간 나는 분노의 기운을 느꼈다. '이 닭은 도대체 자기가 뭐라도 된다고 생각하는 거야? 어디서 온 거지? 왜 하필 내 화단이야? 아주 맘먹고 망치려고 하는 거 아니야?' 나는 의뢰인에게 미소를 지으며 내 화를 가라앉혀야 했다. 의뢰인 앞에서 닭을 상대로 소리를 지르며 펄쩍펄쩍 뛰는 것은 그다지 전문가답지 못한 행동이 아닌가. 어쨌든 난 위엄있고, 감정의 평정을 유지할 수 있는 자기 통제력이 있는 사람이니까 말이다.

그러나 그 멍청한 닭은 날 내버려 두지 않았다. 아마도 내가 자기 엄마라도 되는 줄 아는 모양이었다. 그 다음 주까지 난 하루에 열 번씩 닭을 쫓아내었지만 그 녀석은 언제나 되돌아왔다. 그 녀석은 내 마음의 평정과 집중력을 위협하고 있었다. 일주일 동안이나 분노를 통제했다는 것에 대해 지금도 자랑스럽다.

하지만 일주일이 지난 후, 나는 그 통제력을 잃고 말았다. 그 녀석에게 공개적으로 분노를 표현했다. 나는 흥분하여 닭에게 고함을 치며 쫓아냈다. "야, 이 닭아! 내 화단과 내 인생에서 꺼지란 말이다! 여긴 네 집이 아니야! 난 네 엄마가 아니라고! 네가 가지 않으면 널 가까운 KFC 매장 앞에다 묶어 놓을 테다! 알아들었냐?" 그러나 그 녀석은 내 말을 무시하고 계속해서 되돌아왔다.

이 전쟁이 계속되자 내 머릿속에 끔찍한 생각이 떠올랐다. '저 닭은 죽어야 해.' 나는 닭을 처단할 다양한 방법들을 곰곰이 생각했다. 독, 야구 방망이, 큰 돌덩어리, 아니면 목을 비틀어 버리기. 하지만 모두 너무 번잡했다. 나는 제일 좋은 방법으로 저 닭을 내 차로 그냥 치어버리는 것을 택했다. 그 다음에 뒤뜰 한 쪽 구석에 묻어 버리는 것이다. 물론 묘비는 없이.

어느 토요일, 주위에 아무도 없을 때 난 그 닭을 마당 가운데로 몰았다. 승용차의 시동을 걸고 죽게 될 닭을 향해 몰아갔다. 10미터 정도 거리를 남겨두고 닭과 눈이 마주쳤다. 순간 난 닭의 조그만 눈에서 실망의 빛을 본 듯했다. 그런데 결국 난 그 녀석을 차로 죽일 수 없었다. 시도하지 않았기 때문이 아니라 그 닭이 너무 빨랐기 때문이다. 4번이나 그 녀석을 향해 돌진했는데, 4번 모두 부딪치기 직전에 빠져나갔다. 난 내가 어느 정신 병원의 구석에 갇혀 있고, 그 녀석은 아직도 내 화단의 뿌리를 뽑고 있는 장면을 상상할 수 있었다.

보다 못해 아내 샌디가 해결책을 제시했다. 시골에 사는 친구 데니스에게 와서 그 닭을 가져가라고 하는 것이다. 그 말을 듣고 나는 이렇게 말했다. "절대 안 돼요! 저 닭은 그런 자유로운 삶을 누릴 자격이 없어요. 저 녀석은 죽어야 하고, 난 그걸 지켜볼 거예요!" 하지만 나는 곧 평정을 되찾고 샌디의 조언을 따랐다. 악몽은 끝났다. 데니스가 그 닭을 시골로 데려가자, 그 악몽은 사라져 버렸다. 난 혼란스러웠다. 그 닭이 내 화단으로 돌아오는 길을 어떻게든 찾을 거라고 확신했기 때문이다. 그러나 두 번 다시 그 녀석을 보지 못했다.

나의 닭 이야기는 분노가 어떻게 작동하는지를 보여주는 우스운 이야기이다. 나는 내 가족과 친구들과 함께 그 조류와 전쟁했던 약 2주일의 시간을 떠올리며 크게 웃었다. 하지만 다른 사람과의 관계에서 분노가 발생하게 되면, 그건 결코 재미로 끝나지 않는다. 그것은 당신과 당신의 관계들에 믿을 수 없는 손상을 가할 수 있다.

해결되지 않거나 제대로 표현되지 못한 분노는 많은 감정적, 육체적, 영적 문제의 주요 원인이 된다. 그것은 관계들을 무력하게 만들고 심지어 죽이기까지 한다. 분노를 제대로 다루지 않으면, 그것은 엄청난 파괴력을 지닌 힘으로 작용할 수 있다. 그러나 제대로 다룬다면, 즉 하나님께서 당신에게 원하시는 방법대로 다룬다면, 분노는 긍정적이고 건설적이며 치유하는 힘이 될 수 있다.

감정적으로 건강해지기 위해서는 성경적으로 정확하며 심리학적으로 건전한 방법으로 당신의 분노를 표현하는 방법을 반드시 배워야 한다.

분노의 정의

분노란 욕구를 위협한다고 인식되는 것에 대한 일시적이며 자동적인 감정적, 생리학적 반응이다. 당신의 자아상, 욕구, 생활 방식, 체면, 가치, 신념 등에 위협으로 인식되는 어떤 일이 벌어졌을 때 당신은 화가 나게 된다.

상실의 위협일 수도 있다. 사랑하는 사람이 아프거나, 직장을 잃을 위기에 처해 있거나, 자녀가 대학에 가느라 집을 떠나려고 하거나, 실제적인 상실일 수도 있다. 사랑하는 사람이 죽거나, 직장을 잃거나, 자녀가 대학을 가느라 집을 떠날 수도 있다. 혹은 변화일 수도 있다. 변화는 그것이 긍정적이든 부정적이든 상실과 동일하다.

위협에 대한 당신의 인식은 옳을 수도 있고, 틀릴 수도 있다. 만일 사랑하는 사람이 죽었다면 그것은 명백히 실제적인 상실이다. 만일 당신의 배우자가 한 말을 오해한다면 그것은 거짓 위협이다. 그러나 어쨌든 당신은 화가 날 것이다.

분노는 모든 인류의 감정적 구조의 필수적인 부분이다. 그것은 건강하며 정상적인 감정이다. 그것은 창조주이신 하나님으로부터 직접 부여받은, 인간의 본성을 이루는 기본적인 감정의 일부분이다.

성경은 이러한 사실을 잘 보여주고 있다. 하나님도 분노하셨으며(출 4:14), 우리가 앞 장에서 살펴보았듯이 예수님도 화를 내셨다. 우리는 성경에 나오는 많은 사람들-의롭고, 하나님을 두려워했던 사람들-도 화를 낸 것을 볼 수 있다. 모세(출 32:19-28), 다윗(시 31:17-18), 엘리야(왕상 18:21-40), 느헤미야(느 4:4-5, 5:1-13), 욥(욥 10:1-7, 16:1-6), 바울(행 15:36-40, 고전 5:1-13, 갈 2:11-14).

분노는 어떻게 작동하는가

분노는 인지된 위협에 대한 자동적인 반응이다. 좀 더 자세히 말하자면, 분노는 사전 경고 시스템이다. 고통은 신체에 무언가 잘못되었다는 것을 의미한다. 분노는 관계에 있어서 무언가 잘못 되었다는 것을 나타낸다. 분노는 감정의 출입문이라 할 수 있는데, 일련의 감정 표현의 맨 처음이 된다는 것을 의미한다. 일련의 과정이 어떻게 일어나는지를 보자.

위협: 상실 혹은 상실에 대한 두려움
분노: 위협에 대한 일시적 반응
상처: 고통, 우울, 슬픔, 실망, 고민
사랑: 자아, 다른 사람, 하나님에 대하여 친밀함, 연결, 욕구 충족, 상처 용서, 화해

분노는 위협을 다루는 감정적인 과정을 시작한다. 그것은 당신이 위협에 대처하도록 체제를 바꾸어 준비하도록 도와준다. 만일 당신이 올바른 방법으로 분노를 표현할 수 없다면, 당신은 뒤따라 나오는 다른 중요한 감정들도 온전히 표현할 수 없다. 분노를 충분히 표현하지 못하면, 당신의 전체 감정 시스템이 차단되어 온갖 종류의 감정적, 육체적, 영적 문제를 유발할 것이다.

기억해 둘 것은 분노는 일시적인 것이며, 공격성이나 적대감과 혼동해서는 안 된다는 것이다.

- ✓ **공격성:** 분노가 폭력적으로 방출될 때 나타나는 파괴적인 행동 양식
- ✓ **적대감:** 화가 나 있을 때 부글부글 끓는 분노와 악독

분노 제거하기

자, 당신은 분노를 경험한다. 나도 분노를 경험한다. 우리는 모두 분노를 경험한다. 그것을 어떻게 해야 하는가? 성경은 이에 대해 너무나 명확한 말씀을 하고 있다. 분노는 그것이 의로운 것에서 기인했든지 아

니면 죄악된 근원에서 발생했든지 상관없이 가능한 한 빨리 감정 시스템으로부터 사라져야 한다. 에베소서 4:25-27에서 바울은 분노에 관한 몇 가지 매우 특별한 가르침을 주고 있다. "그런즉 거짓을 버리고 각각 그 이웃과 더불어 참된 것을 말하라 이는 우리가 서로 지체가 됨이니라 분을 내어도 죄를 짓지 말며 해가 지도록 분을 품지 말고 마귀에게 틈을 주지 말라."

우리는 이 말씀으로부터 몇 가지 핵심적인 것들을 유추해낼 수 있다.

- 다른 사람들에게 직접 진실을 말하라.
- 때때로 그 진실은 분노가 될 수도 있다.
- 화를 내는 것은 괜찮다.
- 죄를 짓지 않고도 분노를 제거할 수 있다.
- 하루가 마치기 전에 분노를 표현해야 한다.
- 다른 사람에게 직접 분노를 표현해야 한다.
- 만일 올바르게 분노를 표현하지 않으면, 사탄에게 틈을 제공하게 될 것이다.

에베소서 4:26에서 바울이 기록하고 있는 분노(분, anger)는 죄악된 분노가 아니다. 그것은 격노 혹은 적대감이 아니라, 이들보다 앞 단계의 '화'를 말한다. 만일 당신이 이 분노를 표현하면, 그것은 방출되고 당신은 죄를 짓지 않을 것이다.

에베소서 4:31에 나오는 분노는 완전히 다른 종류의 분노이다. "너희는 모든 악독과 노함과 분냄과 떠드는 것과 비방하는 것을 모든 악의와 함께 버리고."

이 구절에서 "분냄"이라고 말씀하신 용어는 죄악되며 파괴적인 것, 즉 부글부글 끓는 억눌린 분노와 폭발적이고 공격적인 노함을 뜻한다.

나는 바울이, 만일 당신이 에베소서 4:26의 분노를 표현하지 않으면 결국에는 에베소서 4:31의 분노가 될 것이라고 말하고 있다고 믿는다. 그리고 이런 종류의 분노는 하나님의 법을 어기며 당신을 파괴한다. 그것은 또한 당신이 에베소서 4:32(이것은 분노에 대한 바울의 가르침에 바로 이어서 나온다)을 경험하지 못하게 막을 것이다.

"서로 친절하게 하며 불쌍히 여기며 서로 용서하기를 하나님이 그리스도 안에서 너희를 용서하심과 같이 하라."

나는 바울이 이 에베소서 메시지에서 중대한 분노에 대해 이야기하고 있는 것이라고 확신한다. 모든 사사로운 좌절감이나 불쾌감을 모두 표현할 필요는 없다. "무엇보다도 뜨겁게 서로 사랑할지니 사랑은 허다한 죄를 덮느니라"(벧전 4:8). 이렇게 사랑을 사용하라. 만일 분노가 강렬하거나, 몇 시간 동안 지속되거나, 관계에 영향을 끼친다면 그것은 중대한 것이다.

아래에 분노를 대하는 세 가지 방법이 있다. 이 세 가지 항목들을 읽어 보면, 분명히 당신이 어떤 것에 해당하는지 발견할 수 있을 것이다. 만일 잘 모르겠다면 당신의 배우자나 책임 파트너에게 물어 보라. 그들 중 한 명은 당신이 어떻게 분노를 대하는지 알고 있다.

속이기

속이는 사람들은 분노를 억누르며, 그것을 부정하고, 마치 그것이 거기에 없는 척한다. 그들은 분노를 속에 꽉 잡고 있다. 그들은 묵비권을 행사함으로써 자신을 보호하고, 의견 충돌을 겪는 것을 피해 버린다. 이것은 굉장히 강력한 방법이다. 왜냐하면 아무도 이 사람이 말하도록 만들 수 없기 때문이다. 그들은 침묵으로 우위를 점한다.

속이는 것은 죄이며(엡 4:31, 히 12:15) 악독과 노함, 적대감과 증오에 이르게 한다. 당신이 원해서 그런 것이 아니라 원래 그런 것이다. 또한 화가 났으면서 그렇지 않다고 말하는 것이므로 이것은 거짓말하는 것이다.

이 사람들은 부인(否認)의 달인들이다. 주변의 모든 사람이 다 그 사람이 화났다는 것을 알고 있을 때에도 자신은 화나지 않았다고 말한다.

배우자: 여보, 무슨 일 있어요?

속이는 사람: 아무것도 아니에요.

배우자: 여보, 정말로 당신 화난 것 같아요. 두 시간째 나에게 아무 말도 하지 않잖아요. 무슨 일이에요?

속이는 사람(이를 악물고, 목에는 핏발이 서서): 아무것도 아니라고 했잖아요.

배우자: 당신 화났군요. 그렇죠?

속이는 사람: 화 안 났다고요!

이런 유형의 사람들은 자신이 화가 났음을 인정한다고 해도, 그것에 대해서 이야기하려 하지는 않을 것이다. 아마도 "그래요. 나 화 났어요. 그럴 만한 충분한 이유가 있지만 그것이 무엇인지는 말하지 않을 거예요. 그것에 대해 말하고 싶지 않으니까요"라고 할 것이다.

　이들은 충돌을 너무 싫어하기 때문에 그것을 피하기 위해서라면 무슨 일이라도 할 것이다. 그들은 충돌을 대하느니 차라리 맞는 것을 택할 것이다. 그들은 부인할 것이다. 그들은 아무 말도 하지 않을 것이다. 예민한 주제를 피하기 위해 우스갯소리를 할 것이다. 만일 이 모든 것이 실패하면, 그들은 다른 곳으로 가 버릴 것이다. 여기 전형적인 속이는 사람들의 양상이 있다.

　삐치는 사람. 이들은 다른 사람과 직접적으로 대하지 않는다. 이들은 슬며시 빠져 나와서, 어떤 때에는 며칠씩 삐친다. 그들은 생각한다. '당신은 고생 좀 하게 될 거야. 내가 당신에게 말 한 마디도 안 하는 벌을 줄 거라고.'

　우는 사람. 이들은 상처받았다고 느낌으로써 화를 피해가려고 한다. '난 화난 것이 아니야. 난 그저 상처받았을 뿐이라고.' 그들은 자신들을 불쌍히 여기면서 슬퍼한다. 그들은 다른 사람들이 떠나 버리거나 그들을 불쌍하게 생각할 때까지 마음 속으로, 혹은 겉으로 운다.

　부정하는 사람. 그들은 웃으며 이렇게 말한다. "제가요? 화났냐고요? 아휴. 아니에요. 전혀 그렇지 않아요. 전 괜찮아요." 거짓말쟁이! 사기꾼! 이것으로 오스카상을 받아야 한다. 그들은 자신이 화가 나지 않았다고 말하면, 그러면 이야기해야 할 문제가 없어질 것이라고 믿는다.

그렇다면 이렇게 화난 것을 속이는 것의 결과는 어떠할까?

"화가 남아서 더 강화된다."

마치 더러운 옷을 옷장 구석에 꽉 채워 놓는 것과 같다. 아무도 그것을 볼 수는 없지만, 그것들은 여전히 거기에 있으며 또한 냄새가 난다.

"신변에 손상을 입는다."

속이는 것은 다양한 감정적, 육체적, 영적 문제를 유발한다. 속이는 것은 그 사람의 에너지를 엄청나게 쏟아버리는 것이다. 이들은 아마도 일찍 죽을 것이다. 묘비에는 이런 문구가 쓰여 있을지도 모르겠다. 이 사랑하는 영혼은 젊어서 죽었으나 단 한 번도 화를 내지 않았도다.

"관계에 손상을 입는다."

속이는 것은 다른 사람들 그리고 하나님과의 관계를 파괴한다. 대립은 해결되지 않을 것이다. 이 사람들은 용서를 할 수가 없을 것이다. 건강한 방법으로 화를 나누지 않는 한, 관계에 있어서 깊이나 친밀감은 없다. 속이는 것은 피상적인 관계와 같다.

속이는 사람들에 대한 해법은 느낌에 대한 진실을 어떻게 말하는지를 배우는 것이다. 그들은 화를 분별하고 표현하는 연습을 열심히 해야만 한다.

폭언하기

폭언하는 사람들은 화를 강력하게 분출해 버린다. 이들은 말로, 때로는 신체적으로 폭발한다. 그들은 참지 않는다. 그들은 폭언을 퍼붓는다. 토해내는 것은 강력한 방법이다. 왜냐하면 이 사람들을 입 다물게 할 수 없기 때문이다. 그들은 말로 우위를 점한다.

폭언하는 것은 죄이다. 야고보서 3장에서 혀에 관하여 무엇이라고 말씀하시는지 읽어 보라. 이 세상에서 가장 치명적인 무기는 핵탄두가 아니다. 그것은 바로 혀이다. 폭언하는 사람들은 다음의 네 가지 형태로 나타난다.

✓ 과도한 표현 – 말을 너무 많이 한다.

✓ 큰 목소리 – 그들은 고함치며 소리 지른다. 그들은 자신이 소리 지르고 있는 것을 모를 수도 있지만 다른 사람들은 모두 안다.

✓ 비판적인 어투 – 그들은 개인적으로 다른 사람의 인격을 공격한다. 지저분하게 싸운다.

✓ 딱따구리 증후군 – 그들은 배우자를 따라 온 집안을 돌아다니며 쪼아댄다. 정말 믿을 수 없을 정도로 골칫거리들이다! "얘기 좀 해요. 우린 얘길 해야만 한다고요. 이봐요, 지금 내 말 듣고 있는 거예요?"

폭언자들은 성미가 까다로우며 과민하다. 이 사람들을 화나게 하는 것은 그리 어렵지 않다. "또 현관문을 안 닫았더군요. 역시 당신은 믿음이 안 간다니까요." 마치 토네이도가 갑자기 확 나타나는 것처럼, 그들은 갑자기 울컥 화를 낸다.

폭언자들은 모든 관계에서 처음부터 일어나는 모든 실수와 상처를 다 기억하고 있다. 그들은 화가 나면 과거의 일을 끄집어낼 것이다. "2000년 5월 10일, 이 날 기억해요? 당연히 모르겠지요. 밤 10시에 난 화장실에 있었어요. 당신이 휴지를 다 쓰고는 갈아놓지 않았지요. 난 꼼짝달싹 못했어요. 절대 잊지 않을 거예요!" 그렇다면 화를 쏟아내 버리는 경우, 그 결과는 어떠할까? 그 결과는 다음과 같다.

- 화가 남아서 더 강화된다.
- 신변에 손상을 입는다.
- 관계에 손상을 입는다.

폭언하는 사람들의 해법은 '어떻게 화를 가라앉히는지를 배우는 것'이다. 사랑 안에서 진실을 말하는 것, 바로 '사랑' 부분을 노력하라. 더 부드러워지라. 기세를 꺾으라. 속이는 사람이 종종 폭언하는 사람으로 돌변하는 것은 매우 흔한 일이다. 그들은 참고, 참고 또 참다가 결국 폭발해 버린다. 그들은 큰 폭포수처럼 모든 분노를 와르르 쏟아낸다. 그러고 나서 다시 꾹꾹 채워 놓는다.

표현하기

중대한 분노를 제대로 방출하는 유일한 방법은, 올바른 대화 원칙을 사용하여 말로 그것을 표현하는 것이다. 이것이 에베소서 4:26에 순종하여 범죄치 않고 분노를 제거하는 유일한 방법이다. 물론 이것은 가장 어려운 방법이기도 하다.

당신의 분노가 죄악된 것이거나 잘못된 사고에서 기인한 것이라 해도 마찬가지이다. 다른 사람이 당신을 위협하거나 화나게 하려고 한 것이 아니었다고 해도 무슨 상관인가? 당신은 여전히 화가 나 있고, 분노는 사라지지 않을 것이다. 당신이 죄를 지었을 때 어떻게 하라고 성경이 말씀하는가? 고백하라(약 5:16)고 말씀하신다.

화를 표현했을 때 나타나는 세 가지 결과는 다음과 같다.

- 화가 방출된다. 사라져 버린다.
- 몸의 건강이 좋아진다. 하나님께서는 분노를 일시적인 것으로 디자인하셨기 때문에 당신이 그것을 '제대로 표현하면', 당신의 감정 시스템은 부드럽게 돌아갈 수 있다. 분노가 밖으로 방출되면, 당신은 그 밑에 깔려 있는 중요한 감정들을 분별하고 표현할 수 있게 된다. 당신의 감정적, 신체적, 영적 건강은 모두 좋아진다.
- 관계가 개선된다. 다른 사람들 그리고 하나님과의 관계가 개선된다. 대립이 해결된다. 용서가 일어난다. 진정한 친밀감과 평안, 그리고 깊이가 깊어진다.

건강하게 화를 표현하는 방법

"하나님의 도우심을 구하라"

당신의 힘만으로는 올바른 방법으로 분노를 표현할 수 없다. 모든 감정을 건강한 방법으로 표현하는 것과 마찬가지로 이것 역시 초자연적인 일이다. 성령님을 통하여 하나님께 당신이 이 과정을 할 수 있도록 도와달라고 구하라. 당신의 믿음이 약할지라도, 하나님께서는 당신이 필요로 하는 능력과 용기를 주실 것이다.

"당신의 중대한 화를 분별하고 표현하라"

나의 우울증 의뢰인은 그녀의 감정을 분별하고 표현하는데 있어서는 큰 발전을 했지만, 분노에 대한 것은 그녀에게 있어 여전히 큰 도전이었다. 그녀는 화가 난 것을 자주 부인하곤 했다. "전 화난 것이 아니에요. 그저 상처받았을 뿐이에요."

난 항상 대답했다. "말도 안 돼요. 상처가 있는 곳엔 분노도 있어요. 상한 감정에 계속 갇혀 있으면, 당신은 계속 우울할 거예요." 매우 자주, 난 그녀에게 말했다: "당신이 자신의 감정을 표현할 수 있는 유일한 사람이라곤 당신의 자녀들 밖에 없어요. 계속해서 엉뚱한 아이들에게 그 감정을 푸시겠어요? 아니면 당신이 화가 난 사람들에게 직접 화를 표현하는 법을 배우시겠어요?"

그녀는 남편과 책임 파트너의 도움을 받아 '사건 재구성'과 '감정 일기'를 이용하여 자신의 분노를 '분별'하고 '표현'하는 것을 연습하였다.

만일 그녀의 분노가 중대한 것일 때(강렬하거나, 몇 시간 동안 지속되거나 혹은 관계에 영향을 미치면), 그녀는 그것을 남편이나 책임 파트너에게 표현하는 것을 연습하였다. 그들을 분노의 대상으로 생각하며 연습하였다. 그녀는 화난 상대가 되는 사람들과 직접적으로 대할 준비를 하고 있었다.

"하나님과 그 대상앞에 직접 분노를 가져오라"
분노를 표현하는 것을 연습한 후에 그녀는 기도를 하고, 화의 대상이 되는 그 상대방에게 가서 직접적으로 화를 방출하였다. 어려웠을까? 물어보나마나이다. 성경적인가? 마태복음 5:23-24에 나오는 예수님의 말씀을 읽어 보면 해답이 훤히 보인다.

"그러므로 예물을 제단에 드리려다가 거기서 네 형제에게 원망들을 만한 일이 있는 것이 생각나거든 예물을 제단 앞에 두고 먼저 가서 형제와 화목하고 그 후에 와서 예물을 드리라."

상대방의 반응에 상관없이 당신은 가서 직접적으로 대해야 한다. 상대방이 부정적인 반응을 보인다고 해서 그것이 대면을 피하는 것에 대한 변명이 될 수는 없다. 예수님은 그 사람에게 가라고 말씀하신다. 이 말씀에는 예외가 없다.

"사랑 안에서 진실을 말하라"
솔직하며 간략하게 구체화하라. 문제를 미화시키거나 뭉뚱그리지 말라. 분명하게 그러나 가능한 한 친절하게 진실을 말하라. 당신이 처음 해야 하는 말은 "전 화가 났어요. 왜냐하면……"이다. 당신이 해야 할 부분을 하고 상대방의 반응에 대해서는 염려하지 말라. 화해의 다리 중 당신 쪽의 절반을 가고 있는 것이다. 다른 절반은 상대방의 책임이다.

"가능한 빨리 화를 표현하라"

에베소서 4:26에서 읽었듯이, 해가 지기 전에 당신의 화를 밖으로 내보내야 한다.

"스스로에게 배울 수 있는 시간을 주라"

만일 분노를 표현하는 것이 처음이라면 많은 실수를 하게 될 것이다. 이 기술을 배워나가는 얼마 동안은 엉망진창일 것이다. 먼저 가까운 사람들에게 당신이 분노를 표현하는 것을 배우는 중이라는 사실을 알리라. 작고 사소한 상황부터 연습하여 그것을 잘 할 수 있도록 하라.

과거 속의 해결되지 않은 분노

아마도 당신은 분노를 표현하지 않은 채 잔뜩 쌓아놓았을 가능성이 매우 크다. 거의 확실하다. 악독과 노함이 안에서부터 스며 나와서 현재 당신의 가까운 관계들로 옮겨가고 있다.

이것은 나의 의뢰인에게도 해당되는 사실이었다. 그녀는 분노를 몇 년째 쌓아놓았으며, 그것으로 가득 찬 대형 창고 하나를 갖고 있었다. 현재 그때그때 화를 표현하는 것을 배우는 것은 그녀에게 다소 도움이 되었다. 그녀의 감정 시스템이 더욱 부드럽게 굴러가기 시작했으며 우울증도 확실히 개선되었다. 이제, 그녀는 과거에 해결되지 않은 고통을 대면하는 기술을 사용할 시간이 되었다.

마음 들여다보기

❶ 부모님이나 교회, 크리스천 미디어나 책으로부터 화에 대해, 화를 표현하는 것에 대해 어떤 가르침을 받았나요? 당신이 받은 가르침과 에베소서 4:25-27에서 말씀하시는 진리를 비교해 보세요.

❷ 에베소서 4:25-27로부터 유추해낸 7가지 핵심 포인트 중에서 당신이 가장 힘든 부분은 어떤 것인가요?

❸ 당신은 무엇에 대해 화가 나나요? 어떤 상황이나 사람들이 당신을 가장 화나게 하나요?

❹ 당신은 분노를 숨기나요, 아니면 쏟아내 버리나요? 성경적인 방법으로 분노를 표현하고 있나요? 최근에 일어난 일화를 들어 어떻게 분노를 다루었는지에 대해 후원팀 구성원들에게 이야기하세요.

❺ 성경적이지 못한 분노로 인해 당신이 잃은 것은 무엇인가요? 어떤 결과를 얻었는지 깊이 생각하고 기록해보세요.

❻ 후원팀 구성원들의 도움을 받아 '사건 재구성'과 '감정 일기'를 작성하세요. 화를 분별하고 표현하는 것을 계속해서 연습하세요. 오늘부터 이 장의 끝에 나오는 6가지 지침을 따르도록 노력하세요.

❼ 당신이 갖고 있는 과거의 해결되지 않은 분노는 무엇인가요? 누구에게 아직도 화가 납니까? 이 해결되지 않은 분노가 당신의 삶에, 특히 다른 사람들과의 관계에 어떤 영향을 끼치나요? 그것으로 인해 힘든가요? 그렇다면 더욱 이 과정을 밟아나가야 합니다. 당신을 위해서 말이죠. 분노가 마음에 남아있지 않도록, 성령님께 도우심을 구하세요. 사랑 안에서 진실을 말하는 법을 가르쳐달라고 기도하십시오.

Chapter 13

당신은 슈퍼맨이 아니다:
스트레스에서 벗어나는 방법

케이트는 여성이다. 그녀는 자신에게 맡겨진 모든 일을 다 해낸다.

- 누가 집을 청소하는가? 그녀이다. 누가 청소기를 돌리며, 화장실 변기와 욕조와 세면대를 박박 문지르는가? 그녀가 한다. 함께 살고 있는 사람들이 던져 놓은 신발과 옷가지, 컵과 장난감, 아이스크림 포장지를 누가 줍는가? 그녀이다. 누가 빨래를 하는가? 그녀이다. 누가 장을 보는가? 그녀가 본다. 대부분의 식사를 누가 요리하는가? 그녀가 한다. 집에서 필요한 대부분의 물건을 누가 사는가? 그녀이다.

- 자녀 양육의 대부분을 담당하는 사람은 누구인가? 그녀이다. 누

가 아이의 코를 닦아주고, 아이들이 아플 때 돌보며, 목욕시키고, 옷 입히고, 함께 놀아주고, 함께 기도하며 아이들을 훈육하는가? 그녀이다. 누가 아이들이 계속해서 어지르는 것을 치우는가? 그녀이다. 누가 아이들의 구역질나는, 똥으로 가득 찬 기저귀의 95%를 갈아 주는가? 그녀의 남편? 아니, 그녀이다. 누가 아이들을 버스 정류장까지 데려다 주는가? 집에서 아이들을 가르치는 것은? 모두 그녀이다. 누가 아이들의 숙제를 봐 주는가? 그녀이다. 누가 아이들을 모든 학원에 태워다 주는가? 그녀이다. 누가 아이들의 울음소리와 칭얼대는 소리, 화내는 소리, 웃는 소리, 말도 안 되는 백만 가지 이야기들을 들어 주는가? 그녀이다.

- 될 수 있는 한 최고의 아내가 되고자 노력하는 사람은 누구인가? 그녀이다. 남편의 일을 지지하며 아이들을 돌보고 집이 돌아가도록 하는 사람은 누구인가? 그녀이다. 시댁 식구들의 생일을 포함한 기념일들을 챙기는 사람은 누구인가? 그녀이다. 추수감사절, 성탄절, 휴가, 병원 진찰, 학부모 면담을 담당하는 것은 누구인가? 그녀이다. 이 무거운 책임을 모두 떠맡는 사람은 누구인가? 그녀이다.

- 그녀의 남편이 집에서 해야 하는 모든 일에 대해 우는 소리를 할 때 혀를 깨물어야만 하는 사람은 누구인가? 그녀이다. 남편을 아기처럼 대하며 버릇을 망가뜨리는 시어머니를 참아야만 하는 사람은 누구인가? 그녀이다. 기나긴 하루 일과를 마치고 드디어 좀

쉬고 싶을 때 부부 관계를 하는 것에 동의하는 것은 누구인가? 그녀이다. 적어도 대부분의 경우에 말이다.

누가 친정 부모와 시부모를 챙기고 안부를 묻는가? 그녀이다. 집 밖에서 열심히 일하는 사람은 누구인가? 그녀이다. 온종일 일하고 집으로 와서 집안일과 아이들을 돌보는 사람은 누구인가? 그녀이다.

에너지 부족, 신경과민, 수면 부족, 자존감 등의 문제를 가지고 하나님이 부여하신 그녀만의 독특한 목적을 찾기 위해 고투하는 사람은 누구인가? 그녀이다.

이 중 하나라도 익숙하게 들리는 것이 있는가?

피곤하고, 에너지를 다 소진하여 머리끝까지 스트레스를 받는 사람은 누구인가? 그녀이다. 왜? 너무나 많은 것을 하고 있기 때문이다. 그녀는 너무 많은 것을 하고 있다. 정작 그녀 자신을 돌볼 시간은 없다. 이것은 나이가 많든 적든 상관없이 내가 아는 거의 모든 여성에게 해당되는 이야기이다. 만일 당신이 케이트와 같다면(난 당신이 틀림없이 그러리라고 생각한다), 무엇이 당신에게 도움이 될까?

- 당신이 원더우먼이 아니라는 것을 깨달으라. 당신이 이 모든 것을 다할 수는 없다. 만일 하려고 한다면 당신은 신체적으로, 감정적으로, 영적으로 무너지고 말 것이다. 당신은 그렇게 커져버리도록 놓아둔 스트레스의 회오리바람에 길을 잃고 말 것이다. 당신은

하나님이 바라시는 여성이 될 수 없을 것이다. 하나님이 당신을 위해 준비하신 모험도 할 수 없을 것이다.

· 균형 잡힌 방법으로 당신의 욕구를 충족시키는 법을 배우라. 건강한 여성들은 4가지 공급원으로부터 균형잡힌 방법으로 그들의 필요를 충족시키는 사람들이다.

당신의 욕구 탱크를 채워줄 이 4가지 공급원에 대해 살펴보기 전에 남성들에게 할 말이 있다. 비록 이번 장이 여성 중심으로 쓰여 있지만 남성들도 많은 것을 얻을 수 있을 것이다. 이 내용들은 당신의 여자를 이해하며 돕는데 큰 도움이 될 것이다. 또한 대부분의 스트레스 감소 원칙은 당신에게도 적용된다.

자아

당신의 탱크를 채워줄 첫 번째 공급원은 바로 당신 자신이다. 당신은 자신의 욕구 중 상당한 부분을 스스로 충족시킨다. 자신을 돌보는 것, 당신 자신에 대해 현실적이며 긍정적으로 생각하는 것, 당신 자신에 대한 강한 사랑을 키우는 것 등, 하나님께서는 당신이 자신을 건강한 방법으로 사랑하길 원하신다. 예수님은 말씀하셨다.

"네 이웃을 네 자신 같이 사랑하라"(마 22:39).

당신 자신을 돌보는 것은 당신이 해야 할 일이다. 당신이 알아차리지 못한다면, 다른 누구도 그것을 알아차릴 수 없다. 당신이 자신을 위해 취해야 하는 세 가지 행동이 있다.

개인적인 시간

정기적으로 집에서 벗어나 혼자만의 시간을 가지라(아이들 없이). 난 이것을 "위대한 탈출"이라 부른다. 모든 여성들은 가정에서 이루어지는 모든 일들에 초점을 맞출 수밖에 없다. 문제는 일에 끝이 없다는 것이다. 이 일은 계속해서 생겨난다! 이제 막 세탁기를 4번이나 돌렸는데 세탁 바구니에는 벌써 더러운 빨래가 잔뜩 쌓인 것을 발견하게 된다. "아악!" 이제 막 거실에 청소기를 돌리고 제자리에 가져다 놓았는데 방으로 가는 길에 보니 카펫에 뭉개진 과자와 과자 부스러기들이 보인다.

"안 돼!"

처리할 일이 있는데 맘 편히 쉬기는 어렵다. 그렇지 않은가? 하지 못한 일들이 천 가지나 쌓여 있어도, 남편은 신경도 쓰지 않거나 알아차리지 못한다. 하지만 당신은 신경이 쓰인다. 진정한 휴식을 누리기 위해서 당신은 그 일들을 다 해야만 한다.

개인적인 시간이란, 당신이 즐길 수 있는 무언가를 하는 것을 말한다. 장보는 것은 여기에 해당되지 않는다. 아이들 물건을 사기 위해 할인매장에 가는 것도 해당되지 않는다. 이것들은 일이다. 그리고 이것은 다른 누군가를 위한 일이다. 남편은 이것이 개인적인 시간에 해당된다고 생각할지도 모르지만 그렇지 않다. 당신 개인의 시간을 일이나 심부름에 사용하지 마라.

개인적인 시간이란 다음과 같은 것들을 말한다.

- 재미있는 쇼핑
- 친구와 점심 혹은 저녁 먹기
- 성경공부
- 전시회 또는 콘서트 관람
- 바닷가 또는 산으로의 여행

이것을 혼자 할 수도, 친구 한 명 또는 두 명과 함께할 수도 있다. 이것은 당신이 하고 싶은 것을 하는 시간이다. 다른 누구를 위한 것도 아니다. 바로 당신을 위한 시간이다. 다음 중 선택하라.

- 일주일에 한 번, 2-3시간씩(주중의 하루 저녁이나 토요일)
- 한 달에 한 번, 반나절이나 하루 전체.
- 일 년에 한 번, 주말 전체.

개인적인 시간을 특정 일시에 예약해 놓아라. 그렇지 않으면 그 시간은 절대 생기지 않을 것이다. 만약 당신이 결혼을 했다면, 남편에게 이런 시간이 당신에게 꼭 필요하다고 분명히 밝혀라. 당신이 먼저 남편에게 가서 이야기해야 할 것이다. 남편이 당신에게 와서 이렇게 제안하는 일은 없다.

"여보, 내 생각에는 당신이 집에서 벗어나 정기적으로 당신만의 시간을 가져야 할 것 같소."

이런 시간을 갖는 것은 당신이 마녀로 변하는 것을 막으며, 고갈된 에너지를 충전시켜 줄 것이라고 설명하라. 그리고 마지막으로 더 좋은 성생활 파트너가 되도록 도와줄 것이라고 말하라. 마지막 말이 남편의 주의를 끌 것이다. 어쩌면 당신의 남편은 당신이 시간을 갖도록 격려해 줄지도 모른다. 하지만 그 후엔 이렇게 이렇게 말해야 한다. "그런데 애들은 누가 돌봐?"

당신은 말할 것이다. "저도 모르겠네요. 누가 우리 아이들을 돌볼 수 있을까요? 당신 아니면 난데, 난 없을 테니까 아마 당신에게 그 일이 남겨질 것 같아요."

당신이 떠나는 것을 방해하는 가장 큰 요인은 사실 당신 자신이다. 죄책감이 들고, 자신이 이기적인 것처럼 느껴질 것이다. 그러면서 이렇게 생각하는 것이다. "도저히 안 되겠어. 갈 수 없어! 해야 할 일도 많고, 애들도 도와줘야 하고, 내 책임을 회피하고 싶진 않아."

일전에 내가 만난 한 여성은 우울증 직전의 상태에 있었다. 그녀는 버틸 수 있는 한계의 끝에 와 있었다. 그녀에겐 어린아이들이 있었고, 직장에 다녔기 때문에 자신만을 위한 시간이 전혀 없었다. 우리는 해결책을 시행했다. 주말에 바닷가에 가는 것이었다. 그녀의 남편은 그다지 열성적이지는 않았지만, 그래도 동참하기로 했다. 계획되었던 주말이 되기 직전, 그녀는 내게 말했다. "그냥 가지 않을래요."

난 그녀에게 이렇게 말했다. "당신은 지금 심각한 우울증으로 가는 길을 선택한 거예요. 그건 당신 자신의 잘못입니다."

치료 중에 보았던 수많은 여성들처럼 그녀는 실제적으로 침체되어 있었다. 그녀는 삶을 꾸려나가며 수많은 임무들을 모두 해내고 있었지만, 몹시 지쳤고 불행했다. 만일 모든 에너지가 소진되어 아무것도 하기 싫거나 우울증에 빠지고 싶지 않다면, 정기적으로 집에서 벗어나라. 만일 남편이 아이 돌보는 것을 거부하면, 친구와 돌아가면서 아이들을 봐 주거나, 베이비 시터(baby sitter)를 고용하라. 만일 당신이 편모라면, 교회에 도움을 부탁하라. 당신의 아이를 기쁘게 돌봐 줄 봉사자가 분명 있을 것이다.

하나님은 당신이 산산조각이 나서 완전히 소진되어 버리기를 원치 않으신다. 하나님은 당신이 당신 자신을 사랑하며 아낌으로써 당신의 삶을 향한 그분의 계획을 따르게 되길 원하신다. 주님의 계획은 당신이 피곤하고 우울해지는 것이 절대 아니다. 그것은 사탄의 계획이다.

취미

모든 여성에게는 흥미를 유발하고 즐거움을 주는 활동이 필요하다. 그것은 해야만 하는 일들로부터 잠시 벗어나도록 해 주기 때문이다. 취미 활동은 스트레스를 줄여준다. 개개인의 에너지와 생동감을 준다. 그리고 가장 중요한 점은, 그것을 통해 개개인의 개성이 계발된다는 것이다. 취미 활동을 하는 동안 더이상 엄마가 아니다. 아내가 아니며 딸도 아니다. 그저 지금 좋아하는 무언가를 하고 있는 사람인 것이다. 무엇이든지 이 활동이 될 수 있다. 여기 몇 가지 아이디어가 있다.

- 사진으로 스크랩북 만들기
- 바느질 / 재봉
- 공예품 만들기
- 쇼핑하기
- 그림 그리기
- 수업 듣기
- 독서 또는 음악 감상
- 운동하기-골프, 테니스, 수영, 조깅 등
- 영화 관람
- 공원에서 산책하기

나에게 "시간이 없어서요"라고 말하지 마라. 시간을 만들라. 적어도 2-3주에 한 번은 즐길 수 있는 활동을 하라. 가능하다면 더 해도 좋다. 그것은 중요한 욕구들을 충족시켜줄 것이다.

다음의 사실들을 생각해 보라.

사실 1: 우리가 규칙적으로 운동하지 않는 한, 18세가 넘으면 우리는 모두 신체적인 내리막길을 걷게 된다. 또한 25세 이후에, 예전에 먹던 대로 먹으면서 규칙적인 운동 프로그램을 따르지 않으면 끝없이 살이 찌게 된다. 그러므로 적당한 식사와 체중 조절은 필수이다.

사실 2: 만일 신체적, 감정적, 영적으로 건강하고 싶다면 규칙적으로 운동하라.

사실 3: 당신의 몸은 성령의 전이므로(고전 6:19-20), 몸을 돌보는 일은 중요하다.

이 사실들은 우리가 모르고 있는 것들이 아니다. "운동이라고요? 와! 여태까지 이런 소릴 한 번도 들어본 적이 없어요!"라고 말할 사람은 없다. 당신은 운동이 중요하다는 사실을 알고 있다. 서투른 변명일랑 할 생각 말고 운동을 하라. 전문가들은 일주일에 3번씩 30분의 운동을 추천한다. 이것이 적당한 운동이다.

죽을 정도로까지 운동할 필요는 없다. 올림픽에 나갈 것도 아니지 않은가. 걷거나 가볍게 달리거나 수영을 할 수도 있다. 아니면 집에서 할 수 있는 온갖 종류의 고문 기구들— 내 말은, 그러니까 운동 기구들—이 있을 것이다. 사용한 적이 없어서 박물관에 가야 할 상태에 있겠지만 말이다!

절친한 친구

당신의 탱크를 채워줄 두 번째 공급원은 절친한 친구이다. 이 절친한 친구에게는 특별한 무언가가 있다. 당신은 그 친구에게 마음을 다 열고 솔직할 수 있으며, 그 친구도 당신에게 마음을 다 열고 솔직할 수 있다. 이를 통해 다음의 것들을 얻게 될 것이다.

- 피드백
- 지지
- 책임감
- 웃음
- 공통된 경험
- 멋진 대화
- 영적 연결
- 친밀함

절친한 친구에게서 얻는 이런 종류의 친밀함은 많은 욕구를 충족시킨다.

만일 당신이 약혼했거나 결혼했다면, 당신은 당신의 배우자와 멋진 결혼생활을 꾸리며 더욱 가까워지길 원할 것이다. 난 결혼을 사랑한다! 나도 결혼했고, 결혼 상담을 하며, 결혼 세미나도 하고, 결혼에 관한 책들도 썼다. 하지만 절친한 친구만이 채워줄 수 있는 욕구들이 있다. 나는 그것이 하나님의 설계에 의한 것이라고 확신한다.

당신의 남자는 그것을 이해하지 못한다. 당신은 말하고, 나누며, 당신의 심정을 쏟아놓지만 그는 그것을 이해하지 못한다. 그는 그것을 알아들을 수 없다. 그러나 절친한 친구는 그것을 알아들을 것이다. 그녀도 여자이므로 당신을 이해할 것이다.

당신의 남자는 당신의 모든 말을 다 알아듣기 힘들다. 당신은 할 말이 정말 많다. 하지만 남자는 한계가 있다. 그는 신경을 쓰지 않는다. 그는 그곳으로 간다(이 현상에 대해서는 나의 저서, Men Are Clams, Women Are Crowbars, Barbour, 1998 / 과묵한 남편 수다쟁이 아내, 브니엘, 2004에서 언급하였다). 그가 떠난 것을 눈치 채고 당신이 묻는다. "지금 무슨 생각을 하고 있는 거예요?"

그는 대답한다. "아무것도 아니에요." 그러나 당신의 절친한 친구는 당신이 말해야만 하는 것을 끝까지 다 들을 것이다. 만약 절친한 친구가 없다면, 만남을 위해 하나님께 기도하라. 친구를 찾기 시작하라. 아마 당신의 이웃이나 교회에 있을 수도 있다. 가까이에서 찾아보라.

남편 혹은 약혼자나 진지한 관계에 있는 남자친구

당신의 욕구 탱크를 채워 줄 세 번째 공급원은 당신의 남편 혹은 약혼자나 진지한 관계에 있는 남자친구이다. 당신의 삶에 반드시 남자가 있어야 하는 것은 아니다. 그러나 만일 남자가 있다면, 하나님의 설계하심으로 그는 특정한 감정적, 신체적, 영적 필요를 채워주게 될 것이다. 이것은 그가 당신의 욕구를 반드시 충족시킬 것이라는 것을 뜻하진 않는다. 연애 시절에는 그가 당신의 욕구를 충족시키는 것처럼 보인다.

그러나 결혼을 한 후에는 이 욕구 충족률이 심각할 정도로 저하될 수도 있다. 먼저 당신의 남편에 대해서 당신이 이해해야 하는 것들이 있다.

· 아주 훌륭한 남편이라 할지라도 당신의 욕구의 30% 밖에 충족시

켜 줄 수 없다. 그렇다! 30%. 그러므로 그 이상을 기대하지 마라.

- 그는 어떻게 당신의 욕구를 충족시켜야 하는지 도무지 감을 잡지 못한다. 그는 자기 자신에 대해 생각하는 경향이 있으며, 그의 직관력은 그저 나무 밑동 정도일 뿐이다.

그는 넘쳐나는 세탁 바구니를 눈치채지 못한 채 백 번도 넘게 지나다닐 것이다. 만일 눈치챈다면 이렇게 말할 것이다. "여보, 빨래 좀 해야겠는데, 나 속옷이 한 장 밖에 없어."

당신은 이렇게 말하고 싶을 것이다. "당신은 뇌 세포가 하나 밖에 없군요. 당신이 직접 빨래 좀 돌리지 그래요?"

당신이 그의 주변에서 온종일 일하고 또 일을 하는 때도, 그는 TV를 보거나 컴퓨터를 할 것이다. 설거지, 청소, 아이들 숙제 봐주기, 걸레질, 빨래. 단 한 번도 그는 도와주겠다고 하지 않을 것이다. 그럴 생각이 떠오르지 않는다. 그는 자신만의 작은 세계에 있는 것이다.

당신은 "이번 주말에 데이트하면 정말 좋을 텐데. 우리 둘만 말이죠"라고 말할 것이다. 바로 남편 얼굴에 대고 말이다.

그럼 그는 이렇게 대답할 것이다. "그래, 좋을 것 같네."

무엇이 문제인가? 그는 남자다! 어떤 종류의 섬세함도 그에게서는 찾아볼 수가 없다. 다른 여자, 특히 친구라면 본능적으로 당신의 필요를 알아차릴 것이다. 당신의 남자는 그렇지 않다. 절대로 그럴 수 없다. 남자는 직접적이며 명확한 대화가 필요하다. 그렇지 않으면 메시지를 알아듣지 못할 것이다. 그가 당신의 욕구를 충족시키도록 하기 위해서는 그에게 당신이 필요로 하는 것이 무엇인지를 정확하게 말해야만 한다.

- ✓ 그에게 특정한 집안 일을 하도록 부탁하라. 그가 했으면 하는 정확한 집안 일에 대해 이야기하고 동의를 구하라. 남편이 도와줬으면 하는 집안 일을 적고 잘 보이는 곳에 붙여 놓으라. "여보, 전 당신에게 잔소리하기 싫어요."

- ✓ 그에게 매일 대화 시간을 갖자고 제안하라. "여보, 난 매일 30분씩 당신하고 이야기하고 싶어요. 애들 재우고 바로 8시 30분부터는 어때요? 우리 둘 만의 데이트도 필요한 것 같아요."

- ✓ 그에게 함께 기도하자고 부탁하라. "여보, 당신과 일주일에 3번씩 5분간 기도했으면 좋겠어요. 월, 수, 금요일 대화 시간 전에 기도하도록 해요. 괜찮지요?"

- ✓ 그에게 성관계를 할 때, 특정한 방법으로 당신에게 다가와 달라고 말하라. 부드럽게 그러나 명확하게 하라. "자기, 난 당신이 예상치 못하게 갑자기 성관계를 하자고 하면 반응하기가 힘들어요. 내가 준비할 수 있도록 미리, 그러니까 하루 전이나 적어도 아침에라도 이야기해 주세요. 더 좋은 건, 매주 주말마다 함께 부부 관계

계획을 잡는 거예요."

실제로 당신의 욕구를 자세히 적은 편지를 그에게 쓰는 것도 좋은 생각이다. 그 후에 만날 시간을 정하고 그것을 그에게 읽어 주라. 그에게 그의 욕구를 말하고 써 달라고 부탁하라. 몇 번의 만남을 갖고 거기서 욕구를 충족시키는 특정한 전략을 확정 짓도록 하라.

당신의 욕구에 대해 이렇게 직접적이고 구체화한다 하여도 그가 당신의 욕구들을 충족시키리라는 보장은 없다. 하지만 적어도 가능성은 있다. 당신은 아마도 당신의 남편이 당신의 욕구가 무엇인지 알 것이라고 생각할 것이다. 그러나 그렇지 않다. 어쩌면 당신은 당신의 욕구들을 남편에게 분명하게 전달하고 있다고 생각할지도 모른다. 그러나 사실은 그렇지 않다.

하나님

질문의 여지도 없이, 하나님은 당신의 욕구를 충족시키는 최고의 공급원이시다. 당신은 오직 하나님만이 채우실 수 있는 영적 욕구를 갖고 있다. 당신이 친밀하게 알 수 있는 당신만의 하나님이 있다. 그분은 성경의 하나님이시다. 그분은 유일하신 하나님이시다. 그분은 이 우주에서 가장 놀랍고, 아름다우며, 강력하고 사랑이 넘치는 분이시다. 그런 주님이 당신과 가까워지길 원하신다.

하나님 알기

하나님의 아들 예수 그리스도를 통해서 하나님을 알도록 하라. 만일 예수 그리스도께서 당신의 죄를 위하여 십자가에서 죽으신 것과 죽은 자들 가운데서 다시 살아나신 것을 믿는다면, 당신은 크리스천이다(고전 15:3-4). 당신은 하나님을 아는 것이다.

하나님과 대화하기

매일 주님과 시간을 보내라. 기도를 통해 주님께 이야기하고 주님의 말씀을 들으라. 당신이 감정적 문제로부터 치유받기 위해 노력할 때, 느끼는 두려움과 걱정들에 대해 하나님께 솔직히 이야기하라. 하나님 앞에 나아가 털어 놓으며 주님께 이의를 제기하라. 바로 그것이 주님께서 당신에게 원하시는 것이다.

성경 읽기

매일 성경의 일정 부분을 읽으라. 한두 절을 택하여 읽고, 몇 분간 묵상하라. 말씀을 통해 주님께서 당신에게 말씀하시기를 구하라. 주님께 당신의 죄악 되고 부정확한 생각들을 대체하는 진리를 달라고 구하라.

하나님과 동행하기

어디를 가든지 하나님을 모시고 가라. 당신의 일과 내내 하나님과 끊임없이 대화하라. 하나님께 당신의 느낌을 이야기하라. 하나님께 당신의 생각을 이야기하라. 하나님께 진리와 지혜와 인도하심과 힘을 구하라. 당신의 믿음이 아무리 약할지라도 하나님은 당신을 사랑하시며 당신을 돕고 싶어 하신다.

하나님께 고민을 이야기하기

당신의 고민들을 하나님께로 가져오라. 나의 친구 릭 레이놀즈는, "고민이란, 당신에게 즉시 기도하라고 하는 계기판의 경고 신호"라고 말한다. 빌립보서 4:6-7은 우리가 하나님과 교통하는 것이 고민을 극복하는 핵심 열쇠라고 가르친다. "아무것도 염려하지 말고 다만 모든 일에 기도와 간구로, 너희 구할 것을 감사함으로 하나님께 아뢰라 그리하면 모든 지각에 뛰어난 하나님의 평강이 그리스도 예수 안에서 너희 마음과 생각을 지키시리라."

만일 당신의 고민과 걱정이 실제로 문제를 야기한다면, 다음의 4단계 고민 타파 공식을 시도해보기 바란다.

1단계: 당신의 걱정거리(혹은 혼란)와 그에 관련된 모든 비이성적이고 부정확한 생각들을 마음 속으로 불러오라. 이런 생각들이 생기는 것을 막을 길은 없으며, 이것들과 싸우려고 발버둥 칠수록 긴장감과 걱정의 수위만 높일 뿐이다.

2단계: 기도하는 가운데 당신의 고민, 두려움, 생각들을 모두 표현하라. 주님께 당신의 잘못된 생각을 분별하고 주님의 진리를 찾는 것을 도와달라고 간구하라.

3단계: 9장에서 나온 3단표를 적용하라. 상황과 그것에 대한 당신의 반응을 파악하고, 3단표에 다음의 항목을 적어 넣어라.

- 무엇에 관하여 걱정하는가? 당신의 걱정과 고민을 불러일으키는 어떤 일이 발생했는가?
- 무슨 생각과 기분이 드는가? 당신의 부정확하고 비이성적이며 왜곡된 생각들. 거짓말들. 걱정, 두려움, 혼란스러운 느낌들은 무엇인가?
- 진실은 무엇인가?(우리가 이미 기도하는 가운데 구했던 하나님의 인도하심을 받아, 상황에 대한 진실을 적으라. 성경 구절과 하나님께서 당신에게 주시는 사건에 대한 정확한 통찰력을 이용하라.)

4단계: 다시 하나님께 나아가 당신이 3단표에 쓴 모든 것을 아뢰라. 당신의 거짓말들을 떨쳐 버리고 주님의 진리를 믿도록 도와달라고 하나님께 간구하라. 당신의 진정한 고민들을 하나님께 고백하며 그것들을 맡아주시도록 기도하라. 주님의 평안을 구하라.

4단계를 몇 번씩 반복해야만 할 것이다. 왜냐하면 당신의 고민들을 하나님께 올려드린 후에도 당신이 다시 그것을 가져올 것이기 때문이다. 이것들을 다시 하나님께 완전히 맡기려면 몇 번의 기도가 더 필요할 수도 있다.

마음 들여다보기

❶ 케이트가 하고 있는 모든 일들이 당신에게도 적용되나요? 당신의 스트레스는 한계점까지 도달한 상태인가요? 당신은 스스로를 돌보고 있지 않다고 인정하나요?

❷ 만일 위의 질문들에 "예"라고 답했다면, 이것을 당신이 사랑하는 사람에게 이야기하세요. 그리고 그 사람에게 이 장에 나오는 스트레스 감소 전략을 적용하는데 도움을 달라고 청하세요.

❸ 당신은 정기적으로 집에서 벗어나는 개인적인 시간을 갖고 있나요? 갖고 있다면 어떤 종류의 개인 시간을 갖고 있나요? 당신의 취미는 무엇인가요? 규칙적인 운동은 하고 있나요? 스트레스 여왕이 되고 싶지 않다면 당장 이 활동들을 시작하세요.

❹ 당신의 가장 친한 친구는 누구인가요? 만일 없다면 힘이 되는 좋은 친구를 만나게 해달라고 간절히 기도하세요.

❺ 만일 당신에게 남편 혹은 사귀는 사람이 있다면, 그에게 먼저 욕구 충족 공급원으로서의 배우자 부분을 읽도록 부탁하세요. 당신은 그에게 당신의 필요에 대해 명확하게 요구하고 있나요? 세밀한 욕구 목록을 만들고, 그와 함께 상의하세요. 그의 필요에 대해서도 똑같은 과정으로 함께하세요.

❻ 당신은 당신을 사랑하시는 하나님을 믿나요? 당신을 사랑하셔서 당신과 더 친밀해지기를 원하시는 하나님이십니다. 당신은 그분께 당신의 고민을 모두 내어드리고 있나요? 고민과 걱정이 문제가 되고 있다면, 4단계 고민 타파 공식을 적용해 2주일 동안 시행해 보세요. 당신을 돕고 싶어 하시는 하나님께 당신의 고민들을 진실하게 고백하며 평안을 주시도록 기도하십시오.

5단계: 풀리지 않은 고통을 대면하라

Face Your Unresolved Pain and Forgive

Chapter 14

과거와 화해하라:
해결되지 않은 고통은 무엇인가?

당신은 감정적인 건강을 향한 여정에서 장족의 진보를 이루었다.

이제 당신이 해야 하는 것은, 과거의 해결되지 못한 고통으로부터 치유받는 것이다. 당신은 당신에게 상처를 주었던 사람들을 대면해 그들이 주었던 모든 고통으로부터 놓임을 받아야 한다. 이 과정은 힘들지만 필수적인 것이다.

두 명의 의뢰인, 두 가지 문제

최근에 나는 두 명의 의뢰인을 만났다. 두 명 모두 각각의 심각한 문제를 가지고 있었다.

한 명의 여성 의뢰인은 자존감이 낮았다. 그녀는 자신이 매력적이거나 똑똑하지 않다고 생각했다. 자신의 능력에 대해 전혀 자신감이 없었다. 그녀는 만성적인 우울증을 갖고 있었다. 자신에 대한 부정적이며 왜곡된 관점으로 인해 그녀의 생애와 관계들이 무력해지고 있었다. 그러나 아무도 그녀가 이런 식으로 자신에 대해 생각하는 것을 모를 것이다. 그녀는 훌륭한 사기꾼이 되는 법을 터득하였다. 사실, 그녀는 매력적이며 똑똑하고 능력있는 여자였다. 그러나 그녀는 그것을 믿으려 하지 않았다. 왜 그녀는 자신을 이토록 싫어하는 것일까?

또 한 명의 남성 의뢰인은 자신의 감정을 제대로 표현하지 못했다. 그의 속이는 정도는 세계적이었다. 그의 감정들은 내면에 아주 깊이 침잠해 있었다. 그는 그의 부인이 이혼 서류를 접수하려고 하자, 나를 찾아왔다. 그의 아내는 그의 마음을 열고 인격적으로 나누기 위해 14년 동안이나 노력해 왔다. 그러나 그녀의 모든 노력은 실패했고, 그녀는 벽에 부딪치고 말았다. 이제 그녀는 지치고 진절머리가 나서 남편을 떠나고 싶다고 했다. 왜 이 남자는 사랑하는 아내에게 자신의 감정을 표현하며 개인적인 것을 나눌 수 없었을까?

과거로부터 해결되지 않은 고통

이 두 의뢰인과 작업하면서 나는 그들의 문제의 근원이 무엇인지 명확히 알게 되었다. 그것은 과거로부터 해결되지 않은 고통이었다. 열등한 자존감을 가졌던 여성은 그녀의 아버지와 관계가 그리 좋지 않았다. 그녀가 자라는 동안 그녀의 아버지는 그녀와 마음을 나누려는 시도를 아예 하지 않았다. 그는 그녀에게 관심을 주지 않았으며, 사랑을 주지 않았고, 칭찬도 하지 않았다. 그는 점잖은 남자였다. 그는 가족을 잘 부양하였다. 그러나 그녀는 아버지로부터 얻어야 하는 것을 얻지 못했다.

어린 여자 아이들은 모두 아버지에게 사랑받고 있다는 것과, 아버지에게 자신이 특별한 존재라는 것, 그리고 자신이 아버지와 가깝다는 것을 느껴야 한다. 아버지가 이러한 역할을 하지 않을 때, 아이의 자존감에 문제가 생긴다. 이 여성은 어려서부터 아버지에게 사랑과 인정을 받지 못했고 따라서 자신을 사랑할 수 없었다.

감정 표현이 없는 남성은 어머니와의 관계가 좋지 않았다. 사실 좋지 않은 정도가 아니라 몹시 나빴다. 거의 학대 수준이었다. 그는 형제 중 막내였는데, 그의 어머니는 더 이상의 아이를 원하지 않았다. 그녀는 종잡을 수 없이 그를 무시했다가 비판하곤 했다. 조롱이나 냉소, 발작적인 분노는 일상적인 일이었다. 그의 아버지는 수동적이었으며, 그를 보호해 주지 않았다. 그의 아버지는 일 중독자였으며 집에 있는 적이 거의 없었다.

그는 이것을 극복해낼 방법을 찾아야만 했다. 자신을 보호하며, 이런 학대적인 분위기의 집에서 살아남기 위해 그는 일찍이 자신의 감정을 죽이고 그것을 마음 깊이 묻어버리는 것을 배웠다. 느낄 수 없다면 상처받을 수도 없기 때문이었다. 이 방법은 어머니와의 문제에서는 성공적이었지만, 그의 부인이나 자녀들, 하나님과의 관계에서는 좋지 않은 영향을 끼쳤다. 그는 누구와도 가깝게 지내려 하지 않았다.

과거는 현재다

이 두 의뢰인처럼, 해결되지 않은 과거의 고통은 현재 삶의 모든 부분에 전이되어 나타난다.

- 당신 자신에 대한 관점이 영향을 받는다.
- 당신의 신체적 건강이 영향을 받는다. 몸의 약한 부분에 과거의 고통이 나타난다.
- 당신의 감정적 건강이 영향을 받는다. 과거의 고통은 우울증, 걱정, 심각한 스트레스, 완벽주의 그리고 분노가 생기는 것을 돕는다. 또한 성(性), 알코올, 도박, 마약, 일, 음식 중독자가 되기도 한다.
- 당신의 경력이 영향을 받는다.
- 가장 심각한 것은, 사람과의 관계에 영향을 받는다는 점이다. 배우자, 아이들, 일가 친척들, 친구들 그리고 하나님.

과거는 당신이 과거를 정면으로 대하고, 하나님의 도우심을 받아 그것으로부터 치유되기 위해 필요한 단계들을 밟아나간 후에야 비로소 과거가 될 수 있다.

만약 해결되지 않은 고통이 있다면, 그것은 당신 내면에 그대로 남아 있을 것이다. 그것은 곪아서 더 나빠질 것이다. 그것은 매년, 매달, 매주, 매일 당신을 무력하게 만들 것이다. 그 심각함을 알겠는가? 그러길 기도하며 바란다.

당신의 노력이 가져오는 유익

해결되지 않았던 과거의 고통으로부터 헤쳐 나오는 작업을 함으로써 얻을 수 있는 유익은 다음과 같다.

1. 감정을 표현하거나 생각하는 부분에서 당신이 가진 문제들을 완벽하게 바로잡을 수 있게 될 것이다. 이 문제들은 상대방이 당신에게 상처를 주었던 수 년 전에 시작되었다. 당신에게 고통을 주었으며, 당신이 감정적으로 건강하지 못하도록 가르친 각 사람들과 용감하게 맞설 때 오는 힘과 자유를, 난 어떤 말로도 표현할 수 없다. 과거의 고통에 대면하는 작업을 할 때, 당신은 성경적으로 올바르게 생각하며 건강한 방법으로 당신의 감정들을 표현할 수 있게 될 것이다.

2. 감정적으로, 신체적으로, 영적으로 훨씬 더 건강해질 것이다. 당신의 감정적 문제는 이제 통제 하에 있으며, 감정 시스템이 부드럽게 작동하기 때문에 당신의 건강은 모든 방면에 걸쳐 극적으로 향상될 것이다. 쌓여 있던 감정적 문제를 제거해 버림으로써 당신은 하나님과 더욱 가까워질 수 있다.

3. 당신에게 상처를 주었던 모든 사람들을 진심으로 온전히 용서하게 될 것이다. 용서는 단번에 끝나는 선택이 아니다. 그것은 어렵고, 진을 빼는 고통스러운 과정이다. 당신에게 해를 가했던 사람을 대면하여, 무슨 일이 있어났는지, 당신의 느낌과 생각들은 어

떠했는지, 그것이 당신의 삶에 끼친 영향은 무엇이었는지에 관한 진실을 말하라. 그때서야 비로소 당신은 그 사람을 용서할 수 있게 된다.

4. 과거의 고통이 현재의 관계에 전이되는 것을 막을 수 있다. 과거에 당신이 가졌던 온전치 못한 관계들을 더 이상 만들지 않음으로써 사랑하는 사람들과 친밀한 관계를 세워갈 수 있다.

5. 당신이 과거의 고통에서 헤어 나오도록 도와준 후원팀의 구성원들과 가까워질 것이다. 그들과 함께 전쟁에 나갔던 경험은 매우 독특한 것이기에 강력한 유대감을 형성할 것이다.

6. 당신에게 상처를 주었던 사람들에게, 진실을 대면하면서 변화할 수 있는 기회를 줄 것이다. 그들의 반응은 그들의 몫이며, 당신의 몫은 진실을 직접 말하고 화해를 구하는 것이다.

성경적인 근거

내가 10장에서부터 12장에 걸쳐 인용한 성구들은 당신이 과거의 고통을 대면하는 것에 대한 성경적인 근거를 제공한다. 당신은 다른 사람들에게 진실을 말해야 하며, 진실에 제한을 두는 규정은 없다. 성경은 당신에게, 당신의 거짓말들에 맞서며, 당신의 생각과 감정이 연관된 사람들에게 직접적으로 이야기하라고 가르치고 있다.

바울은 고통스러운 과거를 가졌으며 그것에 휘둘려서는 안 된다고 결심하였다. 그는 그것에 대하여 말하고 기록함으로써(행 26:9-11, 고전 15:9, 빌 3:5-8) 솔직하게 자신의 과거를 대면하였다. 그는 자신의 과거를 뒤에 남겨두고 그리스도 안에서 영적 성숙을 향하여 나아가길 원하였다

당신은 고통스러운 과거에 의해 통제당하고 있다. 바울이 그렇게 하기 위해 노력했던 것처럼, 이제 당신도 그리스도 안에서 새롭고 건강한 삶을 향해 나아갈 수 있도록 과거를 뒤에 남겨둘 시간이 되었다. 뒤에 남아 있는 것을 어떻게 잊을 수 있을까? 당신에게 상처를 준 사람들을 대면하고, 이 사람들이 당신에게 주입시킨 거짓말과 감정적 신념들을 제거하는 작업을 함으로써 가능하다.

당신의 과거의 고통은 무엇인가?

앞에서 두 명의 의뢰인을 예로 들었지만, 나를 포함한 모든 사람이 과거로부터 기인한 고통을 갖고 있다. 중요한 것은 당신이 그것을 해결했는가 아닌가 하는 것이다. 당신의 고통에 대해 이야기해보자. 이제 몇 가지 질문을 하겠다. 하나님과 당신의 배우자, 그리고 책임 파트너에게 솔직히 대답하라.

- 아버지와의 관계는 어떠했는가? 아버지에 대해서 지금 생각해 보라. 좋은 사람, 나쁜 사람, 혹은 못난 사람 등. 당신에게 다정했는가? 엄하며, 화를 잘 냈는가? 당신과 많은 시간을 함께 보냈는가? 당신을 칭찬해 주었나? 당신을 비판하였나? 당신을 무시하였는가? "사랑한다"고 자주 말하였는가? 폭력적인 기질을 갖고 있

었나? 어머니나 당신의 형제들 혹은 당신을 때렸는가? 당신에게 소리 질렀는가? 당신에게 욕을 하였는가? 성적으로 당신을 학대하였는가?

- 어머니와의 관계는 어떠했는가? 아버지에 대한 질문과 똑같이 스스로에게 질문해 보라. 어머니는 당신에게 어떠했는가?
- 당신 부모님 중 한 분 혹은 두 분 모두 알코올 중독자였나? 다른 중독은 없었나? 부모님들의 결혼생활을 어떠했나? 서로에 대한 사랑을 표현하였나? 자주 다투셨는가? 그렇다면 그것을 어떻게 해결해 나가셨나? 별거 혹은 이혼하셨나?
- 새어머니 혹은 새아버지가 있다면, 그 사람은 당신에게 어떻게 대했는가?
- 육체적으로, 감정적으로 혹은 성적으로 가족 내에서 혹은 밖에서 학대받았는가? 친척, 이웃, 낯선 사람, 남자친구, 여자친구, 목사, 코치 혹은 선생님이 학대하였는가?
- 과거에 성적으로 문란하였는가? 사랑받고 있다고 느끼기 위해, 혹은 관심을 얻기 위해, 아니면 욕구를 충족시키기 위해 성관계를 가졌는가?
- 강간당한 적이 있는가? 낙태한 적이 있는가? 여자를 임신시키고 낙태에 동의했는가? 유산한 적이 있는가? 아이 기르기를 포기하고 입양시켰는가?
- 이혼이나 사랑하는 이성과의 관계가 깨져서 아직 회복되지 않았는가? 예전의 사랑하는 파트너로부터 학대받거나 혹사당한 적이 있는가? 배우자가 바람을 피웠는가?

- 사랑하는 이의 죽음으로 그 슬픔에서 벗어나지 못하고 있는가?
- 과거에 수치스러운 행동을 했는가? 아무에게도 절대 말하지 못할 비밀이 있는가? 당신이 결코 극복해내지 못할 무언가가 있는가?
- 여기서 말한 것 중에 당신의 고통에 해당되는 것이 없다면, 그 고통은 무엇인가?

당신이 안고 있는 과거의 고통이 무엇이든지 간에, 당신이 그것을 대면하고 거기서 회복되지 않았다면 그것은 여전히 거기에 존재한다. 그것은 당신이 그 고통에 대해 무언가 조치를 취할 때까지 계속해서 당신에게 상처를 줄 것이다. 어떻게 하면 과거의 고통이 당신에게 상처를 주는 것을 멈출 수 있을까? 과거의 고통이 현재의 삶과 관계에 전이되는 것을 어떻게 멈출 수 있을까? 건강해져서 더 나은 삶으로 나아가려면 어떻게 해야 할까?

뒤에 남겨진 것과 앞에 놓인 것

과거의 해결되지 않은 고통으로부터 치유받기 위해서는 전략이 필요하다. 공격 계획 말이다. 나에게 당신을 위한 계획이 있다. 하나님께서는 나를 찾아온 여러 사람들을 고치기 위해 이 방법을 사용하셨으며, 난 전심으로 하나님께서 당신을 치유하시기 위해 그것을 사용하기 원하신다고 믿고 있다. 15장에서 17장까지, 우울증 의뢰인의 예를 들어 '과거로부터 치유받기 프로그램'의 첫 세 단계를 볼 것이다. 그리고 18장에서는 그 마지막 단계를 다룰 것이다.

마음 들여다보기

❶ 당신의 해결되지 못한 과거의 고통은 무엇인가요? 당신에게 고통을 준 사람은 누구이며, 당신의 감정적 문제를 발전시키는데 기여한 사람은 누구인가요? 당신에게 아픔을 준 사람들과 그들이 한 일을 목록으로 만드세요. 이것을 하나님께 먼저 아뢰고, 당신이 가장 신뢰하는 사람과 함께 나누세요.

❷ 과거에 당신은 부끄러워할 만한 일을 한 적이 있나요? 혹시 현재 말하기 힘든 죄악된 행동이나 파괴적인 행동을 하고 있지는 않나요? 이 비밀을 당신의 목사님과 배우자, 책임 파트너에게 말하도록 하세요.

❸ 과거에 누군가에게 고통을 준 적이 있나요? 누구에게, 어떤 아픔을 주었나요?

❹ 당신에게 힘들었던 과거의 고통이 현재 당신의 삶에 어떻게 전이되고 있나요? 감정적, 육체적, 영적인 건강에 영향을 받았나요? 만일 그렇다면, 어떻게 영향을 받았는지 이야기해 보세요. 어떤 관계에서 그 전이가 나타나는지 구체적으로 말해 보세요.

❺ 이제 당신은 당신에게 아픔이 되었던 과거의 고통과 대면할 준비를 해야 합니다. 하나님이 원하시는 뜻을 위해, 당신을 위해, 당신이 사랑하는 사람들을 위해 이 치유 과정들을 잘 해나갈 수 있는 용기를 주시도록 하나님께 기도하세요. 이제는 피하고 숨지 마세요. 당당하게 맞서세요! 반드시 하나님께서 도와주십니다. 후원팀 구성원들에게 기도 후원을 부탁하십시오.

Chapter 15

고통을 완전히 토해내라:
더 이상 변명은 사절, 진실만 이야기하라

나의 우울증 의뢰인이 첫 진료 시간에 자신의 아버지에 대해 말하는 것을 들으면서, 나는 그 아버지가 바로 우울증의 근본적인 원인이라는 것을 바로 알 수가 있었다

제가 자라는 동안, 아버지는 긴 시간을 일터에서 보내셨어요. 늘 자기 일에 열심이셨던 아버지와는 깊은 대화를 나누거나 함께 보낸 기억이 없어요. 아버지가 절 사랑하셨다는 것은 알지만 아마도 표현하실 수가 없으셨던 것 같아요. 어머니는 제게 아버지가 딸에게 어떻게 해야 하는지를 잘 모르신다고 여러 번 말씀하셨거든요. 아버지는 어머니께 저를 거의 전적으로 맡기셨어요. 하지만 아버지는 오빠와 보내는 시간은 좋아하셨어요. 남자 아이들이 하는 일을 같이 하

는 것이 더 편하셨을 거라고 생각해요. 오빠와 운동도 하고, 오빠네 운동팀의 코치도 맡으셨고, 사냥이나 낚시 여행에 데리고 가시거나 TV에서 하는 운동 경기를 함께 보곤 하셨지요. 나도 아버지와 특별한 시간을 보내고 싶어 했다는 것을 조금도 눈치채지 못하셨어요. 저는 늘 어머니와 함께했고, 오빠는 아버지와 함께 였어요. 아버지는 자주 신경이 날카롭고 조급하셨어요. 전형적인 남자였고, 완벽주의와 비판적인 성향이 있었어요. 아버지께서 내 성적이나, 내가 집안일을 하는 방식, 내가 고른 몇 명의 친구들 그리고 머리 모양이나 옷에 대해서 비판하셨던 것이 기억나요. 제가 아무리 노력해도 아버지를 절대 기쁘게 해 드릴 수 없었어요. 아버지는 칭찬을 많이 하시는 분도 아니셨어요. 아버지의 기준은 높았고, 또 제가 잘해서 그 기준에 도달했을 때에도 어떤 칭찬도 들을 수 없었어요.

그런데 잊을 수 없는 기억이 한 가지 있어요. 제가 12살쯤 되었을 때, 어쩌다 다락에 있는 성인 잡지 한 박스를 발견하게 되었어요. 정말 끔찍했죠! 전 그것이 아버지 것이라는 걸 알았고, 믿을 수가 없었어요. 왜 아버지가 벌거벗은 여자들을 보는 건 이상했어요. 불결하고 수치스러웠어요. 아버지에 대해 이런 식으로 이야기하려니 기분이 나쁘네요. 완벽한 아버지는 아니셨지만, 남자가 다 그렇잖아요? 그렇게 끔찍하진 않으셨어요. 아버지 세대의 남자들은 딸을 어떻게 키워야 하는지 모르셨을 거라고 생각해요. 요즘에는 아버지가 예전보다 많이 부드러워져서, 저희 둘 관계는 괜찮아요. 지금 생각해보니 아직도 제가 아버지를 기쁘게 하고, 아버지의 관심과 인정을 받으려고 노력한다는 것이 우습네요. 영원히 불가능할지도 모르지만, 괜찮아요.

아버지에 관한 모든 것

그녀의 우울증에 있어서 최초의 뿌리이자 현재에도 계속되고 있는 공급원 중의 하나는 바로 그녀의 아버지였다. 아버지로부터 받은 고통이 그녀의 현재 삶으로 전이되고 있다는 것은 명백했다. 그녀의 아버지는 대부분 그녀의 곁에 있어주지 않았다. 그는 비판적인 완벽주의자였다. 그녀는 그런 아버지를 기쁘게 해 드릴 수 없었다. 그는 그녀를 칭찬하거나 격려하지 않았다. 다정하지도 않았다.

그녀의 낮은 자존감, 우울증, 자신감 결여, 피상적인 관계 등의 기능장애 양상은 그녀의 아버지로부터 시작되었다. 그녀의 아버지 때문에 그것이 자라고 발전되었다. 그럴 의도는 없었겠지만, 그는 자신의 딸을 자기 자신을 경멸하며, 가까운 관계들에서조차 마음을 열지 못하는 사람으로 만들어 버렸다. 아버지가 자신에 대해 느끼고 생각했을 것이라고 받아들인 것이 그녀가 자신에 대해 느끼고 생각하는 바가 되었다.

그녀의 자서전은 그녀로 하여금 아버지의 강력한 영향력을 볼 수 있도록 도와주었다. 또한 자서전을 통해 해결되지 않은 과거의 고통 목록에 있는 다른 사람들도 밝혀졌다. 바로 어머니와 성적으로 그녀를 농락했던 소년, 대학 때의 남자친구였다. 그러나 그녀의 우울함이 시작되도록 한 것은 그녀의 아버지였다.

변명들

치유 과정을 시작해서 현재까지, 그녀는 많은 과제를 열심히 훌륭하게 해냈다. 그녀의 상태는 처음보다 분명히 나아졌다. 그러나 그것만으로는 충분치 않았다. 나는 이제 그녀에게 불행하고 비효율적인 생활 방식을 갖게 한, 가장 많은 역할을 한 사람(바로 아버지)과 마주 할 시간이 되었다고 이야기했다. 그녀는 내가 아버지 이야기를 꺼내는 것을 좋아하지 않았다.

나는 그녀의 아버지가 어떻게 그녀를 침체되고, 수동적이며, 자신이 가치없는 사람이라고 생각하도록 만들었는지에 대해 이야기를 나누었다. 나는 그녀의 아버지가 그녀를 다룬 방법이 오늘날 그녀의 삶에 어떻게 전이되었는지를 하나하나 짚어가며 설명해 주었다. "당신은 아직도 아버지를 기쁘게 해드리기 위해 노력하는 어린아이처럼 행동하고 있어요."

그녀는 아버지와 관련해서 앞으로 해야 할 일들을 듣더니, 하기 싫다고 말했다. 그녀는 도무지 꿈쩍도 하지 않으려 했다. 나는 그녀의 강력한 반발을 예상하고 있었으며 충분히 이해했다. 부모님과 상대한다는 것은 해나가기 어렵고 고통스러운 과정이다. 하지만 그것을 해내지 않으면 나아질 수 없다.

여기, 그녀가 아버지와 마주하는 작업을 피하려는 이유와 그에 대한 나의 대답이 있다.

의뢰인: 전 아버지를 사랑해요!

나: 난 당신이 아버지를 사랑하지 않는다고 말하지 않았어요. 당신이 아버지를 분명히 사랑하고 있다고 확신해요. 사랑은 이것과는 아무런 관계가 없어요. 우리가 이 과정을 다 마치고 난 후에도 당신은 그를 여전히 사랑하고 있을 거예요. 당신의 상처가 없어지면, 아버지를 더 사랑하게 될 겁니다.

의뢰인: 전 벌써 아버지를 용서했어요. 전 기도했고, 하나님께서 저에게 해방감을 주셨어요.

나: 아니요. 당신은 아직 그를 용서하지 않았어요. 당신이 고통을 바로 대면하고 하나님의 도우심을 받아 그것을 제거해 버린 후에야 용서하게 되는 거예요. 그저 단 한 번 기도했다고 해서 해결되는 문제가 아니에요. 물론 하나님께서 당신을 치유하시며 당신이 완벽하게 용서할 수 있도록 도우실 테지만, 당신의 노력을 통해서 하실 겁니다.

의뢰인: 벌써 오래 전 일인 걸요.

나: 아니요. 그렇지 않아요. 이건 지금의 일이에요. 바로 오늘이요. 그때 아버지의 행동이 지금도 큰 영향을 끼치고 있어요. 우리가 할 작업은 수년 전에 일어났던 일을 현재가 아닌 과거로 돌려놓는 거예요.

의뢰인: 내 문제 때문에 아버지를 욕하고 싶지 않아요.

나: 걱정 말아요. 아버지를 욕하라고 하지 않을 테니까요. 당신의 우울증과 다른 문제들은 전적으로 당신 잘못이에요. 제가 말하는 것은, 그의 실수가 오늘의 당신에게, 그리고 당신이 자신과 세상을 보는 방법을 만들어 나가는 데에 엄청난 역할을 했다는 거예요. 당신에게 끼치고 있는 그의 영향력에서 벗어나기 위해, 당신은 그와 솔직하게 직

접적으로 대면해야 합니다.

의뢰인: 아버지는 좋은 분이셨어요.

나: 전 당신 아버지가 나쁜 사람이라고 말하는 게 아니에요. 그는 당신에게 인색한 아버지였고, 회복하기 힘든 깊은 상처를 주었다고 말하고 있는 거예요.

의뢰인: 일부러 그러신 건 아니에요!

나: 맞아요. 악의가 있어서 그런 것은 아니었죠. 당신을 해치려고 특별히 계획을 세운 것도 아니었고요. 하지만 이 사실 뒤에 숨는다고 해서 당신이 더 나아지진 않아요. 만일 어떤 사람이 실수로 야구 방망이를 가지고 당신 머리를 쳤다고 합시다. 일부러 그런 것이 아니라는 것을 안다고 해서 덜 아픈가요? 똑같이 아파요, 그렇죠? 당신 아버지는 당신에게 상처를 주었고 우리는 그 고통을 똑바로 직시해야만 해요.

의뢰인: 하지만 아버진 제가 잘 되라고 그러신 거예요!

나: 그렇다고 합시다. 의도는 중요하지 않아요. 실제로 당신과 아버지 사이에 무슨 일이 있었는지가 중요한 거예요.

의뢰인: 아버지는 불우한 어린 시절을 보내셨어요. 그래서 절 부당하게 대하신 것뿐이라고요. 그건 아버지 잘못이 아니잖아요.

나: 그는 자기 행동에 대해서 책임이 있어요. 그가 불우한 어린 시절을 보낸 것과 당신이 헤쳐 나가야 하는 일과는 아무런 상관이 없어요. 고통은 고통이에요. 그것을 발생시킨 사람의 배경을 안다고 해서 고통이 없어지진 않습니다.

의뢰인: 오빠는 괜찮은 걸요.

나: 그래요, 당신만이 유일한 골칫거리인 것 같군요. 유일하게 미쳤다고 할 수 있겠네요. 보세요! 당신 오빠가 품위있는 삶을 살고 있다고 해서 그가 아버지의 영향을 받지 않았다는 것을 의미하는 것은 아니에요. 그도 아버지와 관련된, 그만의 문제가 있을 거라고 확신해요. 편애받는 아이가 되는 것은 그에 따르는 부담과 문제를 갖게 되지요. 어쨌든, 난 당신 오빠와 이야기하는 것이 아니라 당신에게 이야기하고 있어요.

의뢰인: 전 별 느낌이 없어요. 그러니까 실제적인 고통이 없는 것이 확실해요.

나: 오, 기분이 괜찮으시다고요. 아주 맹렬하고 고통스러운 느낌들이 저 아래 깊숙이 묻혀 있어요. 그것들을 파내야만 합니다.

의뢰인: 훨씬 더 나쁠 수도 있었어요.

나: 그래요. 그럴 수도 있었을 것 같아요. 하지만 실제로 일어났던 일만 이야기합시다. 그것만으로도 충분히 나빴어요. 아버지는 당신에게 상처를 주었고 계속해서 당신의 삶에 영향을 끼치고 있어요.

의뢰인: 아버지한테 화내는 건 좋지 않다고 생각해요. 그러니까 그런 식으로 화내는 것은 예수님을 닮은 행동이 아니잖아요. 그건 죄에요. 그렇지 않나요?

나: 아니요. 죄가 아니에요. 내가 당신에게 표현하길 바라는 분노는 건강하고 정상적인, 예수님을 닮은 행동이에요. 그것을 숨기는 것이 당신이 침체되어 있는 이유입니다. 만일 당신이 그것을 뿜어내지 않으면, 안에서 곪아 원한이나 적대감 같은 더 큰 죄악으로 치닫게 될 거예요. 그 일이 벌써 당신에게 일어나고 있어요.

의뢰인: 내가 이런 일을 하면 어떻게 성경에서 명령하는 대로 아버지를 공경할 수 있겠어요?

나: 성경은 또한 당신에게 진실을 말하라고 명령하시죠. 그를 용서하고 그가 변화되어 당신과 화해할 수 있는 기회를 줌으로써 그를 진정으로 공경하게 될 거예요.

시간을 거슬러 올라가기

대화 후, 그녀의 반감이 어느 정도 수그러들었다. 그녀는 자신의 아버지에 대해 또한 아버지가 그녀에게 상처주었던 일들에 대해 말할 준비가 되었다. 그녀의 아버지가 준 고통들을 말로 표현하는 과정에 들어가면서, 우리는 하나님께 그녀가 치유받는데 필요한 것들(자세한 기억과 그와 연관된 감정적 고통들)을 주시기를 간구했다.

그때의 기억과 그에 동반되는 감정들을 이끌어내기 위해, 나는 그녀에게 아버지의 예전 사진들을 이용하라고 하였다. 그녀는 주말에 집에 내려가 몇 권의 가족 앨범을 살펴보았다. 그녀는 과거의 사진들을 봄으로써 그 당시의 강렬한 감정들을 상기하게 되었다.

나는 또한 그녀에게 어머니와 오빠에게 전화를 걸어서, 아버지에 대한 이야기와 아버지가 그녀를 어떻게 대하셨는지에 대해 그들이 기억하는 것을 물어보도록 하였다. 그녀의 오빠는 말을 하지 않으려고 했다. 그대로 두는 편이 나은 옛 일을 굳이 파내는 것을 거부했다. 그러나 그녀의 어머니는 솔직하게 이야기했으며, 그것은 그녀에게 많은 도움이 되었다. 그녀의 어머니는 고통스러웠던 과거의 사건들을 여러 가지 말해 주었으며, 그녀의 아버지가 더 좋은 아버지가 되지 못했던 것에 대해 유감스럽게 생각했다. 그녀는 어머니께 그들의 대화에 관한 것을 아버지에게 말하지 말도록 당부했다. 자신이 준비되면 아버지와 이야기할 것이라고.

우리는 그녀의 아버지가 그녀를 고통스럽게 했던 8가지 특정한 기억에 대해 나눌 수 있었다. 나는 그녀로 하여금 이 사건들의 장면 장면을 생생하고 자세하게 묘사하게 하였다. 나는 이 기억들이 아버지와 관련된 지난 고통의 전체를 대표하기 때문에 하나님께서 그녀에게 이 특별한 기억들을 주셨다고 이야기하였다. 이 기억들을 되살려내어 그것들과 연결된 감정들을 표현하였을 때, 그녀는 회복을 향해 큰 발걸음을 내딛을 수 있었다.

이 기억들에 관해 나와 이야기하는 동안, 그녀는 오랫동안 묻어 두었던 감정들, 즉 화·격노·배신·슬픔·수치·모욕·죄책감·상처와 접촉할 수 있었다. 나는 그녀가 거침없이 자유롭게 내뱉도록 해 주었다. 그녀는 이야기하는 중간 중간 눈물을 보였다. 나는 그 눈물이 그녀에게 이로운 것이라고 설명하였다. 눈물은 정화시키며 치유한다.

나는 그녀에게 이 기억과 감정을 중요한 대상들(하나님, 그녀의 남편, 책임 파트너)과 나누게 하였다. 나는 그녀에게 모든 치유는 관계를 통해 이루어진다고 이야기해 주었다. 어떤 특별한 사람으로부터 당신이 받는 위로, 지지, 격려는 회복에 있어서 필수적이다.

토해내기 편지

고통의 원인이 되는 사람에게 편지를 씀으로써 당신은 치유에 필수적인 직접적 대면을 하게 된다. 편지를 쓰는 동안 당신은 묻어두었던 고통과 대면하고, 그것을 당신만의 상세한 방법으로 표현하게 되기 때문이다. 그것은 당신이 정신적으로 충격을 받았던 경험들을 그늘지고 어두운 마음 속으로부터 끌어내어 밝고 확실한 현실 밖으로 가져 나오는 방법이 된다.

이제 그녀가 아버지에게 '토해내기 편지'를 쓸 시간이 되었다. 진실과 고통으로 가득 찬, 다 너덜너덜해진 격렬한 감정의 분출. 이 편지는 보내기 위한 것이 아니라 나와 후원팀 구성원에게 읽어 주기 위한 것이다. 나는 이 편지가 어떤 내용을 담고 있어야 하며, 왜 그녀가 이것을 해야만 하는지 설명해 주었다.

그녀가 편지를 쓰러 집으로 가기 전에, 우리는 성령님을 통하여 그녀가 올바른 단어들을 종이 위에 기록할 수 있기를 기도하였다. 하늘 아버지가 되시는 하나님께서 그녀가 육신의 아버지에 대해 솔직하며 아무 것도 숨기지 않을 수 있는 용기를 주시도록 구했다. 예수님께서 그녀의 곁에서 그녀가 말해야 하는 모든 것을 말하며 느껴야 하는 모든 것을 느낄 수 있도록 도와주시기를 간구했다.

자세한 기억과 깊은 감정들을 끄집어내기 위해 그녀는 무려 세 번이나 편지를 고쳐 썼다. 그녀가 쓴 원본은 길이가 꽤 길고 사건들이 모두 기록되어 있기 때문에 간추려 소개하고자 한다. 이 편지를 보면 이런 종류의 편지를 어떻게 써야 하는지에 대한 개념을 얻을 수 있을 것이다.

To. 아버지

전 아주 오랫동안 아버지를 위해 변명해 왔어요. 그러나 이제 그것을 마치려고 해요. 진실은 고통스러운 거예요. 몹시 고통스럽지요. 그것을 직면하기가 두려웠어요. 전 어린아이였을 때부터 아버지에 대해 줄곧 내 자신에게 거짓말을 해왔어요. 그것은 제가 어려움을 겪는 여러 관계들과 우울증의 큰 부분을 차지하고 있어요. 더 이상 이런 것들에 얽매이지 않고 자유롭기 위해서 전 아버지께 정직해야만 해요.

아버지, 진실은 바로 아버지가 내 아버지로서 실수하셨다는 거예요. 아버지는 제게 좋은 아버지가 아니었어요. 아버지는 제게 무관심했어요. 뿐만 아니라 아버지의 그 이기적이고, 비판적인 행동을 통해 제 심장을 몇 번이나 찢어놓으셨어요. 잘 몰랐다든지 저에게 상처를 주고 있다는 것을 알아차리지 못했기 때문이라는 변명으로 빠져나갈 수는 없어요. 아셨어야지요! 아버지의 행동들이 잔인하고 무감각하며 어린 여자아이에게 깊은 상처를 준다는 것을 알아내기 위해서 천재일 필요는 없어요. 그건 상식으로도 알 수 있는 거예요. 아버지가 그렇게 저의 자아상과 자신감을 산산조각 내고 있을 때, 어머니는 그저 옆에 서서 아무 말씀도 안 하셨지요. 어머니와는 나중에 이야기할 거예요.

옛 기억을 떠올리니 속이 울렁거리고 손이 부들부들 떨리지만 제가 느끼는 감정들은 너무나 선명하고 강해요. 마치 수년 동안 저 아래 밑바닥에 가라앉아 있다가 수면으로 올라오는 거품처럼요. 드러나지 않아서 그렇지 약 30년 동안이나 전 분노를 느끼고 있었어요. 활활 타오르는 화. 역겨움. 믿을 수 없는 좌절. 배신감. 두려움. 끔찍한 슬픔과 상처. 이 고통들을 없애 버리고 용서와 치유를 향해 나아가기 위해서 제 기억들에 대한 진실을 말해야겠어요.

아버지, 우리는 좋은 시간을 함께 보낸 적이 거의 없어요. 아버지는 항상 사무실에 계셨던 것 같아요. 어쩌다 아버지가 집에 계실 때도 저랑 같이 있었던 적은 없었어요. 신문이나 TV를 보시거나 오빠와 놀고 계셨죠. 제가 바로 거기 있었다고요! 왜 저랑 이야기하지 않으셨어요?

한 장면이 떠오르네요. 빨간색 점퍼를 입고 머리를 땋은 어린 시절의 제가 아버지께 걸어가서는 아버지가 보고 계시는 신문을 조각조각 찢어버리고 있어요. 그러고 나서 아버지께 소리치죠. "저 여기 있어요, 아빠! 저랑 같이 놀아요! 저랑 같이 이야기해요! 오늘 어떻게 지냈는지 물어보시라고요! 제발 저한테도 좀 시간을 나누어 주시라고요, 아빠!"

아버지가 저에게 소꿉놀이를 하자고 약속하셨던 때가 기억나요. 그때 전 생일 선물로 공주 소꿉놀이 세트를 받아서 아버지를 제 첫 번째 소꿉놀이 파티에 초대했었죠. 아마도 전 그때까지도 아버지가 적어도 한 번쯤은, 초라한 소꿉놀이 파티에 오실 만큼 절 아끼신다고 생각할 정도로 순진했던 모양이에요. 그날 밤 늦게 아버지가 제 방으로 들어오셨어요. 아마도 어머니가 아버지께 제가 종일 아버지를 기다렸다고 얘기했기 때문이겠죠. "미안하구나, 아가야."

하지만 아버지, 그거 아세요? "미안하구나, 아가야"라고 해서 빠져나갈 수 있는 게 아니에요! 왜 시간 맞춰 오지 않으셨어요? 왜 소꿉놀이를 다음에 하자고 하지 않으셨나요? 제가 이유를 말씀드리죠. 아빠에겐 저보다 일이 더 중요했기 때문이에요. 그날 아버지는 5살 저의 마음을 그렇게 짓밟으셨어요. 전 지금 이 글을 쓰면서 울고 있어요. 아버지가 하셨던 일은 잔인해요. 아버지는 제 마음의 아주 깊은 곳에 상처를 줬어요. 아버지는 저랑 가까워질 기회를 놓치셨어요. 그 후에도 수백 번의 다른 기회들을 놓치셨지요. 아버지가 절 무시하셨던 큰 이유 중 하나가 오빠 때문이란 걸, 아버지와 전 둘 다 알고 있어요. 아버지는 저보다 오빠를 좋아하셨지요. 그 조금 있는 여가 시간의 대부분을 오빠와 보내셨으니까요. 오빠를 탓하는 게 아니에요. 아버지를 탓하는 거예요. 제가 나쁜 일을 했거나 잘못된 부분이 있었던 건가요? 제가 아버지께 투명인간인 걸 보면 분명히 전 너무나 가치없는 존재라는 게 분명하다고, 내가 남자가 되면 좋겠다고 생각했던 것이 기억나요. 아버지가 제게 무슨 짓을 했는지 아시겠어요? 왜 사냥과 낚시 여행에 아버지가 절 데리고 가는 일은 한 번도 일어나지 않았을까요? 여자 아이들도 그런것들을 좋아한다구요. 아버지와 함께하는 것이니까요. 항상 오빠에게 밀려나는 나를 보며 제 자신이 가치없고 필요없는 쓰레기 조각처럼 느껴졌어요. 만약 아버지가 오빠도 함께 무시를 했더라면 나았을 거예요. 그럼 적어도 내게 뭔가 문제가 있다고는 생각하지 않았을 테니까요. 전 지금 이 나이가 될 때까지 이 메시지를 머릿속에 담고 살았어요. 이 편지는 제가 그것을 머리 밖으로 꺼내는 것을 도와줄 거예요. 전 충분히 훌륭해요. 이전에도 훌륭했어요. 아버지가 못 보셨던 것뿐이에요. 지금은 아버지의 이 모든 행동에 대해서 화가 나지만, 그때는 아버지에게 화를 내는 것이 너무 무서웠던 것 같아요. 분노를 숨기며 모든 원인을 제 자신에게 돌려 상처를 주었지요. 제 자신에게 화를 내고 미워하는 편이 더 안전했으니까요.

다락에서 아버지가 숨겨 두신 음란물들을 찾아낸 날을 결코, 절대 잊지 못할 거예요. 너무 충격적이었고 소름이 끼쳤어요. 아버지가 벌거벗은 여자들을 쳐다보고 있다는 생각만 해도 너무 역겨웠어요! 바로 그때, 전 왜 아버지가 절 예쁘다고 생각하지 않는지 알게 됐어요. 아버지는 마르면서도 가슴이 크고 매력적인…, 그러니까 육체적으로 매력적인 여자들을 좋아하셨던 거예요. 제가 그 이상에 맞진 않았으니까요. 전 몹시 지쳤어요. 아버지가 제게 하셨던 말씀들, 제게 하셨던 가슴 아픈 행동들을 모두 쓰기에는 종이가 모자라요.. 제가 기억하는 대로 생생하게 진실을 썼어요. 이 모든 것을 파내는 것은 정말로 고통스러웠지만, 저의 솔직한 감정 표현이 하나님의 도우심을 통해 제 삶에 끼치는 아버지의 부정적인 영향을 영원히 멈추어 주길 바라며 기도해요. 정말 간절히 기도해요. 이것이 아버지를 용서하고 전진해 나가는 데 있어서 큰 발걸음이 되길…….

나는 그녀에게 이 편지를 진료실에 있는 빈 의자에 대고 읽도록 하였다. 그녀의 아버지가 의자에 앉아 계시다고 상상하고 편지를 읽으라고 하였다. 읽기 전에 우리는 하나님께서 이 편지를 통해 그녀가 고통으로부터 놓임 받으며, 그녀의 아버지가 그녀에게 했던 일들로부터 치유받으며 아버지를 용서할 수 있도록 도와달라고 기도했다. 편지를 읽기 직전에 그녀는 망설이더니, 이 편지가 너무 가혹한 것 같다고 말했다. 난 물었다. "편지의 내용이 모두 사실인가요?" 그녀가 대답했다. "네, 그래요." 나는 말했다. "중요한 것은 바로 그거예요. 진실을 표현할 때에만 치유받고 용서할 수 있어요."

그녀는 긴장된 상태로 편지를 읽었다. 하나님께서는 그날, 그녀가 간직해온 정신적 충격과 고통의 큰 부분을 없애버리도록 도우셨다. 우리는 이 일을 통한 하나님의 치유의 역사를 기대하며 다시 한 번 기도했다. 그녀의 치유 여정에 있어서 획기적인 진전이었다. 그녀는 마치 자신의 어깨에서 큰 짐이 덜어진 듯하다고 말했다.

나의 지도에 따라, 그녀는 이 편지를 그녀의 남편, 책임 파트너에게 순서대로 읽어 주었다. 이렇게 추가적으로 읽는 것은 그녀의 회복을 더욱 깊게 해주며 가속화시켰다. 왜냐하면 경험을 나누는 것은 치유의 과정이기 때문이다.

마지막으로 나는 그녀와 그녀의 남편에게 이 '토해내기 편지'를 태워 버리라고 하였다. 연기와 재는 죽음, 즉 그녀의 아버지가 준 과거의 모든 고통과 그녀에게 끼치던 통제가 끝난 것을 의미한다. 하지만 이 편지를 통해 감정적 쓰레기의 방대한 양을 그녀의 시스템으로부터 청소해냈음에도 불구하고, 아직 더 할 일이 있었다. 아직 그녀가 아버지의 영향으로부터 완벽하게 치유된 것은 아니었다. 나는 그녀에게 회복을 위한 다음 단계로 나아갈 준비를 해야 한다고 말했다. 앞으로 할 일은 극도로 두려운 일이 될 수도 있다고 경고했다. '토해내기 편지'보다 훨씬 더 어려울 수 있었다.

마음 들여다보기

❶ 과거에 당신에게 상처를 주었던 사람들에 대한 진실을 직시할 수 있도록 하나님께서 도와주시기를 혼자서, 또 당신이 사랑하고 신뢰하는 사람들과 함께 기도하세요.

❷ 부모님이나 다른 사람이 야기한 고통을 직접적으로 대면하는 것을 피하는 고전적인 변명에 대해 아는 것이 있나요? 당신은 지금까지 어떤 변명으로 피해 왔나요?

❸ 하나님과 후원팀 구성원들에게, 과거의 고통과 그것을 일으킨 사람에 대해 진솔하게 이야기하세요.

❹ 당신에게 가장 심한 고통을 준 사람은 누구인가요? 그 사람에게 '토해내기 편지'를 쓰도록 하세요. 감정을 억제하지 말고, 느끼는 대로 모두 토해내세요. 쓰기 전에 먼저 하나님께 기도하고, 후원팀에게도 기도를 부탁하세요.

❺ 당신이 쓴 편지를 세 사람에게 읽어 주세요. 마음의 깊은 상처를 치유받고, 용서하기 힘든 사람을 용서하는 것은 우리의 힘으로 할 수 없습니다. 긍휼히 여기시는 하나님께 구하세요. 오직 하나님만이 하실 수 있습니다. 두렵고 떨리는 마음이 아닌 담대하게 진실과 마주할 수 있는 용기를 주시도록 마음을 합해 함께 기도하십시오.

Chapter 16

"당신에게 할 말이 있어요":
상처를 준 사람과 마주하라

나는 그녀에게, 진정으로 아버지를 용서하기를 원하느냐고 물었다. 물론 그녀의 대답은 "네"였다.

나는 그녀에게 자신의 대답에 절대적으로 확신하는지 물었다.

그녀는 이상한 표정을 짓더니 조심스럽게 대답했다. "네, 확신해요. 왜 두 번이나 물으시는 거죠? 아버지를 용서하기 위해서 더 열심히 노력해야만 할 거라는 이상한 느낌이 드네요."

"더 열심히 노력해야 한다는 말은 맞습니다." 나는 그녀에게 말했다. "나쁜 소식은, 앞으로 당신이 해야 할 두 가지 활동이 쉽지 않을 것이라는 겁니다. 좋은 소식은, 당신이 이것들을 모두 끝마쳤을 때, 당신은 아버지를 전적으로 용서했을 것이라는 겁니다. 첫 번째 할 일은, 아버지에게 '사랑 안에서의 진실 편지'를 쓰고 그것을 부치는 것입니다. 두 번째 할 일은, 그 편지에 대한 아버지의 답장을 가지고 아버지와 마주하는 것입니다. 어떻게 하는 것인지 더 설명해 드리도록 하죠."

사랑 안에서 진실 편지 쓰기

"'사랑 안에서의 진실 편지'는 치유와 변화 그리고 용서를 가져옵니다. 당신은 건강한 방법으로 생각하며 감정을 표현하는 새로운 사람이 될 것입니다. 더 이상 아버지가 당신에게 했던 일들로 인한 상처와 원한, 괴로움에 머물러 있지 않을 것입니다. 당신의 고통은 씻겨 내려갈 것이며, 그것은 더 이상 당신에게 어떤 힘도 발휘하지 못할 것입니다.

'사랑 안에서의 진실 편지'는, 비록 그것이 '토해내기 편지'에 기초하기는 하지만 그것과는 다른 어투와 접근법을 가져야 합니다. 더 짧고 핵심적이어야 합니다. 이미 당신의 고통스러운 감정을 모두 표현했기 때문에 강렬한 정도가 낮아져 있을 것입니다. 이 편지는 그가 당신에게 가한 감정적 손상들을 바로잡는 편지가 될 것입니다. 그것은 예수님을 닮은 사랑의 태도로 표현하는 진실과 용서의 편지가 될 것입니다.

난 당신이 '토해내기 편지'에서 다룬 각각의 충격적인 사건들을 들어서 다음의 세 가지 일들을 했으면 합니다.

첫째, 이야기를 하세요. 무슨 일이 있었는지, 당신이 느꼈던 고통, 당신에게 끼친 영향, 그것이 당신의 생각과 감정을 어떻게 왜곡시켰는지를 간략하게 기술하세요.

둘째, 진실을 말하세요. 그 충격적인 사건에 담긴 진실을 아버지께 알려 주세요. 아버지가 이런 식으로 당신을 대했던 것이 잘못된 것이며, 왜 아버지가 틀린 것인지를 말하세요. 아버지께 당신에 대한 진실을 말하세요.

셋째, 현재의 당신이 무엇을 하며, 무엇을 말할 것인지를 이야기하세요. 정신적으로 충격 받은 각각의 사건에 대해 진실을 말하는 건강한 성인으로서, 지금 그것을 어떻게 다루어가고 있는지를 이야기하세요.

그리고 이 편지 쓰기를 마치면 그것을 당신의 남편과 책임 파트너에게 읽어 주세요. 하나님께서 이 편지를 사용하셔서 당신과 당신의 아버지에게 치유와 변화 그리고 용서를 가능케 하시도록 함께 기도하세요. 그런 후에 그 편지를 부치세요. 아버지의 답장을 대할 때에 잘 준비되어 있을 수 있도록 복사본을 하나 보관하세요. 아버지께 직접 편지를 써서 답장을 달라고 하세요."

답장 대하기

"답장을 받은 후 당신이 할 일은 편지, 이메일, 전화 혹은 직접 만남을 통해 아버지를 대면해서 당신의 진실에 대한 그의 반응에 대해 이야기하는 것입니다. 다시 한 번 당신의 진실을 언급하며, 필요하다면 항변하고 그의 질문과 요구에 대답하세요.

당신은 지금 새로운 당신—솔직하며, 확신에 차 있고, 사랑 안에서 진실을 말하며, 감정을 건강한 방법으로 표현하는—을 연습하고 있는 것입니다. 심리학자들이 '교정적 정서 경험'이라 부르는 것이 바로 이것입니다. 아버지께 대답하는 이 과정을 통해 당신의 변화가 더욱 견고해지며 고정될 것입니다. 만약 당신이 아버지와 이런 종류의 직접적인 대화를 할 수 있다면(당신은 할 수 있어요), 누구와도 할 수 있게 될 것입니다."

꼭 직접 상대해야만 하나?

여러분도 짐작할 수 있듯이, 그녀는 이 두 가지 일에 대해 그다지 열정적이지 않았다. 난 그녀의 저항을 예상하고 있었다. 함께 작업해 온 다른 모든 의뢰인들이 '사랑 안에서 진실 편지 쓰기'와 '답장 대하기'를 피하려고 애썼던 것처럼 말이다.

그녀는 내게 물었다. "벌써 충분히 하지 않았나요? 그냥 아버지에 관한 고통을 선생님과 후원팀에게 이야기하고, '토해내기 편지'를 읽고 그것을 하나님께 가져가 그분께 모두 맡겨 드리면 충분한 거 아닌가요?"

난 그녀에게 말했다. "그것만으로는 충분하지 않아요. 그것은 좋은 시작이고 또한 이 과정들이 부분적으로 당신을 치유하긴 했지만, 충분치 않습니다. 성경은 우리가 다른 사람들을 용서해야만 한다고 분명히 밝히고 있어요. 마태복음 18:21-35과 누가복음 17:3-4을 읽어 보세요. 반대가 얼마나 심하든지 상관없이 우리는 다른 사람들을 용서해야만 해요. 다른 사람이 우리에게 대하는 태도가 어떻든지 상관없이 말입니다. 우리가 다른 사람들을 용서하지 않는다면, 하나님도 우리를 용서하지 않으실 거예요.

성경은 또한 우리가 어떻게 용서해야 하는지에 대해서도 명백히 보여주십시오. 성경은 '직접 상대하라'고 말씀하세요. 마태복음 5:23-24과 마태복음 18:16-17, 그리고 다른 구절들에서 우리와 다툼, 죄악, 고통의 문제를 가지고 있는 사람들을 대면하라고 가르치신 것을 기억해 보세요. 하나님은 이 말씀들을 통해 당신에게 말씀하고 계십니다.

당신이 치유되고 변화되는 것은 바로 용서의 과정과 큰 노력을 통해서 이루어집니다. 이것이 바로 하나님께서 당신이 다른 사람들과 직접 상대하기를 원하시는 이유이지요. 그래요. 당신의 모든 고통을 하나님께 가져가세요. 하지만 하나님께서는 당신이 그것을 당신에게 고통을 준 그 사람에게로 가져가길 원하십니다. 당신이 그렇게 하나님께 순종할 때, 변화가 일어날 거예요. 하나님께서 당신이 직접 그 사람과 상대하길 원하시는 이유는 또 있습니다. 그것이 그 사람에게도 기회를 주는 것이기 때문입니다. 이것은 단지 당신만을 위한 것이 아니에요. 이것은 모두를 위한 것입니다."

그녀의 저항은 계속되었다. 그녀는 말했다. "유명한 작가들이나 라디오에 나오시는 목사님들이 '용서는 선택'이라고 말씀하시는 것을 들었어요. 그분들은 우리가 해야 하는 일은 그것에 대해 기도하고 용서하는 것을 선택하는 것뿐이라고 하셨는데요." 난 말했다. "그렇게 쉬우면 얼마나 좋겠어요! 그 방법에는 어려운 일이 하나도 없잖아요? 하나님께서 언제 단 한 번이라도 인격적 성숙과 영적 성숙으로 이르는 쉬운 길을 허락하시던가요? 용서는 그저 선택의 문제가 아니에요! 그것은 시간과 노력, 하나님을 믿는 믿음이 요구되는 어렵고 고통스러운 일련의 단계입니다." 그녀는 다시 한번 변명을 하며 이 시간을 피해 가려 했다. "많은 크리스천 전문가들이 조언하길, 나에게 상처를 준 사람에게 편지를 쓸 때, 그 사람과의 관계에 있어서 내가 했던 잘못에 대해 용서해 달라는 식으로 쓰라고 하던데요."

나는 또 대답했다. "그래요. 이 접근법과 그것을 주장하는 사람들에 대해서는 잘 알고 있어요. 그들은 좋은 의도로 하는 말이겠지만, 틀렸어요. 이 방법으로 어떻게 그 사람을 용서할 수가 있겠어요? 만약 당신이 그런 잘못들에 책임이 있다면, 이 실수들을 인정하고 용서를 구한다는 것이 말이 됩니다. 하지만 다른 사람이 잘못한 것에 대해서는 어떻게 하지요? 이런 식으로 용서를 구하는 전략은 성경적으로 옳지 않아요. 성경은 진실을 말하고 직접 상대하라고 말씀하십니다. 만약 당신의 실수가 조금이라도 있다면, 그저 그것을 언급하는 것만으로는 온전한 진실이라고 할 수 없어요. 그리고 편지를 보내지 않는 것은 직접 상대하라는 성경의 가르침에 위배되는 것입니다.

심리학적으로 보더라도 그들의 접근법은 옳지 않아요. 이 전문가들은 전임 치료 심리학자들이 아니에요. 따라서 용서가 실제적으로 어떻게 이루어지는지를 이해하지 못합니다. 전 전임 치료사이며 또 용서의 과정을 알고 있어요. 제가 본 의뢰인들 중 많은 수가 그들의 방법대로 시도했다가 결국 용서하는 것에 실패했답니다. 여기 성경적이고 심리학적인 진실이 있어요. 당신에게 상처를 준 그 사람에게 직접적으로 당신의 고통을 표현했을 때, 오직 그때에만 용서하게 됩니다. 이것이 하나님께서 말씀하시는 것이며, 전 하나님의 계획을 따를 것입니다.

물론 직접 상대하는 것이 예외가 되는 경우들이 있어요. 예를 들어 성 도착자와 같이 당신에게 신체적 상해를 일으킬 위험 가능성이 매우 큰 경우, 치매나 다른 뇌 질환으로 지적 능력이 심각하게 제한되어 있는 경우, 생명이 위독한 질병을 앓고 있는 경우, 혹은 하나님께서 직접 상대하지 말라고 분명하게 말씀하시는 경우가 예외가 되겠지요."

이런 상황이라면, 하나님께서 그 사람과 직접적으로 대면하지 않더라도 온전히 치유되며 용서하도록 도우실 것이다. 당신의 고통을 신뢰할 만한 누군가에게 털어놓고 편지를 쓰는 것만으로도 충분할 것이다.

나는 내 의뢰인과 함께 기도하며, 그녀가 두 번째 편지를 쓰는 것을 하나님께서 인도해 주시기를 간구했다. 그녀는 또한 편지 쓸 준비를 하면서 후원팀 구성원들과 함께 기도했다.

사랑하는 아버지께

음... 이 편지를 쓰는 것은 어려웠어요. 분명히 아버지도 읽기 괴로우실 거예요. 하지만 성경의 가르침에 순종하기 위해서 해야 했답니다. 성경은 우리에게 "사랑 안에서 참된 것을 하며"(엡 4:15), 의견이 일치하지 않는 사람과 직접 말하라(마 5:23-24, 18:15-17)고 가르치고 있어요. 아버지, 저는 아버지의 좋고 긍정적인 점들에 대해서도 알고 있고 감사하게 생각해요. 아버지는 어머니와 안정적인 결혼생활을 해 오셨고, 우리 가족을 위해 열심히 일하셨어요. 제 대학 학비도 내 주셨고, 또 저와 제 남편에게 재정적으로 너그러우셨죠. 하지만 전 부정적인 것들을 말씀드려야 겠어요.

이렇게 오랜 시간이 지나서야 아버지께 진실을 말씀드려서 죄송해요. 아버지에 대해 너무 오랫동안 원망해 왔으면서 아무런 말씀도 안 드렸어요. 그것이 저와 아버지를 아프게 하네요. 아버지께 대한 원망을 품고 있었던 것은 제가 잘못했어요. 이것에 대해 아버지께 용서를 구합니다. 제 원망은 이제 사라졌어요. 아버지가 제게 상처 준 모든 일들에 대해 아버지를 용서했어요.

전 더 이상 아버지의 인정이 필요없어요. 그것이 있으면 좋겠지만 필수적인 건 아니에요. 제게는 제 필요를 채워줄 하나님과 남편, 아이들 그리고 몇몇 좋은 친구들이 있으니까요. 아버지, 이 편지는 진실이에요. 제 진실이요. 이 편지에 대해 며칠 간 생각하시고 제게 답장을 써주셨으면 해요. 제가 쓴 것에 대해서 아버지가 어떻게 생각하고 느끼시는지를 알고 싶어요. 왜 아버지는 저를 이렇게 대하셨나요? 아버지의 편지를 받은 후에(만약 보내신다면 말이지요) 이 모든 것에 대해서, 전화로든지 만나서든지 이야기하기로 해요. 우리의 관계가 회복되길 바라고 있어요.

아버지, 전 아버지를 사랑하고 아버지와 가까워지길 원해요. 우리가 지난 고통에 대해 함께 노력하면 다시 한번 아버지와 딸로서 시작할 수 있을 거라고 믿어요.

* 편지의 앞부분은 '토해내기 편지'의 내용과 중복되어 생략했습니다(편집자 주).

답장

그녀는 이 편지를 나와 후원팀 구성원들에게 읽어 주었다. 그런 후에 그것을 부쳤다. 그녀는 마음을 졸이며 아버지가 어떻게 반응하실지를 기다렸다. 놀랍게도 그녀의 아버지는 일주일 후에, 자신의 행동에 대해 사과하며 그녀에게 용서를 구하고, 아버지로서 부족하게 영향을 준 자신의 과거를 나누는 답장을 보냈다. 그들은 이 고통스러운 주제에 대해 몇 번의 전화통화를 하였으며, 직접 만나 이야기를 나누었고, 마침내 그들의 관계는 회복될 수 있었다.

내가 그의 반응을 놀랍다고 말한 것은, 슬프게도 그것이 일반적이지 않은 반응이었기 때문이다. 대부분의 부모들은-사실, 과거의 고통 목록에 있는 대부분의 사람들은-편지에 대해 부정적인 반응을 나타낸다. 대부분의 의뢰인들에게 돌아온 반응은 다음과 같았다.

- **완전 부인(否認).** "네가 말한 일들은 일어난 적이 없어. 넌 거짓말쟁이야." 혹은 당신이 미쳐서 모든 것을 꾸며낸 것이라고 주장한다. 혹은 정신과 의사가 당신을 속이고 조종해서 이 모든 일이 일어난 것처럼 생각하도록 하게 한다고 말한다.
- **완전 항변.** 당신의 핵심들에 대해 모두 논박하는 부인(否認)의 형식이다. 각 사건들에 대해 다른 해석이 주어진다. 대개 당신에 대한 인신공격이 동반된다. 당신의 실수와 죄들이 대두되며 그것이 유일한 쟁점으로 떠오른다. "다 네 잘못이야."
- "내가 너를 그렇게 아프게 했다니 미안하다"가 아니라, **"옛날 일**

때문에 그렇게 어려움을 겪다니 참 유감이로구나"의 반응이다. 앞의 반응의 변형으로 볼 수 있다.

- **"네가 말하는 것처럼 그렇게 나쁜 것은 아니었다."** 네가 말한 일 중에 몇몇 일들은 실제로 일어났어. 하지만 너무 과장했는걸. 네가 과민 반응하는 거야. 네 감정은 너무 격앙되어 있어. 이런 일들은 그저 살면서 일어나는 거야. 그러니까 그런 일들로 그렇게 수선 떨면 안 돼."
- **"이건 모두 과거의 일이다. 그냥 내버려 두어라."** 이 반응은, 이 사건들이 분명히 일어났지만, 그것들은 과거에 일어난 일이기 때문에 그것들을 알거나 이야기하고 싶은 마음이 전혀 없다는 것이다. "이제 다 지난 일이잖아. 과거로 돌아가서 그것을 되돌릴 수도 없고 그래서도 안 돼." 때때로 이런 반응과 함께 두루뭉술한 사과를 받을 수도 있고, 아닐 수도 있다. 종종 이 접근법은 지금부터 새로운 관계를 시작하자는 부탁을 포함한다.
- **"만약 내가 네 기분을 상하게 했거나 상처를 주었다면…"** 만약이라는 단어는 당신이 말하고 있는 것에 의문을 제기하며 따라서 이것은 어떤 책임도 피하기 위한, 불충분한 반응이다.
- **영적인 접근.** "난 이제 하나님과 가까워졌고 과거에 일어났던 모든 일들은 예수님의 보혈 아래 있다." 이런 경우, 진실을 대면하는 것에서 탈출하기 위해 십자가에서 희생하신 예수님의 뒤로 숨고 있다.
- **"크리스천답지 않아."** "만일 네가 진정 신실한 크리스천이라면 이런 과거의 일들을 꺼내진 않았을 거야. 만일 네가 정말로 하나님을

사랑한다면 넌 나를 용서했을 거야. 난 크리스천은 사랑하며 용서하는 것으로 생각했는데….”

- **"어떻게 네가 나에게 이럴 수가 있니?** 정말이지 난 너무 상처받았고 할 말이 없구나. 내가 너무 불쌍해." 관심이 당신의 고통이 아니라 그의 혹은 그녀의 고통으로 옮겨졌다. 대개 이런 경우는 당신에게 잘해 주었던 모든 것들을 이야기한다.
- **가족 지원군으로 포위**. 다른 가족들에게 재빨리 연락하여 그들을 자신의 지지자로서 등록시킨다. 이 작전은 당신의 신용을 떨어뜨리고, 당신을 고립시키기 위한 것이다.
- **묵묵부답 · 완전 침묵**. 당신의 편지는 인정받지 못했다. 무시당한 것이다. 당신이 제기한 문제들에 대해 어떤 언급도 거부한다.
- **완전 거부**. 가혹하고 거친 비난. 대개 관계를 단절하는 것이 수반된다. "너의 이 끔찍한 편지에 대해서 겸손하게 사과하고 용서를 구할 때까지, 넌 유언장에서도 빠질 것이고, 의절이야. 남남이라고!"

당신이 받은 반응이 어떻든지 간에 당신이 할 일은, 진실 위에 굳게 서는 것이다. 사랑 안에서의 진실을 직접 이야기하라는 성경적 책임으로부터 흔들려서는 안 된다. 편지를 받은 사람이 준비가 되었을 때, 과거의 진실에 대해서 솔직하고 논리적인 대화에 응하기를 원한다는 것을 분명히 밝혀야 한다. 좋은 소식은, 상대방의 반응은 당신의 치유에 아무런 영향이 없다는 것이다. 당신은 진실을 말했기 때문에 반응과 상관없이 치유될 것이다. 물론 솔직하고 긍정적인 반응은 화해와 발전된 관계에 필요하다. 하지만 당신은 당신이 말하고 행동한 일에 대해서만 통제력을 가질 뿐이다.

만약 당신에게 상처를 준 사람과 계속해서 연락을 한다면, 당신은 계속해서 사랑 안에서 진실을 말해야만 한다. 만약 그 사람이 현재에도 당신에게 상처를 주거나 마음을 상하게 하면, 그 사람에게 그때마다 말해야 한다. 이렇게 계속해서 확실하게 진실을 표현하는 것은 당신의 감정 시스템이 깨끗하도록 지켜주며 당신이 계속해서 용서할 수 있도록 해 줄 것이다.

나는 당신이 해결되지 않은 과거의 고통에 대해, 과거에 당신에게 상처를 준 모든 사람들에게 이와 같은 접근 방법을 따르길 권한다. 한 번에 한 명씩 하도록 하라. 나의 우울증 의뢰인의 경우, 그녀의 아버지와의 과정을 마친 후 어머니, 친구의 오빠, 대학 때의 남자친구에게 이 과정들을 반복하였다.

마음 들여다보기

❶ '사랑 안에서의 진실 편지'를 쓰는 일에 걸림돌이 되는 것은 무엇인가요? 무엇이 가장 두려운가요?

❷ '용서'에 관한 책을 읽어본 적이 있나요? 그 책에서는 용서에 대해 어떤 과정으로 설명하나요? 당신은 용서에 대해 어떻게 생각하나요? 성경의

말씀에 집중하세요. 무엇이 옳은 것 같나요? 당신은 이 장에서 말하는 성경적 방법에 따를 것을 동의하나요? 이 장에 언급된 성경 구절들을 읽고, 당신의 후원팀 구성원들과 용서에 관하여 이야기해 보세요. 그리고 하나님께서 당신을 가르쳐 주시도록 기도하세요.

❸ '사랑 안에서의 진실 편지'를 쓰기 전에 하나님께서 도와주시도록 기도하세요. 편지를 썼다면 그것을 후원팀 구성원들 앞에서 읽어 주고, 발송하세요.

❹ 당신의 편지를 받은 그 사람은 어떤 종류의 반응을 보일 거라고 생각하나요? 가능한 응답에 대해 확신 있게 성경적으로 대처할 수 있도록 준비(연습)하세요.

❺ 이 회복의 단계들을 꼭 따르십시오. 쉽지 않겠지만 포기하지 말고 끝까지 해나가길 바랍니다. 한 번에 한 명씩, 순서대로 하세요. 이 과정을 해나갈 때 가장 중요한 것, 아시죠? 기도! 기도! 입니다. 하나님의 인도하심을 믿으며 순종하십시오.

Chapter 17

당신이 상처를 준 사람들:
실수를 인정하고 용서를 구하라

당신은 해결되지 않은 과거의 고통을 대면하였고, 그것을 말하였고, 편지로 썼으며, 당신에게 상처를 준 사람들의 반응을 상대하였다. 이제 당신이 과거에 상처를 주었던 사람들에게 관심을 돌려야 한다. 왜 그래야 하는 것일까?

"하나님의 명령이다"

마태복음 5:23-24을 이해하기 위해 신학교의 졸업장을 가질 필요는 없다. 예수님께서는 말씀하신다. "그러므로 예물을 제단에 드리려다가 거기서 네 형제에게 원망들을 만한 일이 있는 것이 생각나거든 예물을 제단 앞에 두고 먼저 가서 형제와 화목하고 그 후에 와서 예물을 드리라."

당신에게 원망할 만한 일을 가진 다른 사람들이 있다. 당신은 의도적으로 혹은 의도하지 않았지만 그들에게 상처를 주었다. 예수님은 당신이 그들에게 가서 그것을 바로잡는 것을 시도해야만 한다고 말씀하신다.

"당신의 치유를 위한 일이다"
온전한 치유가 이루어지기 위해서는 당신의 지난 관계들에서 모든 고통을 씻어내야만 한다. 그렇지 않으면 고통은 남아서 곪고, 계속해서 당신에게 해를 끼칠 것이다. 그리고 사탄은 그것을 이용할 것이다(고후 2:11).

"당신의 죄책감을 없애 준다"
죄책감은 가장 소모적이며 파괴적인 감정 중의 하나이다. 그것은 당신을 감정적으로, 육체적으로, 영적으로 연약하게 만든다. 그것은 당신의 내부를 먹어 치우는 암처럼 작용한다. 날이 가고, 달이 가고, 해가 갈수록 그것은 점점 더 많은 해를 끼친다. 참소자인 사탄(계 12:10)은 당신이 계속해서 죄책감에 사로잡혀 있는 것을 기뻐한다.

당신의 죄책감을 부추기는 사탄의 노력뿐만 아니라, 죄책감이 당신에게 달라붙어 있도록 하는 이유들은 여러 가지가 있다.

- 그것을 축소시키며 당신이 한 일이 그리 나쁘지 않다고 자신에게 확신시킨다.
- 그것을 정당화시키며 당신이 한 일이 괜찮은 것인양 믿게 만든다.

- 일어났던 일에 대해 다른 누군가를 탓한다.
- 하나님 행세를 하며 당신이 한 일에 대해 영원히 자신에게 벌을 준다.

더 깊숙이 내려가 보면, 당신이 일으킨 고통을 처리하지 않아서 그 고통이 내면에 남아 있기 때문에 여전히 죄책감을 갖고 있을 수도 있다. 이 나머지 고통은 어딘가로 가야만 하며 죄책감이 바로 이 '어딘가' 중의 하나이다.

성경은 하나님께서 당신이 저질러 왔고 또 앞으로 저지를 모든 죄에 대해 당신을 용서하신다는 놀라운 메시지를 분명하게 보여 준다. 예수 그리스도께서 당신의 죄를 위하여 죽으시고 다시 살아나셨다는 것을 믿지 않는 죄를 제외하고 말이다. 나의 목사님인 폴 페어 목사님은 설교에서 하나님의 용서에 관해 이렇게 말했다.

- 하나님은 즉시 용서하신다(요일 1:9).
- 하나님은 완전히 용서하신다(골 2:13-14).
- 하나님은 반복적으로 용서하신다(마 18:21-22).
- 하나님은 용서하시고 잊으신다(사 43:25; 렘 31:34).

당신이 해야 하는 일은 단지 하나님께 용서를 구하는 것이며(요일 1:9), 하나님께서는 당신을 용서하실 것이다.

"당신이 상처를 준 사람에게 유익하다"

마태복음 5:23-24이 가르쳐주듯이, 하나님께서는 화해, 즉 관계의 회복을 바라신다. 당신이 해를 끼친 사람들과 대면하는 것은 또한 그들이 상처를 치유받는 데에도 도움이 될 것이다. 그들은 당신이 준 고통을 갖고 살아왔다. 그들을 대면하며 용서를 구함으로써, 그들에게 치유의 기회를 주는 것이며 관계를 바로잡을 수 있는 기회를 주는 것이다. 그들의 치유와 관계의 회복이 일어나지 않을 수도 있지만, 하나님께서는 그들에게 그 기회를 주는 것이 당신의 책임이라고 말씀하신다.

당신의 잘못으로부터 치유되기

당신이 상처를 준 사람에 대해 다음의 다섯 단계를 따르라.

"하나님의 용서를 구하라"

당신의 죄를 은밀하게 하나님께 고백하고 그분의 용서하심을 구하라(요일 1:9). 당신이 사랑하며 신뢰하는 사람과 함께 기도하라(마 18:19-20).

"팀 구성원들에게 당신의 죄에 대해 모두 말하라"

성경은 우리에게 서로 짐을 나누라고 가르치신다(갈 6:2). 당신이 신뢰하는 사람들에게 당신의 죄의 짐을 나누라. 당신은 항상 관계 안에서 치유될 것이다. 항상.

성경을 보면 다윗 왕의 간통, 우리야 살해, 그리고 그의 고백이 매우 자세하게 나와 있다(삼하 11-12장, 시 51편). 왜일까? 왜냐하면 자세하게 말하는 것이 회복의 과정에 있어서 중요하기 때문이다. 당신의 짐을 나눌 사람에게 당신이 다른 사람에게 어떻게 해를 끼쳤는지에 관하여 자세히 이야기하라. 당신의 짐을 함께 나눠 질 그 사람의 위로와 격려가 당신의 치유에 도움이 될 것이다. 또한 당신이 다음 과정으로 나아갈 수 있도록 용기를 줄 것이다.

"'미안해요 편지'를 쓰라"
이 편지는, 당신이 그 사람에게 어떤 고통을 주었으며 아프게 했는지에 대해 명확하고 자세하게 써야 한다. 당신의 죄에 대해 전적으로 온전히 고백해야 한다. 자세하게 할수록 당신에게 유익하다. 왜냐하면 그렇게 함으로써 죄책감을 포함한 당신의 감정이 씻겨지기 때문이다. 이것은 또한 상대방에게도 유익하다. 왜냐하면 이해를 돕기 때문이다. 당신의 편지를 받는 사람은 당신이 스스로 한 일의 의미와 영향을 알고 있다는 것을 알게 될 것이다. 여러 번 사과하고 용서를 구하라. 그 혹은 그녀가 당신을 용서하기까지 시간이 걸린다는 것을 명심하고.

당신의 편지에 대해 어떤 방법이든지 상대방이 원하는 방법으로 응답해 달라고 부탁하라(편지, 이메일, 전화, 혹은 개인적인 방문 등). 당신은 그 사람이 자신의 감정을 털어놓는 것을 듣고 모든 질문에 답해야 한다. 용서와 화해를 얻기 위해 당신이 무엇이든 할 것이라는 점을 밝히도록 한다.

편지를 다 쓰고 나면, 그것을 먼저 하나님과 후원팀 핵심 구성원들에게 읽어 주라. 지지자들과 함께 하나님께서 이 편지를 사용하셔서 당신과 상대방, 또한 두 사람의 관계를 치유해 주시기를 기도하라.

"편지를 부치라"

만일 당신이 그 사람의 주소를 안다면 편지를 부치도록 한다. 당신의 연락처를 모두 제공하라. 편지를 부쳐서는 안 되는 예외의 경우는 '사랑 안에서의 진실 편지'와 동일하다. 만일 그 사람이 당신에게 육체적 손상을 가할 것 같은 위험이 느껴진다면, 치매나 다른 뇌 질환으로 인해 지적 능력이 심각하게 제한되어 있다면, 생명이 위독한 심각한 병에 걸려 있다면, 혹은 하나님께서 당신에게 그 사람과 직접 상대하지 말라고 분명히 밝혀주셨다면 편지를 부치지 않아야 한다.

이것은 사업상의 편지가 아니므로 컴퓨터를 사용하지 말라. 손으로 쓴 편지가 훨씬 더 인간적이다.

"대화에 응하라"

만일 그 사람이 당신의 행동에 대해 당신과 이야기하고 싶어 하거든, 그렇게 하라. 기억하라! 당신이 해야 할 일은 진실을 말하고 화해를 구하는 것이 전부이다. 당신 쪽에서 화해의 다리 절반을 가는 것이다. 나머지 절반은 상대방에게 책임이 있다. 그 사람이 당신의 고백을 무시할 수도, 혹은 당신이 했던 일이 별 일 아니었으므로 더 이상 이야기할 필요가 없다고 할 수도 있다. 혹은 당신에게 몹시 흥분하여 화를 내며 용서하기를 거부할 수도 있다. 반응이 어떻든지 간에, 당신은 하나님께 용서받을 것이며 죄책감을 없앨 수 있다.

당신이 해를 끼친 각 사람에 대해서 위의 다섯 단계를 따라 행하라.

편지 쓰기

나의 의뢰인은 자신이 큰 아픔을 주었다고 생각되는 다섯 사람을 골라 왔다. 고등학교 때 그녀가 나쁜 소문을 퍼뜨렸던 사람, 그녀의 남편, 그녀의 아이들, 낙태한 아기, 그리고 하나님.

다음은 그녀의 '미안해요 편지' 중 하나이다.

보니에게

그래, 내가 네 이름을 지어 주었지. 비록 넌 숨 한 번 쉬어보지 못했지만 넌 이름을 가질 자격이 있단다. 넌 나의 소중한 보니란다. 내가 오래 전에 죽인 나의 아기. 난 여러 해 동안 너를 피해 왔고 또 내가 한 일은 괜찮다고 내 자신을 속이려고 애썼단다. 난 선택의 여지가 없었다고. 그건 내 남자친구의 잘못이었다고. 난 용서받았다고.

자비로운 하나님께서 날 용서해 주셨지만, 용서받았다는 것을 한 번도 느낄 수 없었어. 죄책감의 짐이 조금이라도 가벼워졌다고 느낄 수가 없었단다. 이렇게 너를 똑바로 대하고 고백하면, 하나님의 용서를 느낄 수 있고 또 앞으로 나아갈 길을 찾을 수 있을 거라고 믿는다. 보니, 난 내 남자친구와 성관계를 맺었고 넌 그렇게 나와 함께하게 되었단다. 성관계는 실수였지만, 넌 실수가 아니었어. 내가 임신한 것을 알았을 때, 난 정말 너무나 두려웠단다. 두려움과 혼란 그리고 엄청난 죄책감에 사로잡혔지.

내가 무슨 짓을 했던 걸까? 난 아기를 가질 준비가 되어 있지 않았어! 난 네 아빠, 데이빗이 날 정말 사랑하고 평생 내 곁에 있어 줄 거라고 생각했어. 하지만 내 생각이 틀렸지. 그는 나에게 마구 화를 내었고, 다 내 탓이라고 했어. 그리고 낙태시키려고 노력했지. 그가 잘못한 것은 분명하지만, 난 그를 용서했단다. 보니, 네 삶을 끝낸 것에 대해 내게 책임이 있구나. 비록 데이빗이 일부 역할을 하긴 했지만 그의 탓으로 돌리진 않을 거야. 성관계를 가진 것도 내 결정이었고, 결국 네 삶을 끝낸 것도 바로 내 결정이었으니 말이야. 그래서 너무, 너무, 너무 미안하구나. 보니, 내가 너에게 한 짓은 너무나 잘못된 것이란다. 내가 널 죽였어. 그렇게 할 권리가 내겐 없는데 말이야. 네게 용서를 구한다.

난 이 편지를 하나님과 내 남편(너에게도 멋진 아빠가 되었을 텐데), 내 가장 친한 친구, 그리고 목사님께 읽어드릴 거야. 그리고 나서 남편과 함께 태울 거란다. 너를 잊으려고 하는 것은 절대 아니야. 영원히, 절대로 널 잊지 않을 거란다. 하지만 내 고통과 죄책감으로부터 벗어나 앞으로 나아가기 위해서는 그렇게 해야만 해. 내 남편과 나는 지역 임산부 보호 센터에 보니라는 네 이름으로 기부를 했단다. 기독교 단체인데, 아직 태어나지 않은 아기들을 살리기 위해 임신한 여성들을 돌보는 곳이지. 내가 살아있는 한 이곳과 또 이와 비슷한 곳에 계속해서 기부할 거야. 보니, 네가 천국에 있다는 걸 알아. 우리가 다시 만날 것이라는 것도. 그날까지, 너의 엄마가 너를 사랑한다는 것을 알고 있으렴. 다시 만나 함께할 영원이라는 시간이 있단다.

사랑하는 엄마가.

마음 들여다보기

❶ 당신은 얼마나 많은 죄책감을 갖고 있나요? 어떤 일에 대해 죄책감을 느끼나요? 죄책감이 당신에게 끼치는 영향은 무엇인가요? 후원팀 구성원들에게 이 질문에 대한 답변들을 말하세요.

❷ 당신이 과거에 마음을 아프게 했던 사람은 누구인가요? 무슨 일 때문이었나요?

❸ 이 사람들의 목록을 만들고, 어떤 순서로 그들에게 편지를 쓸 것인지 정하세요.

❹ 당신의 목록에 있는 사람들을 한 번에 한 명씩, 다음의 다섯 단계에 따라 진행하세요. 하나님의 용서를 구하는 기도를 하세요. 당신의 죄를 다른 누군가와 이야기하는 겁니다. '미안해요 편지'를 쓰세요. 만일 상대방이 원한다면 직접 대화해야 합니다. 하나님께 기도하는 것이 제일 첫 번째로 할 일입니다. 이 모든 일이 하나님의 뜻대로 진행되도록 기도하십시오.

Chapter 18

상실에서 살아남는 법:
정신적 충격으로부터 회복되는 4단계

- 10분 전만 해도 당신은 결혼할 상대와 약혼한 상태였다. 바로 그 10분 전에 약혼자가 당신에게 파혼을 선언했다.

- 당신은 결혼생활이 남은 생애 동안 계속될 줄 알았다. 그러나 지금 판사는 당신에게 "당신은 이혼했다"고 말해 준다.

- 몇 년 동안 아닌 척하며 부인했지만, 당신이 어린 시절에 겪은 학대를 직면하기 시작했다.

- 당신은 무덤가에 서서 당신이 사랑하는 사람이 들어 있는 관을 바라보고 있다.

- 당신에게는 배우자와 아이들이 있고, 집에는 청구서가 잔뜩 쌓여 있다. 그런데 안타깝게도 조금 전에 당신의 상사가 이제 당신은 잘렸다고 알려주었다.

- "나쁜 소식입니다." 의사가 말한다. "암입니다."

이와 같은 상실을 경험하게 되면, 당신의 마음은 두 개의 질문을 외칠 것이다. '이걸 이겨낼 수 있을까?' '어떻게 이겨낼 수 있을까?'
   그렇다. 당신은 이겨낼 수 있다. 4단계의 회복 과정을 성공적으로 완수함으로써 상실을 극복할 수 있다. 각 단계들은 고통스럽고, 시간이 걸리며 또한 엄청난 노력을 요구한다. 하지만 이것은 온전한 회복을 향한 열쇠이다.

14장에서 17장까지, 해결되지 않은 과거의 고통을 어떻게 풀어나가야 할지 이미 설명하였다. 이 장에서는 회복의 진행적 성격을 명확하고 간결하게 보여주는 4단계에 대해 살펴보도록 하겠다. 이 단계들을 이해하면, 당신이 치유 과정의 어디쯤에 와 있는지, 무엇을 더 해야만 하는지 알 수 있게 될 것이다.

부인

이것은 충격의 단계이다. "이런 일이 일어나다니 믿을 수 없어." 당신은 충격을 받았다. 멍하다. 혼란스럽다. 당황한다. 뇌의 기능이 저하되는 듯하고, 시간에 대한 감각이 흐리멍텅해진다. 당신은 뒤로 물러서서 고립된다. 보통 많은 사람들이 모든 일이 정상으로 되돌아가는 상상을 하곤 한다. 그리고 수많은 '만약' 시나리오를 가지고 스스로를 자책한다.

- 만약 내가 바람을 피우지 않았다면.
- 만약 그녀가 진찰받도록 주장했더라면.
- 만약 …라고 말했더라면.
- 만약 관계에 있어서 일들을 좀 다르게 했더라면.
- 만약 여행에 가지 말라고 그를 설득했더라면.

이런 것들은 모두 상실을 되돌리고 모든 것을 다시 정상으로 만들려는 시도이다. 이 단계는 대개 몇 주에서 두 달 정도 지속된다.

목적 : 이 단계는 충격을 완화시키고 당신이 상실에 적응할 수 있는 시간을 줌으로써 보호를 제공한다.

임무 : 당신이 해야 할 일은 상실이 발생했다는 것을 믿는 것이다.

이 단계에 묶여 있기
당신이 상실의 현실을 계속해서 부인하면, 이 단계에 묶여 있게 된다.

상실을 받아들이지 않기 위해 시간 외 근무를 하고, 자원 봉사를 하며, 비정상적일 정도로 집을 청소하고, 아주 바쁘게 지낸다. 행복한 표정을 지으며 모든 것이 괜찮은 척한다. 그 일이 일어난 지 4개월이 지나서 교회에 가서 상실에 대해 하나님을 찬양한다. 당신은 여전히 당신의 배우자에게 돌아오라고 애원한다. 당신은 결별 후에 즉시 재혼을 하거나 새로운 관계를 시작한다. 아무렇지도 않은 얼굴로 다른 사람들에게 말한다. "전 완벽한 어린 시절을 보냈지요."

분노

이것은 살아남기 단계이다. "그 일이 일어났지만, 그것은 공평하지 않아." 분노는 위협에 대한 정상적인 반응이다. 큰 상실은 당신이 믿는 모든 것을 위협한다. 큰 위협은 큰 분노와 같다.

이 단계의 초기에, 당신은 당신이 잃어버린 것(깨어진 관계, 이혼, 이별, 죽음)이나 당신을 학대한 사람에 대해 강한 분노를 느낀다. 당신은 또한 하나님께서 그것을 허용하셨다는 것을 알기에, 하나님께도 분노를 느낄 것이다. 기억하라. 만일 당신이 이런 식으로 느끼고 있다면 솔직한 것이 최선이다. 당신이 하나님께 대해 화가 났으며 이건 다 하나님 탓이라고 생각한다고 말씀드려라. 이것은 하나님의 주권을 인정하는 것이며 하나님과 더욱 친밀한 관계로 이끌 것이다.

이 단계에서 당신은 비난받을 사람들의 잘못을 들추어낸다. 마치 정의로운 재판관이 된 것처럼 당신은 완전무결하다고 느낀다. 당신은 대부분 "왜"라는 말로 시작되는 수천 개의 질문들을 한다.

- 왜 이 일이 일어났는가?
- 왜 지금?
- 왜 이 사람이?
- 왜 나에게?
- 왜 그녀에겐 일어나지 않았는가?

당신은 곁에 있는 죄없는 사람들에게 당신의 분노를 뿜어댄다. 당신은 예민하고, 긴장되어 있으며, 참을성이 없고, 속이 좁다. 마치 생리 전 증후군과 목감기가 동시에 걸린 것과 같다. 하나님으로부터 멀어진다. 교회 출석률이 떨어진다. 기도 생활도 마찬가지다.

이 단계는 대개 2~3달 지속된다.

목적 : 이 단계는 당신에게 큰 위협을 경고하며, 그 위협에 대해 당신이 대처하기 시작하도록 에너지와 동기를 제공한다. 분노는 그 자체만으로는 회복에 이르게 할 수 없지만 필수적인 시작 단계이다.

임무 : 첫 번째 할 일은 다른 사람과 하나님께 대한 당신의 분노를 방출하는 것이다. 때때로 의뢰인들은 말한다. "전 아무에게도 화난 게 아니에요. 단지 그 상황에 화가 났을 뿐이에요." 난 항상 대답한다. "말도 안 돼요. 적어도 두 상대에 대해선 화가 났잖아요. 하나는 당신에게 고통을 준 사람이죠. 다른 한 분은 하나님이시고요."

당신은 분노는, 그것이 정당하든지 아니든지 반드시 표현되어야 한다. 당신의 분노는 여러 가지 방식으로 표현될 수 있다.

- 기도 (예레미야, 욥, 다윗 모두 하나님께 부르짖었다.)
- 신체적인 활동, 운동
- 앞 장에서 추천한 방법대로 편지 쓰기
- 당신의 배우자, 친구, 목사님, 상담자 그리고 소모임 멤버들과 이야기하기
- 분노의 원인이 되는 사람과 직접 해결하기

분노의 저변에 깔려 있는 다른 감정들에 도달하기 위해서 당신은 반드시 분노를 표현해야만 한다.

두 번째로 할 일은 살아 남아서 당신이 앞으로 나아가야 할 과정을 밟는 것이다. 당신은 앞으로도 더 많은 회복 과제를 수행해야 하므로 일정한 핵심적인 일들은 반드시 정상적으로 돌아가고 있어야 한다.

- 직업을 유지하거나 구하기
- 청구서 처리하기
- 아이들 돌보기
- 옛 친구들과 다시 관계 맺기
- 교회로 돌아오기
- 후원팀 찾기
- 삶 재건하기

내 의뢰인 중에 한 명은 불쾌한 이혼을 겪었다. 물론, 모든 이혼은 다 불쾌하다. 그녀의 남편은 비열했다. 그는 하루에도 몇 번씩 그녀에게 전화를 걸어 그녀를 심하게 비난했다. 난 그녀가 자신을 추스르고, 새로운 삶을 세워나갈 수 있도록 도왔다. 그녀는 아이들에 관한 일이 아닌 이상 남편과 통화하지 않았다. 그녀는 직업을 구하고, 좋은 변호사를 선임했으며, 아이들을 어린이집에 등록시켰다.

당신이 살아남기 위해서 충분히 분노의 단계에 머물러 있을 필요가 있다. 만일 너무 빨리 우울의 단계로 들어가게 되면, 회복하기까지 훨씬 더 오래 걸릴 것이다. 만일 당신이 경험해야 하는 어떤 분노를 경험하지 못했다면, 되돌아가서 그 분노를 느끼며 그것을 밖으로 끌어내야 할 것이다.

이 단계에 묶여 있기

만일 당신이 분노를 꽉 붙잡고 그것을 놓아버리지 않는다면, 당신은 분노의 단계에 묶여 있는 것이다. 분노는 어떤 힘을 갖도록 도와준다. 따라서 3개월이 지나도 그것을 포기하고 싶지 않은 것은 결코 이상한 일이 아니다. 만일 다음 중 하나라도 해당된다면 당신은 분노를 너무 오래 붙들고 있는 것이다.

- 당신의 삶이 신랄함과 원망, 적대감으로 특징지어진다.
- 당신은 계속 당신에게 고통을 준 사람에게 집중하고 있다.
- 당신에게 고통을 준 사람에게 해를 끼치는 방법을 상상하거나 그런

행동을 계속한다.
- 당신이 화가 난 대상에 대한 이야기를 들으려는 사람이라면 누구에게든지 이야기한다.
- 사라지지 않는 신체적, 감정적, 영적 문제를 경험한다.
- 계속해서 "왜"라는 질문을 한다.

우울

이것은 시험 단계이다. "그런 일이 있어났는데, 내가 계속해 나갈 수 있을지 잘 모르겠어." 상실의 현실이 급소를 찌르는 것과 같다. 분노의 저변에는 항상 상처, 깊은 슬픔, 실망, 절망, 자신에 대한 원망과 죄책감이 깔려 있다. 당신은 우울의 증상들을 경험하게 될 것이다.

- 피로
- 집중력 장애
- 수면 장애(잠들지 못하거나 중간에 깨서 다시 잠들지 못하거나 혹은 너무 많이 자는 것)
- 식이 장애(너무 많이 먹거나 너무 적게 먹는 것)
- 삶에서 기쁨이 사라짐
- 울음
- 사회적 후퇴
- 가치 없다고 느낌
- 자살에 관한 생각(만약 자살에 대한 강한 욕구를 느끼거나 계획을 세우고 싶은 마음이 든다면, 전문적인 치료를 지금 즉시 받도록 한다.)

원래 우울하게 되어 있다! 물론, 그것은 고통스럽다. 하지만 괜찮다. 그것은 건강한 과정이며, 회복의 일부분인 것이다. 대개 우울의 단계가 가장 오래간다. 상실의 정도에 따라서 그것은 5-7개월까지 지속될 수 있다. 만약 당신이 여전히 높은 수준으로 일들을 수행하고 있고, 때가 되면 이 우울함에서 벗어나길 바란다면, 그리고 여전히 삶에서 기쁨을 경험하는 한, 당신의 우울함은 건강한 것이다. 만약 당신이 이 세 부분에 있어서 3주 연속 문제가 있다면, 전문적인 도움을 받아라.

목적 : 이 단계는 상실이 당신의 삶에 끼치는 충격을 가늠하도록 해준다. 당신의 삶은 이전과 똑같지 않을 것이다. 따라서 필요한 조정을 해나갈 시간이 필요하다. 일반적인 질문은 다음과 같다. '이 상실이 나에게 무엇을 의미하는가?', '이제 내 삶이 어떤 모습이 될까?' 회복의 일부를 통해 당신의 삶을 바라보며 필요한 변화들을 만들어 간다.

임무 : 첫 번째로 할 일은 충분히 슬퍼하는 것이다. 만일 당신이 상처를 표현하지 못한다면, 그 상처가 남아서 해를 끼치며 계속해서 당신을 침체되게 할 것이다. 그러므로 당신의 배우자, 믿을 수 있는 친구, 가족, 목사님, 크리스천 치료사, 상실에 관련된 모든 사람, 그리고 하나님께 당신의 고통과 슬픔을 표현할 필요가 있다.

당신이 분노를 표현했던 것과 같은 방법으로 슬픔을 표현하라. 슬픔을 표현한 훌륭한 실례를 원한다면, 다윗의 시편을 읽어 보도록 하라. 그는 슬픔을 쏟아내었고 치유받았다.

상처와 슬픔은 너무 강렬하고 불가항력적이기 때문에 이 감정들을 표현하는 것은 더 어렵다. 화가 났을 때는 마치 내리막길을 내려오는 거대한 불도저가 된 것처럼 느낄 것이다. 그러나 침체되었을 때는 길 한 복판에 홀로 서 있는 것처럼 무섭게 느껴질 것이다.

두 번째 할 일은 사실을 수집하는 것이다. 상실의 파장을 가늠하기 위해서는 모든 사실이 필요하다. 당신이 모르는 무언가로부터 회복될 수는 없다.

예를 들어 배우자가 바람을 피웠을 경우, 간통에 관한 것들을 가능한 한 많이 알아내야 한다. 언제 시작되었는지, 어떻게 발전되었는지, 그들이 갔던 곳은 어디이며 무엇을 했고, 무슨 이야기를 나누었고, 언제 끝났는지. 무슨 일이 일어났는지 알게 될 때까지 자세하게 파고들어라. 당신은 상실에 이르게 한 사건들과 상실 그 자체에 대한 현실적인 그림을 원한다. 시나리오와 사건 그리고 상호 작용을 기억하라. 그것들에 대하여 말하며 기록하라. 자세할수록 더욱 좋다. 이것은 상처와 고통을 부숴버리는 좋은 방법이다.

만일 당신이 실패한 관계(이별, 파혼, 이혼)의 문제를 겪고 있다면, 무슨 일이 일어났는지를 아는 것이 중요하다. 이 사실들로 인해, 당신은 충분히 슬퍼하며 당신의 실수로부터 배울 것이 있다.

세 번째 할 일은 책임을 배분하는 일이다. 상실에 있어서 당신이 한 일은 무엇인가? 만일 당신이 학대나 간통의 피해자가 아니라면, 당신도 어느 정도 책임이 있을 가능성이 크다. 상실에 있어서 다른 사람들이 한 부분은 무엇인가? 하나님께서 맡으신 부분은 무엇인가?

네 번째 할 일은 당신의 삶을 계속해 나가기로 결정하는 것이다. 이것은 우울 단계의 마지막에 일어나게 된다. 고통을 철저하게 헤치고 나간 후에, 당신은 그 고통과 비참함에서 떠나 새롭고 건강한 방법으로 사는 것을 의식적으로 택할 수 있게 된다.

이 단계에 묶여 있기

만일 당신이 계속해서 우울한 상태로 남아 있고, 당신의 삶이 긍정적이며 건강한 방향으로 움직일 기미가 안 보인다면 당신은 우울의 단계에 묶여 있는 것이다. 우울증은 다음과 같이 좀 더 미묘한 증상으로 나타날 수도 있다.

삶의 목표, 방향, 의미 상실. 감정적으로 단조로우며 무감각하게 느낌. 부정적이고 비판적인 태도가 발전됨.

수용

이것은 성장의 단계이다. "그 일이 일어났지만, 난 그것과 함께 살아가는 것을 배울 거야."

결코 이전과 같지는 않지만 계속 살아간다. 상실은 잊혀지지 않고 어느 정도 느껴지겠지만, 당신의 성장과 변화는 당신을 더 나은 삶으로 이끈다. 기분이 나아지며, 당신의 삶과 당신 자신에 대해 더 좋게 느낀다. 활동 수준도 올라간다. 다시 기쁨을 경험하기 시작한다. 웃기도 하며 상황에 따른 유머를 이해한다. 가족이나 친구들과 더 많은 시간을 보낸다. 옛 취미 생활로 되돌아간다. 당신을 아는 사람들이 말한다. "다시 예전의 너로 돌아왔구나."

이러한 변화들에는 시간과 노력이 필요하다. 하루아침에 일어나지 않는다. 이 단계는 보통 3-6개월 지속된다.

목적 : 이 단계는 당신이 성장의 과정을 밟음으로써 치유 과정을 완수하도록 해 준다.

임무 : 첫 번째 할 일은, 상실에 대하여 열린 마음으로 솔직하게 말하는 것이다. 만일 당신이 치유되고 앞으로 나아가게 되면, 상실에 대한 당신의 감정은 눈에 띄게 감소할 것이다.

두 번째 할 일은, 상실에 대해 당신과 다른 사람들을 용서하는 것이다. 당신은 이미 충분히 당신의 생각과 감정을 표현하였고, 직접 다루었으며, 당신의 모든 고통스러운 감정들을 놓아버렸다. 당신은 당신이 할 수 있는 모든 것을 다 하였다.

세 번째 할 일은, 예수 그리스도를 통하여 하나님과 친밀한 관계를 이루어 가든지, 다시 회복한다. 이 단계에서 당신은 하나님을 알게 되거나 하나님께로 되돌아온다. 만일 당신이 되돌아온 것이라면, 당신은 더 깊고 친밀한 방법으로 관계를 맺게 될 것이다. 하나님과 친밀하게 연결되지 않고서는 치유는 불완전하다.

마지막으로 할 일은, 특별하고 건강한 생활 방식의 변화이다. 진정으로 치유받으려면 긍정적인 변화를 만들어야만 한다.

이 단계에 묶여 있기

만일 당신이 하나님과의 관계에서, 다른 사람과의 관계에서, 그리고 당신 자체로서 순전하게 변화되지 않았다면 이 단계에 묶여 있는 것이다. 상실의 온전한 목적은 변화이다. 각각의 상실은 이 세 부분에 있어서 당신을 앞으로 나아가도록 하게 되어 있다.

만일 당신이 성장의 과정을 밟지 않고 그저 흘러가는 물과 같다면, 묶여 있는 것이다. 만일 당신의 영적 생활이 무미건조하다면, 당신은 묶여 있는 것이다. 만일 당신이 삶에서 진정한 기쁨과 평화를 맛보지 못한다면, 당신은 묶여 있는 것이다. 만일 당신이 개인 생활과 관계에 있어서 계속하여 어려움을 겪고 있다면, 당신은 묶여 있는 것이다.

하나님은 당신이 긍정적인 변화를 경험하길 원하시며, 이 변화를 가져오는 하나님의 방법 중 하나가 바로 상실이다.

마음 들여다보기

❶ 당신이 삶에서 겪었던 상실은 무엇인가요?

❷ 상실로부터 회복되는 4단계 모형으로 볼 때, 당신은 어느 단계에 와 있나요? 당신을 잘 알고 있는 가까운 몇 사람에게 당신이 어느 단계에 있다고 생각하는지 물어보세요.

❸ 혹시 어느 한 단계에 묶여 있지는 않나요? 앞으로 나아가며 온전히 회복되기 위해 어떤 일을 더 해야 할까요?

❹ 상실에 대하여 하나님을 원망하며 화낸 적이 있나요? 아직도 화가 나 있나요? 하나님과 다시 가까워지기 위해 당신은 어떻게 할 건가요? 계속 화만 내고 있을 건가요? 하나님께서 당신에게 상실을 경험하게 하신 것은 당신의 성숙(변화)을 위한 것입니다. 당신의 생각, 태도, 삶에 긍정적인 변화가 있기를 기도하십시오.

6단계: 새로운 삶을 경영하라

Create a New Life

Chapter 19

선하며 신실한 삶을 꿈꾸라:
당신에게 예비된 모험의 삶

치유의 과정에 대해 당신이 이해해야만 하는 세 가지 사실이 있다.

첫째, 당신의 감정적 문제를 치유함에 있어서 지금까지 당신이 이루어낸 성과는 궁극적으로 하나님의 소관이다. 당신은 열심히 노력했고 하나님께서 당신의 노력에 대해 당신을 인정하신 것이다. 하나님이 없었더라면 당신은 그것을 해낼 수 없었을 것이다. 당신의 믿음이 얼마나 연약한지에 상관없이, 치유의 모든 순간에 하나님은 바로 당신 곁에서 일하셨다.

둘째, 치유의 마지막 단계는 하나님이시다. 하나님만이 육체적, 감정적, 영적으로 치유하실 수 있는 유일한 분이시다. 당신이 가진 가장 중요한 필요들은 영적인 것이며, 하나님만이 이것들을 충족시키실 수 있다.

셋째, 치유의 온전한 목적도 하나님이시다. 하나님은 온 우주의 모든 것의 목적이 되신다. 당신의 치유는 당신 자신에 대한 것이 아니다. 그것은 하나님에 대한 것이며 당신과 하나님의 관계에 관한 것이다. 하나님과 가까워지며, 하나님께서 당신을 향해 계획하신 모험 가운데 하나님을 섬기기 위해 치유받는 것이다.

예수님은 하나님께서 기대하시는 당신의 삶에 대해 요한복음 10:10의 말씀으로 언급하셨다. "내가 온 것은 양으로 생명을 얻게 하고 더 풍성히 얻게 하려는 것이라." 예수님께서 풍성한 삶이라고 말씀하신 것은, 하나님 아버지와 가까워지며 그분을 효과적으로 섬기는 삶을 뜻한다.

하나님은 그저 감정적으로 치유하시는 것 이상을 당신에게 원하신다. 그분은 당신과 친밀한 관계를 맺으며, 당신이 그분을 위해 위대한 일들을 하도록 힘을 주고 싶어하신다. 주님은 준비가 되셨다. 언제나 준비가 되어 계셨다. 그리고 이제 당신도 준비가 되었다.

야고보서 4:8은 놀라운 약속을 말씀하신다. "하나님을 가까이 하라 그리하면 너희를 가까이 하시리라." 이제 하나님을 가까이 할 시간이다. 어떻게 할 수 있을까? 발을 내딛어 네 가지 행동을 지금 당장 시작하는 것이다.

그리스도께 나아오기

4장에서, 하나님과의 관계를 시작하는 방법에 대하여 기술하였다. 이것이 너무나 결정적으로 중요하기에 다시 한 번 간략하게 훑어보도록 하겠다. 고린도전서 15:3-4은 당신이 하나님을 알기 위해 무엇을 해야 하는지에 대해 정확히 말씀하고 있다. "내가 받은 것을 먼저 너희에게 전하였노니 이는 성경대로 그리스도께서 우리 죄를 위하여 죽으시고 장사 지낸 바 되었다가 성경대로 사흘 만에 다시 살아나사."

당신이 지금까지 지어 온 모든 죄와, 앞으로 지을 모든 죄를 대신하여 예수님께서 십자가에서 죽으시고, 죽은 자 가운데서 살아나신 것과, 그분을 믿을 때 당신의 죄가 사하여진다는 것을 믿으면 당신은 크리스천이다. 하나님을 아는 당신은 그 관계를 절대 잃어버릴 수 없다.

기도하기

모든 가까운 관계에는 시간과 대화가 필요하다. 하나님을 가까이 하기 위해서는, 성경 말씀 가운데 당신에게 다가오는 구절들을 묵상하며, 기도하는 가운데 하나님께 이야기하며 그분의 말씀을 들어야만 한다. 바울은 "쉬지 말고 기도하라"(엡 6:18)고 말한다.

하나님 아버지께 기도하는 방법에 대해 예수님보다 더 좋은 스승이 있을까? 예수님의 기도 생활은 복음서 전체를 통하여 쓰여 있다.

- 예수님은 기도하시기 위해 아침 일찍, 사실은 아직도 어두울 때에 일어나셨다(막 1:35). 예수님보다 더 바쁜 사람이 없었지만, 주님께

서는 기도할 시간을 만드셨다. 당신도 할 수 있다.
- 예수님은 기도하시기 위해 준비된 장소로 물러가셨다(눅 5:16). 기도하기 위해 조용하며 개인적인 장소를 찾는 것은 중요하다.
- 예수님은 그의 제자들을 고르시기 전에 밤새도록 기도하셨다(눅 6:12-13). 예수님께서는 모든 중요한 일이 있기 전에 기도하셨다. 중요한 일을 앞두고 있을 때 하나님께 먼저 기도하며 때때로 오랜 시간 기도하라.
- 예수님께서 제자들에게 가르치신 주기도문의 단계를 따르라(눅 11:1-4). 하나님을 찬양하며, 죄를 고백하고, 간구하며, 유혹에 빠지지 않도록 하나님의 도우심을 구하라.
- 어린아이와 같이 하나님께 나아오라: 열린 마음으로, 겸손하며, 의심치 않고 단순한 믿음을 가지고(마 19:13-15).
- 한 명 혹은 두 명의 다른 사람들과 함께 기도하라. 예수님께서 당신과 함께하시며 하나님 아버지께서 당신의 기도에 응답하실 것이다(마 18:19-20).
- 기도할 때 예수님의 죽음과 그것이 의미하는 바를 기억하라. 당신을 위해 그 몸이 십자가에 달리셨으며 당신의 죄를 용서하시기 위해 그 피를 흘리셨다(마 26:26-29).

이 기도 원칙을 따르면 하나님 아버지와 더 깊은 수준의 친교에 도달하게 될 것이다. 성령께서 당신이 신실한 삶을 살도록 능력을 주실 것이다. 당신은 "영을 좇아" 행할 것이며(롬 8:4), "하나님의 영으로 인도함"을 받을 것이다(롬 8:14).

하나님의 말씀 읽기

- 하나님의 말씀을 읽고 묵상하라. "오직 여호와의 율법을 즐거워하여 그의 율법을 주야로 묵상하는도다 그는 시냇가에 심은 나무가 철을 따라 열매를 맺으며 그 잎사귀가 마르지 아니함 같으니 그가 하는 모든 일이 다 형통하리로다"(시 1:2-3).
- 하나님의 말씀에 순종하라. 그러면 복을 받을 것이다. "자유롭게 하는 온전한 율법을 들여다보고 있는 자는 듣고 잊어버리는 자가 아니요 실천하는 자니 이 사람이 그 행하는 일에 복을 받으리라"(약 1:25).
- 예수님의 말씀에 순종하라. 그러면 하나님 아버지께서 당신을 사랑하실 것이며 당신은 하나님, 예수님과 특별한 사귐을 갖게 될 것이다. "예수께서 대답하여 이르시되 사람이 나를 사랑하면 내 말을 지키리니 내 아버지께서 그를 사랑하실 것이요 우리가 그에게 가서 거처를 그와 함께하리라"(요 14:23).

목사님께 당신이 참여할 수 있는 개인 혹은 소그룹 성경공부 모임을 추천해 달라고 부탁하라.

하나님을 섬기기

하나님께서는 그분이 당신에게 주신 영적 은사를 사용하여 당신이 다른 사람들을 섬기길 원하신다(엡 2:10, 벧전 4:10). 당신의 은사는 일차적으로 교회에서 사용하도록 되어 있으며(엡 4:11-16), 그렇게 할 때 당신은 사랑 안에서 교우들과 예수님께 더욱 가까워질 것이다. "오직 사랑 안에서 참된 것을 하여 범사에 그에게까지 자랄지라 그는 머리니 곧 그리스도라 그에게서 온 몸이 각 마디를 통하여 도움을 받음으로 연결되고 결합되어 각 지체의 분량대로 역사하여 그 몸을 자라게 하며 사랑 안에서 스스로 세우느니라"(엡 4:15-16).

사도 바울이 한 대로 행하며 "유모가 자기 자녀를 기름과 같이(살전 2:7)" 다른 사람들을 부드럽게 돌보라. 또한 하나님을 섬기는 일은 "제자 삼으라"는 예수님의 명령에 순종하는 것이다(마 28:19). 이것은 다른 사람을 예수님께 인도하며 그들이 영적으로 성장할 수 있도록 돕는 것을 의미한다. 나는 이것이, 다른 사람들이 감정적으로 치유받도록 도와주라는 것을 의미한다고 확신한다. 당신이 감정적으로 치유를 받았기에 다른 사람들이 치유받는 것을 도울 수 있을 것이다. 하나님께서는 이런 사람들을 당신에게로 인도하실 것이다.

하나님은 믿어지지 않는, 아주 놀라운 사랑으로 당신을 사랑하신다. 예레미야는 주님의 사랑을 "영원한 사랑"(렘 31:3)이라고 부른다. 하나님께서 당신을 너무나 많이 사랑하시기 때문에 당신의 인생을 위한 모험을 계획해 놓으셨다(롬 8:28, 렘 29:11). 하나님의 도우심을 받아, 당신은 감정적인 자유를 경험하기 위해 열심히 노력하였다. 이제 하나님께서 당신에게 항상 원하시던 것이 무엇인가를 깨달을 준비가 되었다.

자, 당신을 위해 하나님께서 예비해 놓으신 모험의 삶을 시작할 시간이다!

마음 들여다보기

❶ 당신은 하나님의 아들 예수 그리스도를 통해 하나님과 관계를 맺고 있나요? 만일 아니라면, 지금 그 관계를 시작할 준비가 되었나요?

❷ '기도하기', '성경 말씀 읽기', '하나님 섬기기'는 이 장에서 언급된 영적인 활동의 세 영역입니다. 이 중 어떤 부분이 가장 잘 되고 있으며, 어떤 부분이 부족하다고 느끼나요? 그것을 향상시키기 위해 어떤 노력을 하겠습니까?

❸ 당신이 하나님께 받은 영적 은사는 무엇이라고 생각하나요? 후원팀 구성원들에게 당신의 영적 은사가 무엇이라고 생각하는지 물어보세요. 목사님께도 질문해보세요. 당신이 어떤 분야에서 섬기는 것이 좋을지 이야기해보세요.

❹ 당신을 너무나 사랑하셔서 여기까지 은혜로 인도하신 하나님께 감사드리세요. 하나님께서 당신에게 원하시는 것은 무엇일까요? 하나님께서 기뻐하시는 삶이 무엇인지 깨달을 준비가 되셨나요? 당신을 위해 하나님께서 예비해 놓으신 모험의 삶을 풍성히 누릴 수 있도록 기도하십시오.

멋진 모험이 되시기를!

부록

3단표

어떤 일이 있었나?	어떤 생각과 기분이 들었나?	어떤 결과가 나타났는가?
아들의 학교 기금 마련 행사에 가기로 한 것을 잊었다.	당황되고 내 자신에 대해 화가 났다.	이틀 동안 우울했다.
자원봉사를 하겠다고 신청해 놓고는 까맣게 잊어버리고 말았다.	난 멍청하고 책임감 없는 나쁜 엄마다(거짓).	아들에게 미안하다고 사과했다.
아들이 실망했다.		
자원봉사 조직위원으로부터 "도대체 어디에 계셨습니까?"라고 쓰인 이메일을 받았다.		자원봉사 조직위원에게 꾸며낸 이유를 둘러대는 이메일을 보냈다.
주일에 낙태의 악함에 대한 설교를 들었다.	난 너무 곤혹스러웠으며 엄청난 죄책감에 시달려 설교시간 내내 울었다.	일주일 동안 심한 우울 증세를 보였다. 남편이 내 입을 열게 하려고 노력했지만 거부했다.
목사님께서, 낙태란 결백한 아기를 살인하는 것이라고 분명히 밝혔다.	난 누군가를 죽였고, 용서받을 수 없다(두 번째 부분은 거짓).	내 감정을 꼭꼭 감추었다.
	난 나쁜 사람이다(거짓).	고통으로부터 벗어나려고 너무 많이 먹었다. 살이 찌니 기분이 나빴다.
	내가 낙태한 것 때문에 하나님 께서는 나에게 벌을 주고 계신다(거짓).	
	난 우울해도 싸다(거짓).	

4단표

어떤 일이 있었나?	어떤 생각과 기분이 들었나?	무엇이 사실이었나?	어떤 결과가 나타났는가?
아들의 학교 기금 마련 행사에 가기로 한 것을 잊었다. 자원봉사를 하겠다고 신청해 놓고는 까맣게 잊어버리고 말았다. 아들이 실망했다. 자원봉사 조직위원으로부터 "도대체 어디에 계셨습니까?"라고 쓰인 이메일을 받았다.	당황되고 내 자신에 대해 화가 났다. 난 멍청하고 책임감 없는 나쁜 엄마다(거짓).	실수 했을 뿐이다. 단지 그 뿐이며 그럴 수도 있다. 당황되고 화가 났지만 그 상태로 머물러 있어선 안 된다. 이 실수 때문에 내가 멍청하고 무책임하거나 나쁜 엄마가 되는 것은 아니다. 난 똑똑하다. 난 대부분의 경우에 책임감이 있다. 난 완벽하진 않지만 좋은 엄마이다. 하나님께서 나를 창조하셨고 (시 139:13-16), 나를 사랑하신다 (요 3:16).	몇 시간 동안 기분이 나빴지만 그 후에는 괜찮아졌다. 아들에게 미안하다고 사과했다. 자원봉사 조직위원에게 꾸며낸 이유를 둘러대는 이메일을 보냈다.
주일에 낙태의 악함에 대한 설교를 들었다. 목사님께서, 낙태란 결백한 아기를 살인하는 것이라고 분명히 밝혔다.	난 너무 곤혹스러웠으며 엄청난 죄책감에 시달려 설교시간 내내 울었다. 난 누군가를 죽였고, 용서받을 수 없다(두 번째 부분은 거짓). 난 나쁜 사람이다(거짓). 내가 낙태한 것 때문에 하나님께서는 나에게 벌을 주고 계신다(거짓). 난 우울해도 싸다(거짓).	난 몹시 곤혹스럽고 죄책감을 느꼈으나 이 기분들을 표현하며 표출할 수 있다. 하나님은 나를 완전히 용서하셨다(롬 5:8). 하나님은 나의 죄를 나로 부터 멀리 옮기셨다 (시 103:12). 나는 죄인이지만 하나님은 나를 끔찍이 사랑하신다(요 3:16). 하나님이 내가 기뻐하길 원하시며 평화롭고 풍요로운 사람을 살기 원하신다(요 15:11, 14:27, 10:10).	오후 동안 우울했다. 남편과 책임 파트너에게 내 고통을 이야기했다. 남편과 함께 하나님의 위로와 평안을 구하는 기도를 드렸다. 요 15:11, 14:27, 10:10을 읽고, 이 구절들을 묵상하였다. 낙태한 것에 대해선 언제나 후회하겠지만, 하나님이 주시는 힘으로 나아갈 수 있다.

감정치유의 6단계

저자	데이비드 클락

초판 1쇄 | 2009년 6월 12일
초판 2쇄 | 2011년 9월 28일

발행인	김경섭		
국제총무	최복순	총무	김상현
기획국장	김현욱	사무실장	박은아
사역부	전해권(과장), 이현정, 박소현	서적부	임세희, 박진배
편집부	조현영(팀장), 최필순(과장), 고유영, 강한나, 전보람		

발행처 | 프리셉트선교회
등록번호 | 108-82-61175
일부총판 | (사) 두란노서원 Tel. (02) 2078-3333 Fax. 080-749-3705

주소 | 서울시 동작구 사당5동 190-220 (우) 156-095
전화 | (02) 588-2218 팩스 | (02) 588-2268
홈페이지 | www.precept.or.kr
국민은행 772-21-0310-382(김경섭)
2009 ⓒ 프리셉트성경연구원

값 10,000원
ISBN 978-89-8475-395-2 03230
독자 여러분의 의견을 기다립니다.
독자 전화 (02) 588-2218 / pmnqt@hanmail.net